놀이치료

장미경

창지사

머리말

요즘의 어린이들은 인간의 성장과 발달을 위해 본능적으로 필요한 놀이를 충분히 하지 못한 채 경쟁에서 살아남기 위해, 남보다 더 잘하는 삶을 살기 위해 그러니까 모두 남을 위해 공부에 떠밀려 살고 있습니다. 그 결과 많은 아동이 고통과 어려움 속에서 살고 있고 부모들 또한 많은 어려움을 겪고 있습니다. 이러한 시대에 놀이치료자들의 역할과 책임은 매우 크다고 할 수 있습니다. 이 역할과 책임을 충실히 하기 위해서는 철저한 훈련과 수련이 필요합니다. 대충 교육받은 치료자는 아동의 고통을 덜어주기는커녕 오히려 그들의 어려움을 가중시킬 수 있습니다. 이 책은 이러한 생각을 가지고 부족하지만 진정한 치료자로 훈련받고자 하는 분들에게 조금이라도 도움이 되고자 하는 의도로 시작되었습니다.

이 책은 놀이치료에 입문하는 분들과 좀 더 깊은 내용을 원하는 놀이치료자들을 위해 쓰여졌습니다. 놀이치료의 개론서 하나만으로 놀이치료의 길고도 깊은 모든 내용들을 다 제시할 수 없는 한계를 절감하면서도 가능한 놀이치료 현장의 모습을 담아내려 노력하였습니다. 이를 위해 놀이치료의 각 이론들을 소개하고 실제 현장에 필요한 것들을 제시하고자 했습니다.

특히 놀이치료를 의뢰한 아동과 그 가족을 위한 접수상담과 진단과정을 상세히 소개하였으며, 이는 놀이치료의 목표 설정 및 치료과정 계획을 위한 평가적이고 진단적인 정보들을 제공할 것입니다. 또한 임상현장에서 가장 중요하면서도 치료자들이 가장 어려워하는 상담과정 및 놀이내용의 해석을 위한 기초를 제공하기 위해 치료과정에 중점을 두었습니다. 이는 놀이치료에 입문하는 분들과 놀이치료자들의 궁금증을 조금이라도 덜어주고자 의도한 것입니다. 또한 놀잇감을 가지고 그저 놀이하는 것이 놀이치료라는 일부의 잘못된 편견을 불식시키기 위해 각 놀잇감과 놀이가 가진 의미들, 놀이치료 대상아동의 다양한 사례를 제시함으로써 놀이치료의 효용성을 알리고자 했습니다.

우리나라에 놀이치료가 소개되고 상담현장에서 놀이치료가 이루어져 온 지도 이제 짧다고만은 할 수 없는 시간이 지났습니다. 임상에서 놀이치료를 공부하는 학생들이 보다 깊은 그리고 보다 많은 정보를 담고 있는 문헌들에 목말라해 온 시간 또한 짧지 않다고 할 수 있습니다.

이러한 목마름을 해결하고 깊이를 더해 줄 수 있는 문헌들이 앞으로 쏟아져 나오길 기대하며 많이 부족하지만 이 책을 내놓습니다. 아낌없는 지적과 격려를 바랍니다.

끝으로 이 책을 출판할 수 있도록 도와주신 창지사 김기섭 사장님과 임직원 여러분께 깊이 감사를 드립니다.

2018년 3월

저자 장미경

차 례

1장 아동과 놀이

1. 놀이의 의미와 기능
2. 놀이 : 현실과 판타지의 중간영역, 중간현상
3. 아동의 발달단계와 놀이유형
4. 놀이의 치료적 요소
5. 적응 아동과 부적응 아동의 놀이 차이
6. 놀이할 수 없는 아동 : 자폐증

1 놀이의 의미와 기능

1) 왜 놀이를 활용하는가?

Schiller 같은 고대 철학자들이 인간은 놀이할 때만 완전한 인간이라고 할 만큼 고대로부터 많은 사상가와 학자들이 인간이 하는 놀이에 관해 언급해 왔다. 분석심리학의 창시자인 Jung에 의하면, "상상력의 창조적 활동인 놀이는 '아무것도 아닌 것에 불과한 존재'라는 매임으로부터 인간을 자유롭게 해주며, 인간을 놀이하는 상태로 상승시켜 준다."고 말했다(Jung, 1954:1993). 하나의 인간으로서 아동뿐 아니라 성인조차 창조적 존재가 될 수 있는 것 그리고 전인격을 이용할 수 있게 되는 것은 오직 놀이할 때뿐이다. 그리고 인간이 자기(self)를 발견하게 되는 것은 놀이할 때와 같이 오직 창조적일 때뿐이다(Winnicott, 1971).

Nachmanovitch는 놀이와 일을 구분하는 가장 큰 특징에 대해 기쁨, 기쁨과 관련된 열광, 과거나 미래에 대한 염려를 모두 잊어버리게 하는 순간의 향유, 자아를 잊게 만드는 강력한 흡입력, 염려, 근심, 불안 등에 시달리지 않고 자신과 주변마저도 상관하지 않음, 신체적 욕구에 대한 주의 감소, 몰입의 순간에 겸허하게 되는 무한성(timelessness), 결과보다는 과정성, 에너지 방출감 긴장 이완 등을 들었다(Nachmanovitch, 1991).

웃음과 놀이가 만들어 내는 유쾌한 가벼움은 변화의 경험에 마음을 개방하는 열쇠다. Jung은 자신의 내적인 개인적 삶과 밖의 직업적 삶에서 놀이의 중요성을 인식하고 정신을 유지시키기 위해 취리히 호숫가에서 자갈과 모래로 놀이(sand-play)를 했다. 놀이정신 그리고 놀이가 만들어 내는 마음의 가벼움에 관해 Leland Roloff(2014)는 Jung의 『레드북(*The Red Book*)』(2009a)의 '심층의 정신(spirit of the depths)'을 인용하여 "전체 삶은 (놀이에서 비롯되는) 웃음과 경배에서 결정된다(2009b, p. 122)."라고 하면서 놀이의 치유적 효과를 언급하였다.

또한 놀이와 놀잇감은 상징으로서의 기능을 한다. 아동이 놀이라는 상징을 사용할 때 즉 상징을 통해 내면 깊숙한 곳에 '가라앉음(sink into)'으로서 상징은 치유적 효과를 나타낸다(Jung, 2009).

놀이는 신성한 것이다. 놀이를 지칭하는 산스크리트의 릴라(lila)는 성스러운 절대자의 창조적 놀이를 통해 우주를 포함한 모든 세계가 생겨났음을 뜻하는 말이다. 이 개념에는 놀이가 창조 행위와 연결되어 있음이 내포되어 있다. 그런 의미에서 인간의 놀이는 바로 신의 창조 행위를 재연하는 것이다. 인간은 놀이를 통해 개별 인간 안에 내재되어 있는 신성을 창조한다. 즉 신이 창조한 모습 그대로를 발현해 가는 놀이라는 창조활동을 통해 신의 창조작업에 동참하게 되는 것이다.

또한 놀이는 명상, 기도, 예술, 춤, 사랑처럼 자아 중심적인 의식성을 버리고 내면의 신성한 창조성을 만나게 한다. 깊은 무의식의 본질을 만나게 함으로써 자아의식성의 갈등이 치유받게 하고 더욱 창조적인 방향으로 삶을 살아가게 하는 것이며 그런 의미에서 신이 허락한 치유와 삶의 방법이다. 그러나 그것은 어린 아이처럼 낮아질 때 할 수 있는 것이다(장미경, 2017).

2) 놀이의 속성

놀이역사가인 Scott Eberle(2015)는 놀이의 속성을 다음과 같이 구분하였다.

- 분명한 목적성이 없음 – 제목이 의도하고 있는 바와 같이 놀이는 놀이 자체를 목적으로 하며 돈을 번다든지 음식을 구하는 것 같은 실제적인 생존의 목적과는 상관이 없다. 그래서 어떤 사람들은 놀이를 쓸데없는 것으로 여기기도 한다.
- 자발성 – 자발성이란 의무나 강제적 요소가 없다는 뜻이다.
- 끌림 – 놀이 자체가 끌어당기는 힘을 갖고 있다. 그 이유는 놀이가 놀이하는 사람을 즐겁고 기분 좋게 해주기 때문이다. 그런 의미에서 놀이는 심리적 각성을 일으키며 그것이 놀이가 사람을 흥분하게 만드는 이유다.

- 시간에 구애받지 않음 – 놀이에 집중하면 누구나 시간의 흐름을 잊게 되는 것을 경험한다.
- 자신에 대한 의식성의 감소 – 놀이에 집중하다 보면 염려, 근심, 자신이 누구인지, 자신이 타인에게 좋은 모습으로 비치는지 혹은 부정적인 모습으로 비치는지 또는 자신이 똑똑한지 바보인지 잊게 되며 심지어 우리가 생각하고 있다는 사실도 잊는다. 그 순간은 진정한 *지금 그리고 여기*의 순간이다. 어린이들의 가상 놀이에서는 놀이하는 사람의 정체성과 역할마저도 바뀐다.
- 즉흥적 속성 – 놀이에서는 그 어떤 것도 가능하다. 새로운 것을 받아들이고 어울려 보이지 않는 것들을 놀이에 통합한다. 그런 의미에서 놀이는 '정상'에서 어느 정도 벗어나 있는 활동이라고 할 수 있다. 그럼에도 불구하고 흥미로운 것은 놀이를 통해 우리는 새로운 행동, 생각, 전략, 변화 또는 존재방식을 발견하게 된다는 것이다. 상황을 다른 관점에서 볼 수 있는 조망이 생겨나거나 기존의 조망이 넓어지고 삶과 자신에 대한 통찰을 얻게 된다. 흥미로운 것은 결과적으로 놀이가 통찰은 가져오지만 놀이를 하는 동안에 사람들은 무슨 일이 일어나고 있는지 잘 모른다는 것이다. 통찰을 위해 놀이하는 것이 아님에도 불구하고 통찰이 오는 것이다.
- 지속열망 – 우리는 놀이를 계속 하고자 하는 열망을 가지며 놀이경험의 즐거움이 놀이를 지속하고자 하는 열망을 더 갖게 한다. 어른이나 아동에 상관없이 어떻게 하든 놀이를 지속하거나 다시 하고자 하는 열망을 누구나 경험했을 것이다. 이러한 놀이의 속성은 자유의 본질일 것이다(Eberle, 2015). 인간은 자유롭기를 열망하며 그것은 인간의 본성 중 하나이기 때문이다.

또한 Scott Eberle는 사람들이 놀이를 할 때 거치는 과정을 6단계로 구분하여 설명하였다.

- 예상 – 예상이라는 것은 무슨 일이 일어날지 궁금해하면서 기대에 차서 기다리는 것, 호기심, 또는 작은 불안과 관련된 것이다. 여기서 불안이라는 것은

약간의 불확실성 또는 위험요소 때문에 발생한다. 물론 즐거움을 소멸시킬 정도의 큰 위험은 아니다.

- 놀라움 – 놀이하는 사람은 놀이를 통해 기대치 않은 발견, 새로운 생각이나 느낌 또는 조망을 얻게 된다.
- 기쁨 – 기대치 않은 발견, 새로운 느낌이나 조망은 기쁨이라는 좋은 감정을 가져온다.
- 이해 – 놀이는 새로운 지식의 습득, 별개로 보였던 지식, 전에는 낯설었던 것들의 통합이라는 이해를 가능하게 한다.
- 힘 – 긍정적 경험과 이해에서 기인하는 숙달감, 두렵고 부정적인 경험을 극복한 이후에 느끼게 되는 임파워먼트, 세상이 작동하는 방법에 대한 지식 등은 아동뿐 아니라 성인에게도 자신의 중심을 경험하게 하는 균형감을 갖게 해주는 힘이다.
- 균형 – 놀이를 통해 궁극적으로 기쁨보다 더 충만한 즐거움, 만족감, 균형감을 얻게 된다.

놀이치료 장면에서 아동들은 종종 판타지적인 이야기를 만들거나 제삼자적 관점에서 자신의 이야기를 상상을 활용해 말하기도 한다. 이러한 이야기들은 동화와 유사한 것으로 의식적인 내용보다 무의식 내용의 표현인 경우가 더 많다. 그렇다면 놀이의 이야기 역시 상징과 같은 맥락에서 상징해석과 동일한 방식으로 다룰 필요가 있다. 언어가 단순히 기호로서 만의 의미를 가질 때는 상징이라고 할 수 없지만 그것이 무의식적 내용을 반영하는 경우에는 상징이라고 할 수 있으며 심리내면의 것을 표상할 수 있다.

이와 같이 놀이는 인간의 여러 영역과 관련된 원초적 본능이라고 할 수 있다. 심지어 신체적인 질병도 놀이를 하고 놀이에서 기인하는 즐거움을 느낄 때 호전되는 경향이 있다(Brown & Christopher, 2010). 또한 어린 시절의 놀이 경험은 성장한 이후의 범죄경험과도 관련되어 있다는 연구도 있다. 교도소에 수감된 살인자들을 대상으로 이루어진 연구에서 어린 시절의 놀이결핍이 범죄를 예측하는 중요한 변인 중 하나였다(Brown & Christopher, 2010). 그런 의미에서 Jung은 성욕, 배고픔, 성찰과 함께 놀이에서 기인하는 활동성과 창조성을 인간의 본능에 포함시켰다. 이것들을 본능의 요소에 포함시킨 이유는 본능이 강박적으로 실현되려고 하는 것처럼 인간의 활동성과 창조성도 강박적으로 실현되려고 하는 성향을 갖고 있기 때문이다.

위와 같은 속성과 과정을 거치는 놀이에는 여러 가지 기능이 있다.

3) 놀이의 기능

- 학습 – 놀이에는 학습의 기능이 있다. 특히 아동들은 놀이를 통해 감각적으로 사물의 속성을 알고, 또래와의 역할 놀이를 통해 관계의 속성을 학습한다.
- 의사소통 – 아동들은 언어로 의사소통하는 능력이 성인에 비해 덜 발달한 상태이다. 즉 대뇌의 피질기능 즉 논리, 객관성, 언어 등 인지적 기능의 발달이 성인에 비해 미약하기 때문에 이미지 상징의 방식이나 감각적 방식을 통해 표현하는 경향이 있다.
- 진단/치유 – 아동들은 자신이 겪은 부정적 경험, 두려움, 공포, 슬픔, 괴로움 등을 언어로 표현하기보다는 놀이를 통해 표현하기 때문에 아동들의 놀이를 관찰하면 현재 아동의 심리적 상태와 관계의 어려움을 이해할 수 있고 상태를 진단할 수 있다. 또한 그렇기 때문에 아동에게 놀이할 수 있는 기회를 제공하고 놀이의 세계와 의미를 이해하는 성인과의 놀이 의사소통 관계를 통해 심리적 어려움을 치유할 수 있다. 어른들은 놀이가 그저 즐거움만을 가져오는 시간 소모적인 것이라고 생각하기 쉽지만 놀이는 치유의 기능을 갖고 있다. 아동의 놀이를 세심히 관찰하면 즐거운 내용만 놀이하는 것이 아님을 발견할 수 있다. 그들은 스트레스, 트라우마, 가족의 역기능, 질병, 기타 어려움 등 그들의 실제 생활에 존재하는 어려움도 놀이하는 것이다. 놀이는 판타지

와 상상을 통해 어린이들로 하여금 감정과 어려움을 표출하게 하고 그들의 염려를 분명하게 표현할 수 있게 한다. 놀이치료는 갈등적인 감정에 접근할 수 있는 방법으로 갈등적 감정을 재연하여 문제를 '놀이해 내는' 아동들의 타고난 성향을 활용한다. 대량학살 수용소에 있으면서도 아동들은 놀이를 했는데 수용소의 일상과 학살의 장면이 놀이의 주제였다. 마찬가지로 아동들은 TV에서 본 자연 재난이나 그들이 직접 겪은 재난과 사고 등을 반복적으로 놀이하는 것을 볼 수 있다. 누군가는 그 모습이 그들이 본 것을 단순히 모방하는 것이라고 단순화시키는 사람들도 있다. 그러나 그렇게 말하는 것은 아동들은 사람이 아니라고 말하는 것과 같은 것이다. 그들도 고통을 느낀다. 그러나 그 고통을 언어를 통해 해소하려고 노력하는 어른들과 달리 어린이들은 놀이를 통해 표현하는 것뿐이다.

- 자아증진 – 궁극적으로 학습, 의사소통, 진단/치유의 기능을 갖고 있는 놀이 경험은 건강한 자아의 발달을 촉진함으로써 아동이 속한 세계에서 건강하게 살아가도록 한다.

4) 놀이와 뇌 발달

Iwaniuk(2005)과 Pellis & Iwaniuk(2000) 같은 신경과학자 또는 신경생물학자들에 의하면, 포유류의 뇌 크기와 놀이 간에 강력한 정적 관계가 있다. 개에서 돌고래에 이르는 15종의 동물의 뇌 크기와 놀이행동을 측정한 결과 이 연구자들은 몸의 크기를 고려할 때 큰 뇌를 가진 동물일수록 더 많이 놀고 작은 뇌를 가진 동물일수록 놀이를 덜 한다는 것을 발견했다(Iwaniuk et al., 2003).

놀이연구자인 Penksepp(2007)는 활동적인 놀이가 선별적으로 뇌의 아미그달라와 배외측 전전두엽 피질에 있는 뇌유리신경성장 인자(brain-derived neurotrophic factor)를 자극한다는 것을 발견했다. 아미그달라는 뇌에서 정서처리를 담당하는 부위이며, 배외측 전전두엽 피질은 수행의사 결정을 처리하는 곳이다.

놀이행동의 진화를 연구한 동물학자인 Byers(1998)는 뇌의 크기, 놀이하는 정도 그리고 놀이하는 존재가 속한 진화사다리의 단계 간의 상관관계를 분석했다. 그 결과 놀이의 양과 뇌의 전두엽 피질 발달 사이에 상관관계가 있음을 발견했다. Diamond에 의해 1960년대 이미 놀이는 건강한 뇌 발달과 관련이 있다는 연구가 이루어졌다(Squire, 2009). 뇌신경의 발달은 유전자에 부호화된 방식을 따라 이루어지는 부분이 있지만 그것만으로 뇌의 뉴런 발달을 정의하기에는 부족함이 있다. 즉 후천적인 영향에 의해 뉴런의 연결이 이루어진다는 것을 알 수 있다. 유전자에 있는 상호작용 규칙에 따라 뉴런의 대회로에 신호를 보내며 잘 작동하는 뉴런과 연결망은 강화되고 그렇지 못한 뉴런과 연결망은 약화된다. 이러한 발달과정은 일평생 동안 지속된다. 태어난 순간부터 지속적으로 새로운 연결이 만들어진다.

즉 아동은 성장하면서 다양한 경험을 통해 더 많은 뉴런을 연결시켜 개념의 일반화를 위한 뉴런지도를 만들어 간다. 놀이는 아무런 위협이나 긴장감이 없는 안전한 환경 속에서 여러 가지 방법으로 삶의 방식을 시험하는 것이다. 잘 연결되고 역동적인 뇌지도가 놀이에 의해 만들어지는 것이다. 아동들은 놀이를 하면서 상상의 혼잣말을 하고 이것을 현실에서의 경험과 섞는데 이것이 바로 아동들이 세상과 세상이 작동하는 법 그리고 그것의 의미를 배우는 방법이다. 즉 일부의 현실과 일부의 상상이 조합되는 것이다. 이러한 방식은 성인들의 의식의 흐름이라고 할 수 있는 내면 언어에 해당한다. 성인들은 마음속으로 상상을 하면서 현실의 경험을 추가하고 그렇게 조합한 것이 현실의 삶에 어떻게 맞을지를 시뮬레이션한다. 즉 상상은 미래를 예측하고 행동의 결과를 예측하게 한다. 즉 그런 의미에서 성인도 계속 놀이를 한다고 할 수 있다.

동물연구의 결과들이 인간에게도 유용하다면 풍부한 놀이는 아동의 충동적인 일차적 정서처리 추동을 조절하는 전두엽 억제기술의 성숙을 촉진할 수 있을 것이다. 아동이 친사회적 놀이를 더 많이 할수록 전두엽의 조절 기능을 더 발달시켜 멈추고, 보고, 경청하고, 느낄 수 있는 조절 기능을 발달시킬 수 있을 것이라고 가정할 수 있기 때문이다. 이러한 조절 능력은 자기 반추, 상상, 공감적·창조적 놀이를 촉진한다(Panksepp, 2007). 이 부분에 대한 연구가 충분히 많이 이루어진 것은 아니지만 전두엽 기능의 성숙이 느린 아동들은 주의력결핍 과잉행동장애(ADHD)로 진단받는 경향이 있기 때문이다(Panksepp, 2007). 또한 놀이할 기회가 없거나 적었던 아동들이 더 반사회적이고 범죄와 연관되는 경향이 높다. 놀이가 결핍된 존재는 '가치로 채워진 적응적 지도의 결핍(value laden adaptive map deficiency)'으로 고통받는다(Brown, 1998). 각각의 대뇌 지도는 새로운 기능, 새로운 종류의 기억, 내적 가치장면 등을 만들어 내기 때문에 놀이하는 사람은 자신과 타인에 대한 기초적인 감각을 발달시켜 나간다. 따라서 놀이를 박탈당한 아동은 성인세계의 복잡함을 다룰 수 없는 즉 사회적으로 역기능적인 성인이 될 수 있다.

Penksepp(1998)에 의하면, 모든 어린 포유류에게는 기본적인 놀이충동이 존재한다. 그는 Jane Goodall의 경험을 인용하여 어린 침팬지는 사회적 놀이를 출생 직후 가볍고 부드럽게 간질이고 비비는 등의 어미가 하는 행동을 경험하는 것으로 시작하지만 6개월이 지나면 어미의 행동에 대한 장난스럽고 즐거운 표정과 웃음으로 반응하기 시작한다고 언급했다. Panksepp는 또한 몸으로 거칠게 구르고 뒹구는 놀이시스템이 여러 가지 정서적, 인지적 기술 학습에 매우 중요하다고 주장했다. 그는 과거의 사회적 놀이경험이 쥐를 비롯한 포유류의 놀이행동을 증가시킬 것이라고 가정했으나 쥐를 대상으로 한 실험에서 과거에 사회적 관계를 단절당한 쥐와 사회적 놀이가 허용되었던 쥐 모두 놀이할 수 있는 기회가 주어지면 거칠게 구르고 뒹구는 놀이를 한다는 사실을 발견했다. 이러한 발견과 여러 가지 실험을 근거로 그는 몸을 활용하는 놀이가 과거의 경험, 즉 학습에 의해 이루어지는 것이 아니라 뇌 속에 존재하는 자발적인 신경학적 충동이라는 결론을 내렸다. 그러나 안정적인 부모-자녀관계 같은 사회적 유대의 부재는 놀이활동을 감소시키는 요인이다.

그가 주장하는 놀이 신경회로(play neurocircuitry)는 중뇌, 시상, 피질 내에서의 체성감각 정보처리와 밀접히 관련되어 있다. 어린 동물들이 귀, 눈과 같은 감각기관을 통해 체성감각 정보를 획득하기 때문에 놀이 신경회로는 환경과 상호작용하는 방법을 배우게 하는 기능을 담당한다. 접촉도 체성감각 형태의 정보다. 체성감각 신경전달은 신체의 상태 그리고 몸의 위치와 기온 같은 신체가 현재 처한 환경과 관련된 정보를 전달한다. 시상 내에서 체성감각 정보는 두 가지의 방향으로 전달된다. 하나는 신체감각을 처리하는 두정엽의 방향이고 또 하나는 놀이에 대한 동기를 구체화하는 비특정 시상핵으로의 방향이다. Panksepp는 놀이회로와 관련된 시상의 이 두 방향에 손상이 일어나면 놀이에 대한 동기가 없어진다고 했다. 그에 의하면, 놀이행동은 대뇌에서 일어나는 '내적 충동'에 의한 것이며 반드시 체성감각의 유입을 필요로 하지는 않는다. 쥐 실험을 예로 들면, 정상적인 놀이생산을 위해 시감각이나 청감각을 필요로 하지 않는다는 것이다. 그러나 청각장애 아동들의 놀이가 장애가 없는 아동들에 비해 적게 일어나기 때문에 청각시스템은 어느 정도 놀이활동에 기여하는 것으로 그는 보았다. 촉감은 정상적인 놀이를 촉발, 유지시키는데 가장 큰 기여를 하는 감각체계이다. 그는 놀이행동에서 촉감의 중요성을 실험하기 위해 쥐의 목과 어깨를 마취시켰을 때 놀이에 대한 동기는 감소하지 않았지만 놀이행동의 수준이 상당히 감소하는 것을 발견했다. 이와 유사한 여러 실험을 통해 그는 접촉을 통해 신경체계에 놀이신호를 보내는 특정 피부영역이 있다는 결론을 내렸다. 즉 포유류는 동물들 사이의 즐거운 의도를 소통하는 뇌의 특정 부위에 정보를 전달하는 특별한 수용기가 있는 '놀이피부(paly skin)'를 갖고 있다는 것이다.

Panksepp(2007)은 충분한 놀이가 주의력결핍 과잉행동장애를 감소시키고 사회적 뇌의 발달을 촉진할 수 있다는 가정을 세웠다. 동물을 대상으로 한 연구이긴 하지만 풍부한 놀이는 아동들의 충동적인 일차처리 정서충동을 점진적으로 조절하는 전두엽 억제기술의 성숙을 촉진한다는 결과를 얻었다. 이러한 결과를 바탕으로 그는 아동들이 더 많이 사회적 놀이에 참여할수록 충동을 억제하는 전두엽 조절 기능을 더 많이 획득하게 된다는 결론을 내렸다. 이는 아동뿐 아니라 성인들도 해당된다. 전두엽 조절 기술은 자아성찰, 상상, 공감과 창조성 그리고 놀이 능력을 촉진한다. 이러한 능력은 집중력 있고, 목표 중심적인 행동을 구성하는 행동의 융

통성과 예견력을 촉진한다. 주의력결핍 과잉행동장애를 가진 아동들은 전두엽 기능의 성숙이 느린 것으로 알려져 있다(Panksepp, 2007).

놀이할 기회가 거의 없었던 아동들은 반사회적이고 범죄적인 성인으로 성장할 가능성이 있다. 놀이가 결핍된 존재는 가치 중심적 적응지도 결핍으로 고통받는다(Brown, 1998). 뇌지도는 새로운 기능, 새로운 기억, 새로운 내적 가치 중심적 장면을 만들어 내기 때문에 놀이하는 사람은 자신과 타인에 대한 기본적인 감각을 발달시킬 수 있다. 따라서 아동은 즐거움과 친밀감을 배워야 한다. 어린 시절 놀이하지 않은 동물은 성체가 되었을 때 공격적 충동을 조절하지 못하는 경향이 있다(van den Berg et al., 1999). 놀이충동은 신경학적 충동(지속적인 정서적 충동)이기 때문에 놀이에 굶주려 있는 아동과 동물들에게 놀이하고자 하는 경향성은 강력해진다. 따라서 교실 수업시간에 얌전히 앉아있기를 기대하기에 앞서 충분한 놀이기회, 특히 온몸으로 놀이할 수 있는 기회를 먼저 충분히 제공하는 것이 아마도 아동의 조절 능력의 결핍을 완화할 수 있는 방법일 수 있을 것이다.

이러한 결과들은 놀이의 효과를 다루는 문헌들에서도 언급되고 있다. 즉 대뇌의 발달에까지 영향을 미치는 외상적 경험의 부정적 결과는 지속적이고 반복적인 체성감각적 놀이활동에 의해 교정될 수 있다는 것이다(Gaskill & Perry, 2012). 인간의 뇌는 복잡하고 실행적인 기능을 하는 고차원적 영역과 단순하고 조절적인 기능을 담당하는 저차원적 영역으로 분류된다. 발달적으로 뇌는 뇌간, 간뇌, 변연계, 피질로 크게 분류되며 뇌 영역들은 다중신경망과 모노아민(노르에피네프린과 도파민)을 비롯한 기타 연관된 시스템(세로토닌, 아세틸콜린)에 의해 서로 연결되어 있다. 이 망들은 스트레스에 대한 반응뿐 아니라 모든 운동적, 사회적, 정서적, 인지적 기능에 직접적으로 영향을 미친다. 뇌에 광범위하게 분포하고 있는 이런 망들이 생애 초기 애착파괴 또는 외상적 스트레스 등에 영향을 받으면 모든 기능에 손상을 초래하고 조절 불능 상태에 이르게 된다. 또한 신경발달은 저차원 영역에서 고차원 영역의 순으로 이루어지면서 이 조절 신경망은 태내기로부터 청소년기에 이르기까지 대뇌발달에서 중요한 역할을 한다(Perry, 2001). 중심과 주변의 자율신경망의 조절과 기능의 변화는 중요한 정서적, 행동적, 사회적, 인지적 감각은 물론 운동적 문제, 그리고 신체건강 문제의 위험을 장기적으로 증가시킨다(Anda et al., 2006). 그 결과로 외상적 사건에 대한 침입적 회상, 관련 자극에 대한 지속적 회피나 전반적인 반응 둔감화, 놀람 반응의 증가, 수면의 어려움, 신경질, 불안, 생리적 과잉운동을 일으킨다. 학대와 외상을 입은 아동들은 행동의 충동성, 근육통의 증가, 불안, 위협 관련 단서에의 고착, 정서조절, 언어장애, 대소근육 지연, 혼란애착, 불쾌감, 주의력 문제, 기억문제, 과잉행동의 문제를 보인다(Perry et al., 1995).

뇌의 저차원 영역으로 들어온 정보는 분류, 통합, 해석, 저장 및 반응으로 이어진다. 이러한 과정은 의식 수준 아래에서 일어나며 새롭거나 중요하거나 위험한 자극은 그 이상의 처리를 위해 뇌의 고차원 영역 즉 피질 중심으로 보내진다(Sera & Bouret, 2012). 그러나 이때의 자극이 과거의 외상에 재노출되는 것과 같은 반응을 불러일으키는 것이면 지각된 것에 대해 의식적, 의도적 조절을 담당하는 고차원 영역, 즉 피질 조절망에서의 정보처리는 차단되고 불안, 배고픔, 갈증, 분노 및 기타 원시적 감정 상태를 일으킨다. 자기 반추, 계획하기, 의도적인 행동능력은 상대적으로 조직화되고 조절된 대뇌 피질의 발달을 전제로 한다. 피질의 내적 조절 능력이 작동하지 않는 개인은 지각된 위협에 대해 충동적으로 행동하며 주의력결핍 과잉행동장애를 포함한 여러 가지 부적응적 행동을 한다. Gaskill와 Perry(2012)는 어린 시절의 학대나 방임, 심각한 애착문제 같은 외상을 경험한 아동들이 안전을 느끼고 그 결과로 뇌의 고차원 영역이 관여하는 인지적 개입과 치료적 변화가 일어나 조절된 상태로 돌아가도록 하기 위해서는 직접적인 체성감각 경로를 활용하고 패턴화되고 반복적이며 리듬 있는 놀이자극을 제공해야 한다고 주장하였다.

5) 상상 : 놀이와 창조성의 근원

놀이는 그것이 신체적 놀이이든 상징적 놀이이든 전적으로 상상에 의해 이루어지는 활동이다. Jung에 의하면, 상상인 환상과정은 실체가 없는 허깨비가 아니라 절반은 신체적이고 또 다른 절반은 정신적인 미묘한 '몸체(subtle body)'이다(1985:2004). 즉 상상은 인간의 본성적인 부분이며 의식적이고 의지적으로 만드는 것이 아니라 상상은 되어지는 것이다. 그런 의미에서 참된 상상(vera imagination)은 무의식의 것을 의식에 알리는 힘을 갖고 있다(p. 47). 즉 상상은 무의식에서 일어나는 것이며 의식에 무의식의 것을 알리기 위해 생겨난다. Jung은 상상의 힘에 의지하여 환자를 치료하는 방법을 만들었는데 적극적 상상(active imagination)이 그것이다. 그는 환자들에게 꿈의 이미지나 연상을 자유로운 상상활동으로 확장하거나 개발하는 과제를 주었다. 이것은 개인의 소질이나 재능에 따라 다양한 방법으로 이루어졌는데 시간이 지나면서 Jung은 환자들의 상상활동에서 특정한 주제와 형식요소들을 발견하였다.

사고는 이미지가 없고 반드시 언어적인 것이라고 생각해 왔지만 이는 사고과정에 미치는 시각적 측면과 근육적 측면의 역할이 간과된 개념이다. Sartre는 철학자 Mark Johnson, 언어학자 George Lakoff 같은 사람들을 인용하여 사고하기 자체가 기본적으로 육화된 행위이며 일부의 신경체계가 아니라 우리 몸의 전체 신경체계가 이 과정에 참여한다고 했다. 즉 사고가 뇌의 특정 부분만 관여하는 것이라고 생각하기 쉽지만 신경학 연구자들에 의하면, 사고하기는 특정 부위에 국한되지 않으며 관계적이라는 증거가 많이 있다. 상상과 강한 관련을 갖고 있는 예술에서 Paul Valery(1956)는 화가들은 자신의 몸으로 그림을 그린다고 하였다. 지적 정신이 그림을 그린다고 상상하기는 불가능하다고 Merleau-Ponty과 Dreyfus(1992)도 언급한 바 있다.

6) 놀이의 특성

이 부분에서는 놀이를 교육적 입장과 더불어 치료적 입장을 더 강조하여 놀이의 특성을 전반적으로 요약해 설명하고자 한다. 놀이는 일반적으로 특정한 목적 없이 즐거움을 위해 자발적으로 이루어지는 아동 입장에서의 과정 중심 활동이라고 할 수 있다(Garvey, 1977; Frost & Klein, 1979). 그런데 이러한 놀이는 인간뿐 아니라 영장류의 동물에게도 나타난다. 물론 인간과 동물 사이에는 결정적 차이가 있긴 하지만 놀이는 동물과 인간 모두에게 일어나는 활동이라고 할 수 있다(Plant, 1979). 영장류의 한 종인 원숭이에게는 싸우는 동작, 가벼운 깨물음, 으르렁거림이 모두 놀이행동이라고 할 수 있다. 인간을 포함한 모든 영장류에게 놀이행동이 나타난다면 놀이행동이 본능적인 것이라고 할 수 있을 것이다. 영장류가 보이는 놀이행동에는 흥미, 놀람, 기쁨 등의 강한 느낌과 억눌린 감정, 분리불안, 공포, 분노, 관능적 즐거움 등이 내포되어 있다(홍강의·이영석, 1998).

여러 학자가 놀이의 특성을 정리하려고 노력하였다. 즉, 놀이가 어떤 행동인가를 정의하기 위해 놀이가 그 외의 다른 행동과 어떻게 구별되는가를 정의하려고 한 학자들이 있다.

Levy(1978)는 놀이는 개성을 창의적이고 깊게 계발시켜 주는 역동적 과정으로 내적 동기, 현실 유보, 내적 통제소재를 지닌 행동으로 정의하였다. 따라서 놀이가 아닌 행동의 특성은 외적 동기, 현실, 외적 통제소재가 그 특징이라고 할 수 있다. 또한 Garvey(1977)는 놀이를 비실제성, 내적 동기, 과정 지향성, 자유-선택, 긍정적 정서 등이 특징인 것으로 정의하였다. 이들이 정의한 놀이의 특성을 구체적으로 설명하면 다음과 같다.

(1) 현실유보(비현실성)

놀이는 그것이 현실로부터 벗어나 있다는 것이 큰 특징이다. 실생활에서는 가능하지 않은 주제나 활동이 놀이에서는 가능하기 때문에 놀이는 공간과 시간을 초월

하며 현실 속 인물들의 역할이 뒤바뀌기도 하고 현실에서는 불가능한 공격행동과 관계형성이 가능하며 귀신, 로봇 등 초현실적인 세계가 등장하기도 한다. 또한 사물의 쓰임새도 현실과 매우 다를 수 있다. 예를 들어, 어린이는 베개를 업고 아기라고 할 수 있다. 이러한 비현실성은 아동으로부터 현실이라는 제한에서 벗어나 새로운 가능성을 시험할 수 있게 해준다. 이러한 현실유보는 아동에게만 일어나는 것이 아니며 어른에게도 일어난다. 즉, 환상, 판타지 같은 것들은 성인에게 있어 아동의 놀이와 유사한 기능을 하는 것이므로 성인의 판타지 속에는 현실이 유보되어 있다. 그러나 현실유보라는 제목에서 볼 수 있듯이 놀이의 특성은 그럼에도 불구하고 현실을 완전히 배제할 수는 없다. 놀이 속에도 현실에서 적용되는 규칙이 어느 정도 적용되기 때문에 현실과 판타지의 중간쯤에 놀이가 위치하게 된다(Winnicott, 1971). 즉, 놀이 속에서도 아동은 놀이치료실의 규칙을 어기거나 폭력을 사용할 수 없으며 이는 놀이에도 현실이 존재한다는 것을 알려 주는 것들이다.

(2) 내적 동기(내적 통제소재)

놀이행동과 놀이내용은 외부의 압력과 강압에 의해 선택되는 것이 아니라 놀이를 하고자 하는 아동의 내적 동기작용에 의해 이루어진다. 외부 압력에 의한 외적 통제소재보다 내적 통제소재에 따라 자신의 행동을 결정하는 경향이 강한 아동일수록 행동과 감정의 조절이 자유로우며 자신의 감정과 행동에 대해 확신과 자신감을 갖는 경향이 있다.

(3) 과정 지향성

어린 아동일수록 어떤 행동의 결과나 목표보다는 과정에 집중하는 경향이 있다. 이런 이유로 아동들은 한 놀이행동에서 또 다른 놀이행동으로 쉽게 전환하며 궁극적인 결과를 향하려는 의지를 보이지 않고 흥미에 따라 움직인다. 즉, 아동들은 레고로 멋진 성을 만들지만 멋진 성을 만드는 것보다 만들어 가는 과정에서 흥미를 갖기 때문에 애써 힘들여 만든 성을 가차없이 허물기도 한다. 아동들은 과정이 주는 즐거움으로 족한 것이다.

(4) 자유-선택

자유로운 선택인가 하는 것은 놀이와 일을 구별 짓는 큰 특징이기도 하다. 동일한 활동이라도 외부에서 주어진 것이고 아동의 흥미에 따른 행동이 아니라면 그것은 성인의 일과 거의 동일한 개념이라고 할 수 있다.

(5) 긍정적 정서(즐거움)

놀이를 함으로써 얻게 되는 가장 큰 유익은 즐거움이다. 아동이 높은 곳에서 뛰어내리는 놀이와 같이 숙달놀이를 할 때 가끔은 아동이 두려움을 보이기도 하지만 그럼에도 불구하고 그런 놀이행동을 반복적으로 하는 이유는 결과적으로는 즐거움을 주기 때문인 것으로 보인다. 즐거움은 인간의 신체와 정신에 치유적인 기능을 갖고 있기 때문에 경미한 증상을 보이는 아동들은 놀이의 즐거움만으로도 변화를 보이는 경우가 종종 있다.

2 놀이 : 현실과 판타지의 중간(과도기)영역, 중간현상

Winnicott(1971)은 놀이에 관해 가장 많이 언급한 정신분석학자라고 할 수 있다. 그는 아동뿐 아니라 성인도 심리치료에서 놀이적인 방식으로 자신을 표현하는 것을 관찰하였다. 아동 심리치료나 아동 분석이 놀이를 통해 이루어지듯 성인 심리치료나 분석에서도 단어 선택, 목소리의 변화, 유머감각 등에서 놀이가 나타난다고 보았다.

여기서는 Winnicott의 놀이에 대한 이론을 중심으로 아동의 놀이를 설명하고자 한다. Winnicott은 아동이 태어나서 '나'와 '나 아닌 것(not-me)', '내적 정신세계'와 두 사람 이상이 공동으로 지각하는 '외적 세계'를 연결해 주는 것을 transition object 또는 transition phenomena라고 했는데 이는 우리 말로 과도기 대상 또는 과도기 현상이라고도 하며 또는 중간대상, 중간현상이라고도 한다(이재훈, 1997). 중간대상은 대물애착이라는 용어로 불리기도 한다(Hobara, 2003; 도현심, 1985).

Winnicott은 놀이가 이러한 중간대상 또는 중간현상의 역할을 한다고 보았다. 아기가 엄지손가락을 빨거나, 천이나 담요 한 자락을 손가락과 함께 입에 넣는다든가, 담요나 천 자락이 냅킨이나 손수건으로 확장되어 입에 넣는다든가, '엄마' 소리와 함께 웅얼거린다든가 하는 현상들과 놀이활동을 중간현상(transition phenomenon)이라고 하였다. 이렇게 수건인 담요 자락, 털, 말이나 음률, 곰인형 등 유아가 잠들려 할 때나 우울하거나 불안할 때 방어용으로 사용하는 물건이 중간대상(transition objects)이라고 할 수 있다.

이런 중간대상은 유아가 약 4개월경에서 12개월경 사이에 나타나기 시작한다. 영유아기에 형성된 이런 행동들은 아동기에 접어들면서 사라지지만 일부 아동들에게서는 아동기에도 나타나며 특히 잠들 때나 혼자 있을 때 또는 기분이 좋지 않을 때 양육자 대신 이를 필요로 한다. 또한 중간대상 현상이 없어졌다 하더라도 부모의 애정이나 관심을 박탈당하거나 그럴 위험에 처했거나 부모와 헤어질 때 다시 나타날 수 있다. 어른의 입장에서는 이런 중간대상물이 자아 밖의 외부세계에 속한 것이지만 유아에게는 다른 의미를 가지고 있다. 그렇다고 중간대상의 의미가 아동의 내면에서 온 것도 아니다. 왜냐하면 중간대상은 환각이 아닌 실제 물건이기 때문이다.

중간영역에서 아동은 현실에서 불가능한 많은 것들을 경험하지만 동시에 이 영역에는 현실의 규칙들이 존재하고 있어서 아동이 완전한 판타지 세계로 몰입되는 것을 막아 준다. 어머니 등 양육자가 부재할 때 아동은 아동의 정신세계에 아직 남아 있는 어머니에 대한 이미지나 기억, 또는 어떤 표상을 갖고 있어서 짧은 기간 동안에는 양육자 없이도 견딜 수 있다. 그러나 아동의 내적 정신세계에 있는 양육자의 이미지 또는 표상은 매우 미약한 것이기 때문에 어느 기간 이상으로 분리가 일어나게 되면 중간대상을 활용한 유아의 견디기는 힘을 잃게 되고 중간현상을 경험할 수 없게 되며 우울에 빠지게 된다. 특히 Winnicott은 이때의 우울이 Klein(1952)의 우울적 자리(depressive position)에 해당하는 우울과 관련된다고 보았다. Klein의 우울적 자리는 아동이 좋은 대상과 나쁜 대상을 하나로 통합하여 양육자를 수용하고 그 양육자의 상실감정과 관련된 단계감정이라고 할 수 있다. 어머니와의 헤어짐이 장기화되면 유아가 환경과 사물에 흥미를 잃고 냉담해지는 현상이 바로 그러한 이유 때문이라고 할 수 있다.

중간대상을 가지고 놀이하는 아동의 감각적 놀이는 결과적으로 아동이 정신내면의 세계에 내사된 어머니대상(maternal object)을 지속적인 것으로 만들어 어머니대상과의 분리를 견뎌 내게 하는 역할을 한다. 처음에는 유아가 어머니와의 짧은 헤어짐도 힘들어하지만 차츰 중간대상의 영향으로 유아는 어머니가 부재할 때도 엄지손가락을 빨거나 담요 자락을 빨면서 어머니의 이미지를 대신하게 된다. 그래서 아동에게 놀이의 기회를 주는 것은 아동의 내적 정신세계 발달의 기초가 되는 중요한 일이다.

이와 같은 이유로 시작된 유아의 놀이는 유아가 성장하면서 상징을 통한 사고능력과 인지능력이 더해지면서 내적 정신세계와 현실을 통합하는 정교한 놀이활동으로 확장하게 된다. 한 연구에 의하면 주 양육자가 아동을 직접 양육하는 문화 그리고 아동과 한방에서 잠을 자는 문화에서는 중간현상이 덜 발생하는 것으로 알려져 있다(Hobara, 2003).

Winnicott은 또한 놀이에 시간과 공간의 개념을 도입하여 놀이가 중간영역에서 행해진다고 하였다. 즉, 놀이를 위한 하나의 물리적 공간의 개념으로 유아와 양육자 사이의 잠재공간을 가정했는데 이것이 중간영역이다. 이 중간영역은 아동을 중심으로 볼 때 아동의 '정신 내부세계'도 아니며 그렇다고 '외부세계'도 아니다. 아동에게는 마술적 사고와 이미지가 있는데 이것이 현실과 연결되어 현실감각으로 변형되려면 현실을 경험해야 하지만 그 과도기적 의미로서 아동은 놀이라는 중간영역에서 정신내적 내부세계와 외부 현실이 맞물려 있는 놀이라는 중간세계에서 무엇인가를 행하는 놀이를 통해 점차 두 영역을 통합해 간다.

성인이 되어가면서 중간영역, 중간현상은 점차 구체적으로 물건에서 추상적인 것으로 바뀌게 되며 궁극적으로는 문화, 예술, 문학, 과학 등의 영역으로 확장되어 인간의 문명을 이루게 된다(Winnicott, 1971).

3 아동의 발달단계와 놀이유형

유아의 초기 놀이는 특히 탐색적 특성을 띠게 된다. 출생 후 몇 주만 지나도 유아는 주변을 탐색하고 호기심을 갖는다. 이동할 능력은 아직 없지만 소리, 촉감, 광경, 주변 사람 등 감각적 자극에 관심을 갖는다. 생후 2개월만 되면 유아는 매우 복잡한 시각적 패턴을 선호하며 흥미롭고 복잡한 것들에 관심을 나타내기 시작한다. 특히 생후 6개월경에는 입을 통한 탐색이 많이 일어난다(홍강의·이영석, 1998).

유아가 기거나 걸으면서 운동능력을 획득함에 따라 무관하게 독립적으로 존재한다고 느끼던 감각자극들을 다른 시간에나 상황에서도 적용할 수 있게 된다.

또한 하나의 상징을 다른 도식과 연결시켜 상징적이고 개념적인 단계로 점차 발달시켜 간다. 예를 들어, 엄마를 상징할 수 있는 물건들의 가짓수가 증가하고 그 물건들을 연결시켜 하나로 범주화하는 것도 그러한 경우라고 할 수 있다. 아동의 놀이에 영향을 미치는 초기 변인 가운데 대표적인 것이 양육자가 제공한 자극의 양과 질, 그리고 애착과 관계의 안정성이다.

즉, 유아의 놀이이자 세상에 대한 탐색활동이라고 할 수 있는 아동의 이런 행동들은 그들이 접하는 성인들의 반응과 밀접한 관계를 맺고 있다. 유아는 민감하게 반응해주고 자극하는 성인이 있을 때 더 많이 탐색놀이를 하는 경향이 있다. 적절하고 민감한 반응을 해주는 성인이 없거나 자극이 적절하지 못할 때 유아는 환경의 자극을 개념적이고 추상적인 세계로 발달·통합시키지 못하고 외부와 관계 맺을 수 있는 독립적인 정신세계를 발달시키지 못한 채 머리 흔들기, 몸 흔들기 등의 자기 자극에 빠지게 되기 쉽다(홍강의·이영석, 1998). 그 극단적인 경우의 예가 반응성 애착장애 같은 증상들이다.

또한 놀이활동은 양육자와의 안정적이고 안전한 애착관계가 이루어졌을 때 증가하는 경향이 있다(Ainthworth & Bell, 1969). 유아는 세상을 탐색하고 놀이하고자 하는 충동과 안전과 보살핌을 제공하는 양육자와 함께 있고자 하는 두 가지의 욕구를 가지고 있으며(Mahler, 1975), 이는 탐색과 놀이를 양육자라는 안전한 기지를 전제로 하여 수행코자 하기 때문이다. 양육자로부터 떨어져 이루어진 탐색과 놀이가 불안을 일으킬 때는 언제나 양육자에게 돌아올 수 있다는 인식을 유아가 갖는 것이 중요하다. 아동의 놀이는 발달단계에 따라 크게 사회적 놀이와 인지적 놀이로 구별할 수 있다.

1) 사회적 놀이

아동이 다른 또래를 비롯한 사람들과 상호작용을 하면서 행하는 활동을 사회적 놀이라고 한다. 사회적 측면에서 아동의 놀이를 분석한 학자 가운데 Parten(1932)의 분류를 소개하기로 한다.

(1) 비놀이

비놀이는 사회적 놀이의 범주에는 포함시킬 수 없는 행동이라고 할 수 있다. 한 곳을 응시한다거나 단순한 몸동작의 반복 등 비참여 행동과 다른 또래의 놀이를 관찰하거나 간단한 말을 거는 정도의 행동인 구경꾼 행동으로 구별할 수 있다. 아주 어린 영아기에 주로 이루어지는 패턴이라고 할 수 있다.

(2) 단독놀이

다른 아동과 한 공간에 있을 수는 있지만 두 아동 사이의 상호작용은 이루어지지 않고 혼자서 놀잇감을 가지고 놀이하는 단계이다. 단독놀이는 2세에서 2세 반 정도의 아동들에게서 흔히 볼 수 있다.

(3) 병행놀이

함께 놀이하는 두 아동 간에 적극적인 상호작용은 없지만 나란히 앉아 놀이하는 모습을 보인다. 함께 어떤 상호작용이 있기보다는 다른 또래의 곁에서 놀이한다는 의미를 가지고 있는 단계이다.

(4) 연합놀이

옆에 있는 아동과 놀이에 대한 대화를 나눌 수 있고 놀잇감을 공유할 수 있지만 역할을 나누어서 할 수 있는 정도의 적극적인 상호작용은 아직 일어나지 않는다. 연합놀이는 3~4세 아동들에게서 볼 수 있다.

(5) 협동놀이

두 명 이상의 아동이 역할을 분담하여 함께 놀이할 수 있는 단계로서 가장(pretending)놀이와 같이 아동들이 공동의 목표를 향해 나아가는 보다 진보된 형태의 상호작용 단계이다. 협동놀이는 5세 이후의 아동들에게서 볼 수 있다.

놀이발달에 대한 나이 구분이 있긴 하지만 Ciccheti(1990)의 연구에 의하면 이 단계들이 Parten이 제안한 순서대로만 나타나는 것은 아니며, 단계들이 그가 제시한 순서대로 나타나긴 하지만 한 단계가 다른 단계에 의해 완전히 대체되는 것은 아니라고 한다.

대신 모든 놀이유형이 유아기에 나타나며 비사회적 활동이 연령 증가와 더불어 감소하긴 하지만 3~4세 아동들에게 가장 자주 등장하는 형태는 비사회적 활동이다. 또한 단독놀이와 병행놀이는 고도로 사회적이고 협동적인 놀이와 더불어 3~6세 사이의 유아들에게서 상당히 많이 나타난다. 즉 유아기에 나타나는 단독놀이와 병행놀이의 변화는 양보다는 유형의 문제라고 할 수 있다.

물론 목적 없이 배회하거나 또래들의 놀이를 구경하거나 미성숙하고 반복적인 대근육놀이 등의 비사회적 놀이만을 하는 유아는 보통 기질적으로 억압되어 있고 사회적 공포심을 조절하지 못하는 유아들로, 부모가 유아로 하여금 다른 아동과 어울리도록 격려하기보다는 과잉보호한 경우라고 할 수 있다.

하지만 또래 상호작용이 적은 모든 유아가 사회적으로 불안한 것이라고는 할 수 없다. 아동 혼자 하는 활동이 긍정적이고 건설적인 경우도 많이 있어서 혼자서 집중적으로 미술활동이나 퍼즐, 블록 등을 하는 아동들이 창의적이고 지능이 높으며 또래들과도 잘 어울리는 경우도 있다. 이들은 또한 다른 아동들과 이루어지는 상호작용에는 적극적인 경향이 있어서 일반화시키기는 어렵다고 할 수 있다.

2) 인지적 놀이

Piaget는 아동의 놀이발달을 그의 인지발달 이론에 맞추어 반복놀이, 상징놀이, 규칙 있는 게임의 단계로 분류했다. 표상능력이 발달하면서 아동은 생활 가운데 발생한 경험이나 느낌, 정서 등을 놀이를 통해 자유롭게 표현한다. 이러한 경험들이 놀이에서는 왜곡되거나 변형되는 부분들이 많은데, 그 이유는 유아들이 개념발달에 있어 아직 인지적 불균형 상태에 있고 성인세계에서 자신들의 욕구를 충족시키지 못해 왜곡이나 변형이 일어나기 때문이다. 그러나 점차 정교해지고 사회적 상황과 일치하는 쪽으로 발달해 가게 된다. Frost와 Klein(1979)은 아동의 인지적 놀이를 기능놀이, 구성놀이, 상징놀이, 사회극놀이, 규칙 있는 게임으로 분류하였다.

(1) 기능놀이

기능놀이는 0~2세경의 감각운동기의 유아가 자신의 신체를 주로 사용해 반복적으로 놀이하는 단순한 놀이활동을 말한다. 예를 들어, 영아가 수유를 충분히 받았음에도 불구하고 계속 빨기를 한다든가, 유모차에 누워 계속 흔들어 주는 활동을 즐기는 행동들이 이에 포함된다. 또한 사물에서 나는 소리를 들어 보려고 주변에 있는 물건을 떨어뜨려 본다든가 학습한 행동을 다른 상황에도 적용해 보는 행동이 나타난다. 만 2세 가까이 되면 초보적인 표상능력이 나타나 자신에게 중요한 사물이나 사람을 연상시키는 물건을 가지고 그 사물이나 사람과 연관된 놀이행동을 할 수 있게 된다.

(2) 구성놀이

만 2세 이후가 되면 아동들은 블록을 끼워 맞추거나 팅커토이를 쌓아올리거나 점토로 사물 만들기 등의 창조적 놀이를 할 수 있게 된다. 이것은 사물을 조작하는 수준에서 사물을 구성하는 단계로 발달하였음을 의미한다(이숙재, 2004).

(3) 상징놀이

상징놀이는 상상놀이 또는 가장놀이, 판타지놀이 등으로 불리기도 한다. 사물이 없는 데도 사물이 있는 척 놀이하거나 막대기를 가지고 아기인 척하는 행동이 이에 속한다. 인형을 아기라고 생각하고 우유를 먹이고 재우는 행동들이 모두 상징놀이에 속한다. 상징, 즉 상상의 세계에서 아동은 현실세계에서 이루어지지 못했거나 희망하는 것들을 이루는 특성이 있다.

(4) 사회극놀이

사회극놀이는 상징놀이의 요소에 두 명 이상의 아동이 역할을 정하여 놀이를 하는 경우이다. 두 아동이 한 사람은 엄마 역할을 또 한 사람은 아기 역할을 하면서 상징놀이를 한다면 사회극놀이라고 할 수 있다. 사회극놀이를 하면서 아동은 현실세계에 존재하는 역할을 연습하고 관계를 경험하며 현실세계에서는 불가능한 부분들을 성취하거나 변형해 나간다. 아동들이 상징하거나 상상하는 것은 역할, 사물, 행동 또는 상황 중 그 어떤 것일 수 있다.

(5) 게임놀이

게임놀이는 규칙 있는 게임이라고도 한다. 6~7세 또는 초등학교 저학년이 되면 규칙이 존재하는 게임놀이를 할 수 있게 된다. 이 놀이단계는 규칙 있는 게임을 하려면 정해진 규칙을 반드시 따라야만 가능하다는 특징을 갖고 있다. 게임은 승패를 갖고 있기 때문에 졌을 경우에도 감정을 통제할 수 있어야만 게임을 지속할 수 있어서 자기조절을 필요로 한다. 아동의 연령이 초등학교 고학년으로 올라갈수록 인지기능도 발달하여 규칙이 복잡한 게임을 선호하게 된다. 게임놀이는 도전 의지와도 관계가 있다. 특히 고학년으로 갈수록 게임의 규칙이 중요한데, 그 이전의 아동들은 규칙을 모호하게 이해하고 따라서 승패에 따라 규칙을 바꾸려는 경향을 보이나 이 단계의 아동들은 규칙을 신성시하고 반드시 적절한 규칙에 따라 게임을 끝맺으려는 행동 경향을 보인다(Erikson, 1968). 게임놀이의 유형에는 크게 세 가지 유형이 있다(Sutton-Smith & Roberts, 1971). 여기서는 이 3가지 유형을 놀이치료에 적용시켜 기술한 Schaefer와 Reid(1986)의 기술을 중심으로 설명하기로 하겠다. 3가지 유형 가운데 첫 번째는 아동의 운동 활동으로 결정되는 신체기술게임, 두 번째는 인지기술이 결과를 좌우하는 전략게임, 세 번째는 결과의 우연에 좌우되는 찬스게임이다.

- 신체기술게임 – 이 범주의 게임은 다시 대근육게임과 소근육게임으로 분류된다. 대근육게임은 달리기, 치기놀이, 간단한 공놀이 같은 것들이 해당된다. 소근육게임에는 사물을 단순하게 조작하는 게임이 해당된다. 신체게임의 치료목적은 단순하고 쉬운 규칙을 지키게 하고, 신체움직임을 통해 에너지를

정화의 방향으로 방출하게 하며, 과잉행동이나 충동성과 같은 어려움을 지닌 아동들을 위한 치료방법으로 사용될 수 있다. 단지 이런 게임들은 협소한 놀이치료실에서는 하기 어려운 단점이 있다. 특히 대근육게임의 경우에는 더욱 그렇다. 또 한 가지 단점은 이런 유형의 게임이 적절하게 사용되지 못하면 감정과 정서의 언어화보다는 부정적인 행동표출(acting-out) 쪽으로 기울게 할 수도 있다는 점이다.

- 전략게임 – 단어나 숫자게임, 장기, 체커, 바둑, 블루마블, 인생게임, 틱택톡 등의 게임과 같이 주로 인지적 기술이 필요한 게임들이 이에 속한다. 이러한 게임들은 놀이치료실에서 두 사람 이상이 함께할 수 있는 형태로 이루어져 있다. 이런 게임은 아동의 지적 능력을 관찰할 수 있는 기회가 될 수 있으며 신체게임을 할 때 나타나는 신체적 각성 없이 공격성의 표현을 가능하게 하는 이점도 가지고 있다. 그러나 지나치게 복잡하거나 시간이 많이 소요되는 게임은 치료적으로 유익하지 못하다.
- 찬스게임 – 이 게임은 빙고게임이나 블루마블, 터치마이 하트 등의 보드게임처럼 순수하게 확률에 의해 이루어지는 우연게임이라고 할 수 있어서 처음으로 게임놀이를 하는 아동들에게 도움이 된다. 이런 유형의 게임은 함께 게임하는 성인치료자의 지적 우월함이 드러나지 않기 때문에 자신감이 부족하거나 위축된 아동들에게 유용하다. 그런 반면 이런 유형의 게임에는 전략이나 기술이 포함되지 않기 때문에 시간이 지나면서 아동이 흥미를 잃을 수 있는 단점이 있다.

모든 게임들이 이 3가지 유형으로 분류되는 것은 아니며 이 중 2가지나 3가지가 조합된 게임들도 많이 있다. 놀이치료실에서 이루어질 수 있는 소프트볼 야구게임이나 고리 던지기 등의 게임이 3가지를 모두 조합한 형태의 게임이라고 할 수 있다.

4 놀이의 치료적 요소

놀이는 처음에 A. Freud(1928), Klein(1932:1975) 등의 아동정신분석가들이 아동을 심리치료에 끌어들이기 위해 또는 치료에 흥미를 갖도록 하기 위해 도입하였지만 시간이 지나면서 놀이의 이런 수단적 기능뿐 아니라 놀이 자체가 아동에게 미치는 깊은 치료적 영향에 주목하기 시작했다(Landreth, 1991; O'Conner, 1991; Rogers, 1989; Winnicott, 1971). 특히 Winnicott은 A. Freud나 Klein과 달리 놀이를 단순매체가 아닌 상상이라는 차원, 즉 판타지라는 차원에서 놀이의 기능을 분류하면서 놀이는 아동에게 하나의 현실(reality)이라고 보았다. 그렇기 때문에 치료를 유도하는 단순매체가 아니라 아동에게 필요한 현실이며 그 안에서 이루어지는 내용은 외부 현실만큼이나 아동에게 중요한 의미를 갖고 있다. 어느 정도의 전지전능감이 작용하는 이 놀이 현실세계에서 아동이 현실을 통제하고 대상을 창조해 나가는 과정은 아동으로 하여금 양육자와의 분리를 견뎌 내게 하고 궁극적으로는 독립된 정신세계를 발달시키게 하며 외부세계에 적절한 의존·독립적 관계를 맺게 한다.

Rogers(1989)는 아동상담에서 놀이를 사용하는 것에 대해 성인이나 부모상담과 다를 것이 없으며 구조적인 면에서 매우 유사하고 상담관계 또한 동일하게 적용된다고 보았다. 성인상담과 달리 놀이를 치료적 방법으로 사용하는 것은 아동과의 놀이관계가 말을 통해서가 아니라 행동을 통해 더 분명해지기 때문이라는 것이다.

놀이의 치료적 요소에 대해 O'Conner(1991)는 여러 연구문헌을 종합하여 4가지 측면에서 놀이의 치료적 요소를 설명하였다(생물학적 측면, 개인내적 측면, 대인관계 측면, 사회문화적 측면). 생물학적 측면에서 아동은 놀이활동 특히 신체놀이 활동을 통해 기본 신체기술을 배우고 신체에 대한 통제감과 자신감을 갖게 된다. Schiller와 Spencer 등의 잉여에너지 이론에 따르면, 쓰고 남은 에너지는 반드시 방출되어야 하는데 아동들은 이 잉여에너지를 놀이활동을 통해 방출한다. 또한 아동이 무엇인가를 하고 움직이게 함으로써 신체를 통한 자기조절감을 느끼게 하며 자극을 처리하게 한다(Johnson, Christie, & Yawkey, 1987, 재인용).

개인내적 측면에서 놀이는 아동으로 하여금 무엇인가를 계속 하게 한다. 인간은 완전히 감각이나 움직임이 정지된 상태에서 존재할 수 없기 때문에 무엇인가를 해야 하는데 아동들에게 놀이는 이러한 인간의 욕구를 충족시켜 주는 역할을 한다. 또한 놀이는 개인내적 측면에서 상황을 습득하게 한다. 상황을 습득한다는 것은 아동이 부분적으로 경험하거나 관찰한 환경의 여러 측면들을 놀이장면으로 가져와 놀이하면서 원래 상황에 포함되어 있던 요소들을 깨닫게 되고 아동의 경험과 관련된 공포나 두려움을 극복하게 하며 놀이의 내용과 방법을 더욱 확장시켜 다양한 상황에 적용해 볼 수 있게 한다.

대인관계의 측면에서 놀이는 양육자와의 분리/개별화를 연습할 수 있는 중요한 방법이다. 이것은 Winnicott이 제안한 중간대상(transition object), 중간현상(transition phenomenon)의 개념과 일치하는 것이다. 아동이 양육자로부터의 갑작스런 분리를 견뎌낼 수 없지만 놀이를 통해 분리를 연습하고 헤어짐으로 인해 발생할 수 있는 두려운 감정들을 극복하며 상황을 예측하는 능력을 갖게 된다. 또한 대인관계적 측면에서 놀이는 여러 가지 사회적 기술을 배우게 하여 아동이 다른 사람들과 더불어 살아가는 데 유용한 기술을 습득하게 한다. 또한 이 부분은 놀이의 사회문화적 측면과도 밀접한 연관이 있어서 아동이 속한 사회가 다른 사회와 구별되게 요구하는 기능이나 기술을 놀이를 통해 습득한다.

이 외에도 놀이는 소원 충족의 기능을 한다. 아동은 현실세계에서 충족하지 못했던 욕구들을 놀이를 통해 충족한다(예: 자기를 괴롭히던 또래를 혼내주고 싶었으나 두려워서 실제로 그러지 못했던 아동은 놀이를 통해 그 또래를 혼내준다.). 이러한 기능들은 꿈의 기능과도 유사한데(Freud, 1900), 놀이는 꿈과는 달리 가시적이고 반복이 가능하며 제삼자가 관찰할 수 있다는 특징이 있다.

Schaefer와 Reid(1986)가 놀이의 치료적 요소를 몇 가지로 언급하였다. 이들의 설명이 주로 게임놀이에 국한된 것이기는 하지만 놀이방법의 일부인 게임놀이가 갖고 있는 치료적 요소를 일목요연하게 제시하였다고 할 수 있다. 여기서는 이들이 제시한 게임의 치료적 요소와 Landreth(1991)가 요약한 놀이의 의사소통 기능을 중심으로 설명하겠다.

1) 진단기능

놀이는 진단기능을 가지고 있다. 물론 놀이의 진단적 기능을 고려할 때는 아동의 발달과정, 가족환경, 기타 요소들을 충분히 고려하고 통합적인 차원에서 놀이에 대한 진단평가가 이루어져야 한다. 진단기능을 예로 들면, 치료자에게 놀이에 대해 조언이나 도움을 구하는 아동은 소극적이고 의존이 심한 아동일 가능성이 높으며 치료자를 기쁘게 해줄 목적으로 게임에 일부러 져주기도 한다. 강박적인 특성을 갖고 있는 아동들은 지나치게 규칙에 집착하거나 놀이 본래의 목적을 잊어버리고 규칙을 지키는데 집착하기도 한다.

경계선적 인격장애의 특성을 갖고 있는 아동들은 놀이 본래의 목적은 잊은 채 지나치게 판타지적 측면에 몰두하기도 한다. 강한 통제감을 원하는 아동은 슈퍼마켓놀이와 같이 아동 자신이 통제하는 놀이를 즐기기도 한다. 게임놀이에서 반드시 이기려고 하고 속이기까지 하는 아동은 현실적으로 경쟁에서 이기려는 노력과 아직 해결되지 않은 전지전능한 통제 소망 사이에서 흔들리는 아동들이라고 할 수 있다(Schafer & Leid, 1986).

Benedict(2003)도 아동들의 놀이치료 장면에서 보이는 놀이주제를 분석하여 아동의 문제와 성격 그리고 부모-자녀관계를 진단하였다(3장 참조).

놀이를 통해 아동이나 부모-자녀관계를 진단하려는 노력은 비교적 많이 이루어져 왔다. 놀이를 통한 아동의 기질 평가(Vondra & Belsky, 1990), 유아의 숙달동기 평가(Morgan, Christine, Harmon, & Maslin-Cole, 1990), 인지발달 평가(Power & Radcliffe, 1989), 주의력 또는 과잉행동 평가(Ruff, 1988; Mayes, 1991), 신체학대 평가(Fagot & Kavanagh, 1991), 자폐증 평가(Siegel, 1991) 등은 모두

놀이가 갖고 있는 진단 기능을 활용한 연구들이라고 할 수 있다.

2) 의사소통

놀이에 진단 또는 평가기능이 있다는 사실은 놀이를 통해 아동과 의사소통할 수 있음을 의미하는 것이기도 하다. 최소한 아동이 추상적 논리나 사고를 활용하여 언어를 사용하려면 11살이 되어야 한다(Piaget, 1962). 즉, 아동이 언어를 통해서 보다는 놀이를 통해 자신을 표현하는 것에 익숙하다면 치료자도 놀이를 통해 아동에게 아동과의 놀이에 대해 느끼고 목격한 것을 표현할 수 있을 것이다. 아동이 선택한 방법으로 놀이함으로써 아동은 자신조차 이해하기 어려운 상징적 방법을 사용하여 자신의 무의식 깊은 곳에 묻어 둔 근원적인 문제를 해결하는 내적 과정을 겪어 간다(Bettelheim, 1987). 이러한 모습은 치료자가 쉽게 이해할 수 있는 것이기도 하고 때로는 의식하지 못하고 지나쳐 가는 것일 수도 있다.

3) 놀이의 즐거움

놀이는 자연스럽고 즐거운 활동이다. 반드시 놀이치료가 아니더라도 놀이는 정서적 성장을 촉진하는 본질적인 특성을 갖고 있으며 즐거움은 심리장애를 예방하고 완화하는 기능을 갖고 있다.

4) 치료동맹

아동은 언어로 자신을 충분히 표현할 만큼 언어 및 인지기능이 발달해 있지 않기 때문에 놀이 없이 언어로 심리치료를 한다는 것은 치료동맹을 형성하고 상담에 집중케 하는 데 실패하게 한다. 언어로 자신을 어느 정도 충분히 표현할 수 있는 초등학교 고학년이나 청소년의 경우에도 치료에 저항하는 경우가 많은데 이때 게임놀이 같은 놀이방법을 사용하면 치료에 대한 저항을 줄이면서 아동에게 즐거움을 줄 수 있고 치료적 상호작용을 이룰 수 있다. 나이든 아동들은 자신에게 심리적 문제가 있다는 것을 거부하는 경향이 있기 때문이다. 또한 자아의 힘이 약한 아동들은 제한된 공간에서 치료자와 홀로 있어야 한다는 사실이 매우 큰 압력으로 느껴질 수 있는데 이럴 때 게임놀이는 아동들이 치료과정에 편안하게 개입하게 할 수 있는 방법이 된다.

5) 자기표현

놀이는 아동들에게 친숙하면서도 현실과 분리되어 있는 '놀이'일 뿐이기 때문에 저항이나 방어 없이 자신을 표현할 수 있게 해준다. 놀이를 하면서 아동들은 그 외의 상황에서는 표현하기 어려운 자신의 격렬한 감정, 사고, 태도 등을 드러낸다.

6) 자아증진

게임놀이의 경쟁적 특성은 아동에게 불안, 경쟁심, 자존감, 힘과 무력감, 위험감수 등과 연관된 불편한 감정을 일으킬 수 있다. 놀이를 통해 아동들은 이러한 감정에 직면하고, 극복하고, 숙달하게 된다. 게임놀이를 하려면 자기조절을 배우고 연습하고 지고 있을 때의 좌절을 견디며 순서를 지켜야 한다. 치료자는 이런 힘든 과정을 겪는 아동을 격려하고 긍정적 강화를 제공하여 아동이 잘해낼 수 있도록 도와야 한다. 또한 놀이를 통해 새로운 행동을 배우고 최소한의 '고통' 속에서 권위에 순응하는 법을 배우게 된다(Schafer & Leid, 1986).

7) 인지발달

놀이를 통해 아동은 집중, 기억, 결과 예측, 창의적 문제해결력과 같은 인지적 측면이 발달할 수 있다.

8) 사회화

충동적인 아동들에게는 특히 게임놀이가 유익한데 이런 아동들은 사회화 과정에 실패한 아동들이기 때문에 위협적이지 않은 게임놀이 상황에서 또래 압력과 권위의 수용을 긍정적인 것으로 경험하고 순응할 수 있는 기회를 얻을 수 있다. 이는 사회학습에 유용하다고 할 수 있다.

5 적응 아동과 부적응 아동의 놀이 차이

Moustakas(1955b)와 Landreth(1991)는 적응 아동과 부적응 아동의 놀이 차이를 제시하였다. 적응 아동은 말하기를 좋아하고 그들을 위해 존재하는 것처럼 세계에 관해 토론하기를 좋아한다. 부적응 아동들은 초기 세션에서는 말하기 힘들어하고 치료자를 불편해하여 철저히 침묵한다. 어떤 부적응 아동들은 첫 몇 세션 동안에는 쉴 사이 없이 질문하고 말을 많이 한다.

적응 아동들은 놀이가 자유롭고 자발적이다. 이런 아동들은 모든 놀이 영역을 탐색해 보고 놀이 도구를 넓은 영역에서 다양하게 사용한다. 그러나 부적응 아동들은 공간을 협소하게 사용하고 장난감도 적게 사용하는 경향이 있다. 부적응 아동들은 종종 무엇을 하고 무엇을 하면 안 되는지에 대해 질문한다. 그러나 적응 아동들은 치료적 관계에서 제한을 잘 지키고 책임감 있게 행동하는 경향이 있다.

방해나 괴롭힘을 당할 때 적응을 잘하는 아동들은 그들이 겪고 있는 문제를 여러 가지 구체적인 방법으로 표현한다. 그에 반해 부적응 아동들은 그들의 감정을 좀 더 상징적이고 간접적으로 표현하는 경향이 있어서 페인트, 진흙, 모래, 물과 같은 것을 많이 사용하는 경향이 있다. 이들은 종종 공격적이기도 하며 치료자에게도 공격적이고 놀이도구를 파괴하려고 한다. 공격성은 물론 적응 아동들에게도 나타나지만 실제적인 파괴 없이 분명하게 공격적 감정을 표현하고 표현에 대한 책임감을 갖고 있다. 잘 적응된 아동들은 자기 자신, 치료자, 자신의 놀이에 대한 감정의 강도가 부적응 아동들처럼 격렬하지 않은 편이다.

Moustakas(1955b)는 적응 아동 및 부적응 아동들과의 놀이치료 경험을 통해 모든 아동이 적응의 질과 관계없이 어느 정도 유사한 형태의 부정적인 태도를 표현한다는 것을 발견하였다. 그런 의미에서 적응 아동들과 부적응 아동들 간의 차이점은 근본적으로 그들이 보이는 부정적인 태도에 달려 있는 것이 아니라 오히려 그런 태도의 양과 강도에 달려 있다고 보는 것이 적절하다. 적응 아동들은 부정적인 태도의 표현이 덜하고 좀 더 초점과 방향이 분명한 반면 부적응 아동들은 부정적인 태도의 초점과 방향이 덜 분명하고 빈번하며 강렬하게 나타난다.

6 놀이할 수 없는 아동 : 자폐증

놀이하는 능력을 중심으로 그 연속선상에서 아동들을 비교한다면 놀이하는 능력에 손상이 많은 아동을 자폐아동이라고 할 수 있을 것이다. 자폐아동들의 놀이는 다른 어려움을 갖고 있는 같은 연령의 아동들이나 일반아동들에 비해 질적으로 다른 놀이를 나타낸다(Power & Radcliffe, 1991).

자폐아동의 가장 큰 특징은 기억, 이미지, 사고와 같이 물리적으로 만질 수 없는 것들을 일반아동처럼 느낄 수 없다는 것이다. 자폐아동은 신체접촉과 그로 인해 생기는 감각에 집착하여 초기의 심리적 결핍을 보상받고자 한다. 자폐아동들이 물리적 접촉에 집착하고 일반아동에 비해 그 중요성이 과장된다면 정신적 삶이 적절하게 발달할 수 없게 된다(Tustin, 1990:1997, 재인용).

이 점이 바로 자폐아동에게 상호작용적이고 복잡한 놀이가 나타날 수 없는 이유이다. 즉, 부적절한 기억과 이미지들로 인해 놀이의 필수요소라고 할 수 있는 상상력이 차단된다.

감각대상과 감각형태가 정상적인 상상력의 발달을 방해하는 또 다른 이유가 있다. 아동의 존재감 및 안전감은 항상 자폐 감각대상 및 자폐 감각형태에 묶여 있다. 따라서 이러한 아동들은 상실을 경험할 수 없고 따라서 부재하는 사람이나 대상을 그림, 이미지, 기억을 사용하여 환기시키도록 자극받지 못한다. 또한 이 아동들은 타인을 동일시하는 능력이 결핍되어 있기 때문에 타인의 조망을 인지하고 그에 적절한 태도와 행동을 취할 수 없기 때문에 2인 이상의 놀이에서 발생하는 상호작용 활동을 할 수 없는 것이다(Tustin, 1990; 이재훈 외, 2001, 재인용:1997).

그러나 자폐아동들이 반드시 상상놀이를 할 수 없는 것은 아니라는 연구결과도 있다. Pamela Wolfberg(2009)는 *Play and Imagination in Children with Autism*이라는 자신의 저서에서 7~11세 사이의 3명의 자폐아동을 대상으로 한 민족지학적 질적 연구의 결과를 제시하였다. 이 저서에서 그는 자폐아동들이 자폐증이 없는 아동들과 일정기간 놀이를 하였고 이 기간 동안에 또래와의 상호작용, 놀이의 변화, 언어와 그림의 변화를 보였다고 보고했다. 또한 그는 이 연구에서 아동들의 놀이 발달단계를 관찰하였다. 이 단계들은 '탐색하기', '놀이 시작하기', '안내에 따라 참여하기', '놀이 받아들이기', '끝없이 지속하기' 등이었다. 이 단계들은 결국 정도와 비율은 다르지만 이 자폐아동들이 정상적인 발달단계에 따라 상징적 놀이의 차원을 발달시킬 수 있었음을 의미한다. 이러한 연구결과는 여러 가지 제한과 논의를 불러일으킬 수 있지만 반복적인 놀이활동이 자폐아동들에게 변화를 가져올 수 있다는 희망이 된다. 놀이가 아동의 발달과 사회적 적응에 치명적으로 중요한 것이라면 자폐아동에게 놀이를 발달시킬 수 있는 가능한 방법을 찾는 것이 중요하다. 그럼에도 Wolfberg는 예측을 목적으로 하는 단계와 순서에 집착하는 구성주의적 관점에서 벗어나 이탈리아의 유아교육 프로그램인 레지오 에밀리아 접근법(Reggio Emilia approach)의 창시자인 Loris Malaguzzi의 '길(path)'의 개념을 언급한 것을 인용했다. 여기서 '길'은 단계의 개념과 다르다.

"창조성은 일종의 지속적으로 발달하는 판타지이며 아동이 언제 이 판타지에 머물게 될지는 아무도 모른다. 우리가 할 수 있는 일은 창조성의 세계로 아동이 들어갈 수 있도록 아동을 따르는 것뿐이다. 따르는 것 외에는 더 이상 할 수 있는 것이 없다. 길의 끝에 창조성이 있다. 우리는 아동이 궁극에 길을 따르고 싶어할지 알 수 없지만 우리가 그들에게 길뿐 아니라 그 길을 갈 수 있는 방법도 제시했다는 것이 중요하다. 결국 기쁨에 이를 것이라는 희망을 버리지 않는다면…."(Goleman, Kaufman, & Ray, 1992, p. 83, 재인용)

타인과 관계를 맺고 소통하며 살아가는데 기본적으로 필요한 사회적 공감능력의 발달을 미러뉴런과 관련지어 설명한 Iacoboni(2009)는 자폐아 연구를 인용하여 자폐아동의 놀이세계를 설명한 바 있다. 그가 인용한 연구에 의하면, 자폐아동들은 그들의 놀이와 행동 그리고 소리를 모방해 주는 사람과 소통하며 놀이할 수 있다. 그것이 의미하는 바는 자폐아동들이 놀이를 못하는 것이 아니라 다른 아동들과 다른 강도와 방법으로 놀이한다는 것을 의미한다.

2장 무의식과 상징

1. 무의식
2. 상징과 원형

1 무의식

인간의 정신이 무엇으로 구성되어 있는가에 대한 논의는 오래전부터 있어 왔지만 정신은 의식적 정신과 무의식적 정신으로 구성되어 있다는 것이 전통적인 정신에 대한 개념이다. 물론 무의식에 대한 개념 역시 학파에 따라 다르다. 일반적으로 의식은 우리가 인식하고 생각하고 판단하는 것, 즉 평소에 '나'라고 의식해 온 정신을 의식이라고 할 수 있다. 의식적 정신은 정보를 분별하고 식별하며 분류하고 해석하는 기능을 담당한다.

무의식은 인간정신에서 아직 알려지지 않은 부분이라고 할 수 있다. 갈증을 느낀다면 목이 타고 물을 먹고 싶은 갈증에 대한 의식적 인식이 생긴다. 갈증을 느끼기 몇 분 전에 누군가와 다투어 화가 나 있는 상태였으나 갈증 때문에 일시적으로 화났던 사실을 잊어버릴 수 있으며, 그 사실을 상기시키는 어떤 자극에 접한다면 몇 분 전의 사건은 의식되게 된다. 이렇게 즉각적이고 현재적인 인식상태에 있는 것을 의식이라고 하며, 의식의 표면 밑으로 내려가 현재는 의식될 수 없으나 그것에 주의가 기울여질 때 다시 의식되는 것을 의식되기 쉬운 전의식적 정신이라고 할 수 있다.

즉, 두 번째 정신수준은 의식으로부터 억압된 사건과 감정으로 이루어진 것으로 의식의 표면 밑으로 깊숙이 감추어져 즉각적으로 회상해 낼 수 없는 것이 무의식이다. 의식 밑으로 깊이 억압되는 이유는 개인에게 물리적으로나 정서적으로 불편감을 일으키기 때문이며 의식으로부터 밀려나 개인이 '어려움 없이' 살아가게 한다. Jung의 무의식 개념에 따르면, 이 무의식은 개인무의식(personal unconscions)에 해당하는 부분이다.

예를 들어, 감정 기복이 심하고 충동적으로 대하는 어머니에게 분노를 느끼면서도 어머니가 순종하는 착한 아이를 좋아한다고 느끼고 어머니에 대한 분노를 억압한다면 분노의 감정은 더 이상 존재하지 않게 되는 것이다. 그러나 내면 깊은 곳에서는 자기와의 통합이 이루어지지 않고 파편화되며 혼란이 야기되고 신체적 또는 행동상의 증상을 나타내기도 한다. 때문에 무의식이 인식되지 않는다고 해도 무의식은 살아있으며 그것의 존재를 느끼게 만든다.

Freud는 대부분의 신경증이 어린 시절의 갈등과 성적 에너지인 리비도를 억압한 무의식의 결과이며 그 결과 인간에게 정서적 역기능을 가져온다고 보았다. 그에게 무의식은 욕구의 충족만을 지향하는 동물적인 것이다. 하지만 무의식을 의식에 통합시켜 의식의 범위를 확장시키고 자아를 새롭게 하기도 한다. 무의식을 의식화하기 위해 상징을 활용하는 이유는 무의식이 상징으로 그 자신을 표현한다는 전제를 갖고 있기 때문이다. 상식적으로 의식은 말 그대로 우리가 인식하고 의식하는 것이다.

더 구체적으로 말하면, 자아(ego)에 대한 정신적 내용의 관계를 유지하는 기능 또는 활동을 의식이라고 하며 의식과 무의식을 모두 포함하는 정신과는 개념적으로 구분된다. 대극의 구분없는 즉 무의식과 구분없는 의식은 존재하지 않는다(Jung, 1959:1990a). Jung에 의하면, 의식은 스스로를 만들어 내지 못하며 알 수 없는 깊은 곳, 즉 무의식에서 생겨난다. 어린 시절부터 의식은 점진적으로 깨어나며 전 생애를 통해 무의식 상태로부터 깊은 잠에서 매일 아침 깨어난다. 상징언어를 사용하여 표현하면, 무의식이라는 원시적 자궁으로부터 매일 태어나는 어린아이와도 같다. 의식은 무의식의 영향을 받을 뿐 아니라 무수히 많은 자발적인 관념과 갑작스런 사고의 번뜩임의 형태로 무의식으로부터 끊임없이 생겨난다(Jung, 1978:1990).

이에 반해 무의식(the unconscious)은 정신에서 의식하지 못하는 것, 즉 엄밀히 말하자면 의식이 아닌 것이다. Jung에 의하면, 무의식은 모든 것의 극단적인 유동적 상태다. 특히 Jung의 개인무의식은 개인이 알고 있는 것이지만 의식이 그 순간에 생각하지 않는 것이다. 한때 의식했지만 지금은 망각한 모든 것이다. 감각했지만 의식적 정신이 주목하지 않는 모든 것이다. 비자발적이고 주목하지 않았던 모든 것이며 느끼고 생각하고 기억하고 원하고 행하는 것이다. 무의식 상태이기 때문에 정신 안에서 모양을 잡아가는 미래의 것이며 언젠가 의식될 것들이다. 이 모든 것들이 무의식의 내용이다(Jung, 1960:1981a). 즉 자아(ego)와는 지각적으로 관련되지 않은 모든 정신적 내용이나 과정을 포괄한다. 그러나 무의식이 점점 의식화되어 간다고 해서 광대한 무의식이 없어지지는 않는다. 무의식은 단순히 알려지지 않았거나 Freud 학파의 무의식 개념인 억압된 의식적 사고와 정서의 저장고가 아니라 의식화될 또는 의식화되어야 하는 내용을 포함한다(Sharp, 1991).

처음으로 무의식을 체계적으로 설명한 사람은 잘 알려진 바와 같이 Freud다. 물론 그 이전부터 철학적 관점에서 무의식 개념이 존재했다. Freud의 무의식에 대한 관점은 의식에서 받아들여질 수 없는 특히 유아적인 내용들이 억압되어 무의식이 만들어졌다는 것이다. 억압이 일어나는 이유는 도덕적 이유로서 근친상간 충동 등과 같이 아동기 때부터 부모를 비롯한 주변의 중요한 인물들에게 받아들여지지 않기 때문이다. 그러한 관점에서 분석의 목표는 억압된 내용을 의식화해서 삶 속에 받아들이도록 하는 것이다. 따라서 Freud의 무의식 개념은 억압된 내용들이 분명 제한적이고 따라서 무의식을 모두 의식화하는 것이 가능하다고 가정할 수 있다. 그러나 Jung에 의하면, 무의식 내용은 모두 의식화될 수 있는 것이 아니다. Jung은 무의식에서 새로운 무의식을 발견하였다. 그는 무의식을 개인적 무의식과 집단적 무의식으로 나누었다. 그의 무의식 개념은 무의식의 성질이 개인이 태어나서 생성된 것만으로 이루어져 있지 않기 때문이다.

이것은 Jung의 집단무의식(collective unconscious)의 개념을 말한다. Jung의 개인무의식의 개념은 Freud의 무의식 개념과 유사하다. 그러나 융의 집단무의식은 후천적으로 만들어지는 개인무의식과는 구분되는, 타고난 요소들을 포함하는 인간정신의 구조적 층이다. Jung은 집단무의식에 관한 이론을 개인적 경험에 근거해서는 설명할 수 없는 심리적 현상의 편재성(ubiquity)으로부터 가져왔다. 시대와 장소 그리고 문화를 초월해 모든 인간정신의 고태적 층에 존재하는 원형으로 구성된 집단무의식은 인간의 공통적인 삶의 형태를 결정하는 힘이다. 요약하면, Freud와 Jung의 무의식 개념 간의 비교와 일치하게 Jung의 무의식적 판타지는 두 개의 범주로 분류된다. 하나는 개인적 경험과 관련되어 있으며 잊었거나 억압된 내용으로 개인적 경험과 확실히 관련되어 있다. 두 번째 범주는 꿈을 포함한 개인적 특성을 지닌 판타지로서 개인의 과거와 환원적으로 연결되어 있는 경험에 의해 설명될 수 없다. 따라서 개인적으로 습득된 것이 아니다. 이러한 판타지 이미지들은 의심할 여지없이 신화적 유형에 가장 근접하게 비유될 수 있다. 이 두 번째 유형의 사례들이 너무 많이 존재하기 때문에 집단 무의식적 토대가 있다고 가정할 수밖에 없다고 Jung은 언급하였다. 위에서 언급한 바와 같이, Jung은 이 두 번째 무의식을 집단무의식이라고 명명하였다(Jung, 1959:1990b).

집단무의식은 신화적 이미지나 원시적 이미지들로 구성되어 있는데 그 이유는 무의식이 꿈과 환상을 끊임없이 만들어내기 때문이다. 신화는 일종의 집단무의식의 투사로 여겨질 수 있다. 그런 이유로 모든 민족의 신화들은 집단무의식으로부터 자연 발생적으로 만들어진 진정한 창작이다. Jung에 의하면, 집단무의식은 두 가지 방법으로 이해될 수 있다. 하나는 앞서 언급한 신화에 대한 연구이고 또 다른 하나는 개인 분석을 통해서이다(Jung, 1960:1981c). 특히 분석 과정에서 개인무의식의 내용을 더 많이 인식하게 될수록 집단무의식을 구성하는 이미지 그리고 이미지에 들어 있는 의미의 풍부한 층들이 드러나게 된다. 그러한 과정에서 작고, 과민하고, 개인적인 자아(ego)의 세계에 더 이상 갇혀 있지 않고 더 넓은 객관적 흥미의 세계에 자유롭게 참여하는 의식성 즉 확장된 성격이 생겨나게 된다. 이렇게 확장된 의식성은 더 이상 무의식의 반대 성향에 의해 보상되거나 교정되어야 했던 수많은 자아 중심적인 취약한 개인적 소원, 두려움, 희망, 양가감정이 아니다. 그것은 개인을 묶어 주는 해체할 수 없는 더 큰 세계이자 정신의 근원적 세계, 즉 집단무의식과 교류하게 하면서 동시에 객체의 세계인 외부세계와 관계하게 하는 기능이다(Jung, 1984:2004).

분석심리학적 정신구조

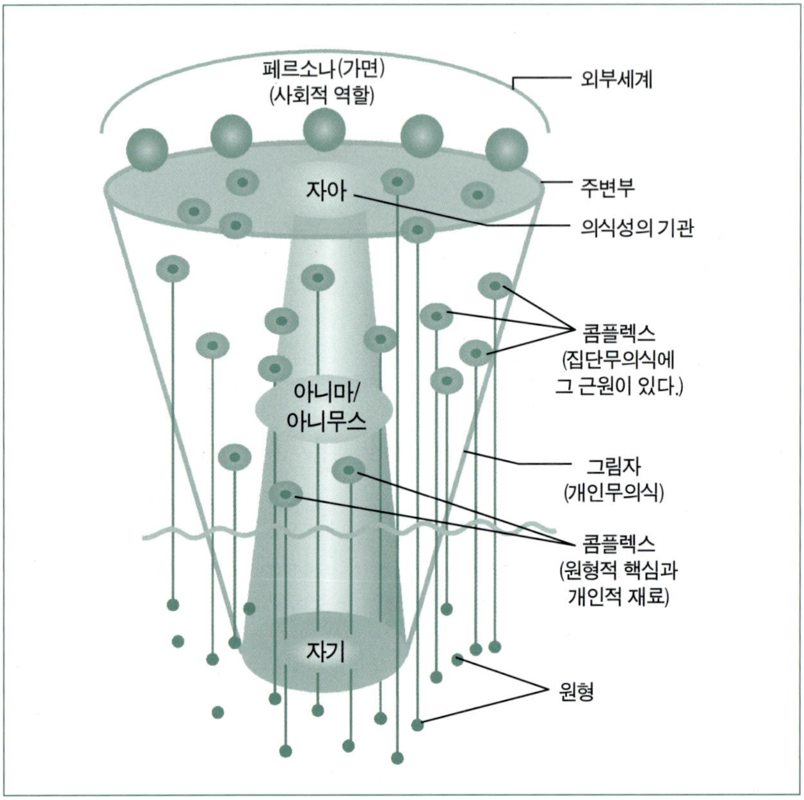

출처: Estelle Weinrib(1991).

Jung은 무의식의 내용에 대해서도 주로 성적인 것과 연결 지은 Freud와 다른 관점에서 보았다. 그에게 무의식은 개인의 삶을 충만하게 해주는 풍요롭고 비옥한 기초이다. 특히 그가 발견한 집단무의식(collective unconscious)은 시대, 인종, 민족, 문화, 종교 등에 상관없이 인간이 출현한 이래로 인간이 경험하며 누적되어 온 것을 포함한 타고난 인류 공통의 원초적 무의식의 층이라고 할 수 있다. 앞서 기술한 바와 같이 Jung에게 있어 한 개인이 태어나 경험한 것 중에 억압되어 무의식화된 층을 개인무의식(personal unconscious)이라고 할 수 있으며 Freud의 무의식 개념과 상당히 일치하는 부분이다. 그러나 집단무의식(collective unconscious)은 개인의 경험과 역사에 선행하는 선험적인 정신적 조건이라고 할 수 있으며 인간행동을 결정짓는다고 할 수 있다. 물론 그 시대의 문화, 시대정신 등이 인간에게 영향을 주지만 그것은 겉으로 드러난 것일 뿐 모든 인간행동의 기저에는 무의식적 영향이 자리하고 있다. 예를 들어, 인간은 관습이 그러하기 때문에 가족을 형성하는 것이 아니라 집단무의식의 가족원형 때문에 유형은 달라도 가족이라는 형태의 삶을 추구하게 된다.

● 원형

인간의 행동에 보편적이고 깊은 영향을 미치는 집단무의식은 원형(archetype)으로 구성되어 있다. 원형은 인간의 마음속에 본질적으로 동일한 행동유형을 산출해 낼 수 있는 어떤 조건이라고 할 수 있다. 더 구체적으로 언급하면, 집단무의식을 이루고 있는 원형은 원형 그 자체가 아닌 이미지의 형태로 집단무의식으로부터 일깨워져 의식이나 개인무의식에 배열된다. 원형이 중요한 이유는 원시적이고 고태적인 이미지, 즉 원시적 에너지의 성격을 띠고 있는 원형 이미지 형태 또는 청사진에 비유할 수 있는 이 에너지가 사람들의 행동과 삶에 보편적으로 영향을 미치기 때문이다. Jung은 원형이 정신의 구조라고 생각했다. 이 유전되는 구조를 통하여 유전적으로 정해진 어떤 종류의 지각, 관념, 행위를 발달시키는 내적 소인이 다음 세대로 전달된다. 이 유전적 근거는 특정한 상징이나 행동패턴 그 자체가 아니라, 어떤 상징이나 행동패턴이 발현될 수 있게 하는 가능성을 허용하는 형태(form)다(Jung, 1984:2002). 본능처럼 개인의 삶에서 실현하고자 하는 충동을 가진 원형은 자기장처럼 개인의 무의식적 행동의 방향을 정하고, 정신적 재료를 상징적 이미지로 표현하게 한다. 그런데 상징은 결코 원형을 완벽하게 나타낼 수는 없다. 그것은 무의식 특히 집단무의식이 완전히 의식될 수 없고 의식화되어서도 안 되는 이유와 맥락을 같이한다.

Jung(1970)은 원형 개념의 이해를 위해, 원형을 수용액에 들어 있는 결정체의 격자구조와 같이 보이지 않는 존재에 비유했다. 눈에 보이지는 않지만 우리의 삶과 행동에 영향을 미치기 때문이다. Jung은 특히 눈송이를 예로 들었다. 모든 눈송이의 모양은 눈이 내리는 지역의 습도, 온도, 풍속 등과 같은 환경조건 때문에 그 모양에 있어 같은 것이 없이 모두 다르지만 모두 육각형의 대칭이라는 기본구조를 갖고 있다는 점에서는 동일한데 이 육각형 모양을 원형의 패턴에 비유할 수 있다. 인류에게 원형패턴은 가족 내, 문화 내, 그리고 세상 내에서의 다양한 조건을 가진 맥락 속에서 발달한다(장미경, 2017).

이 원형은 눈으로는 볼 수 없으나 위에서 언급한 바와 같이 이미지를 통해 표현되고 이미지가 상징에 투사되었을 때 우리는 원형의 존재를 알 수 있다. Jung은 원형에 대해 본능(instinct)의 정신적 표상이라는 용어를 사용하기도 했다.

원형 중 가장 중요한 원형은 자기(Self)원형으로 이는 인간정신의 중심이며 자아(ego)가 의식세계에서 살아가는 데 필요한 에너지를 공급하는 신비하고 신적인 에너지이며 정신의 조절 및 질서의 중심이라고 할 수 있다. 인간정신이 위기에 처했을 때 치유와 조절 기능을 갖고 있는 자기(Self)에너지가 꿈에 나타나며 인간의 의식이 한쪽으로 치우친 것을 보상하는(compensate) 작용을 하게 된다. 이렇게 볼 때 Jung에게 무의식은 욕구충족이나 소원충족의 단순한 기능이 아니라 인간정신이 전체성을 이루도록 돕는 인간정신의 심원한 자원이라고 할 수 있다. 그런 의미에서 무의식은 의식에 대해 자율적인 기능을 수행한다고 할 수 있으며 내적 인격이라 할 수 있다. 이런 식으로 보면 무의식은 내면의 갈등을 표현하고 해결하게 하는 역할을 한다.

Jung의 집단무의식의 개념에서 또 한 가지 중요한 개념은 콤플렉스인데 콤플렉스는 일종의 파편화된 인격이라고 할 수 있다. 그러나 콤플렉스는 모든 개인이 갖고 있기 때문에 콤플렉스의 유무가 정신건강의 정도를 말하는 것은 아니며 콤플렉스 강도의 정도가 개인의 일상생활과 정신의 전체성에 미치는 영향에 따라 콤플렉스의 부정적 영향을 말할 수 있다. 구체적으로 설명하면, 콤플렉스란 우리 사고의 흐름을 훼방하고 우리로 하여금 당황하게 하거나 화를 내게 하거나 우리의 심중을 찔러 목매게 하는 마음속의 어떤 것들이다. 콤플렉스는 잘 통합된 의식의 질서와 의도를 일시적 또는 장기적으로 교란하고 기억과 연상의 흐름을 방해하는 관념 또는 이미지들이다. Freud와 달리 Jung은 무의식에 이르는 왕도(via regia)는 꿈이 아니라 콤플렉스라고 하였다(sharp, 1991). 콤플렉스는 하나의 핵 요소를 중심으로 형성되는데, 이 핵 요소는 강한 정감을 가지고 있다. 이 정감은 핵 요소가 무의식 속에 자아(ego)가 그것을 인식할 수 없으면 그 정감의 정도는 주관적으로 파악되지 않는다. 이 핵 요소는 두 가지 요소로 구성되는데 하나는 인과적으로 환경과 관련된 체험에 의해 정해진 조건이며 다른 하나는 소인적 성격을 띤 그 개체의 성격에 내재하는 조건이다. 이와 같이 핵 요소 주변에 여러 심리적 내용을 집결시키고 연결시키는 힘을 핵 요소의 배열력(constellation)이라고 하고 이런 현상을 배열(constellation)이라고 하는데, 이렇게 해서 콤플렉스가 형성된다. 콤플렉스는 마치 부분 인격처럼 자율성을 가지고 있어 생동하는 이물체처럼 움직인다. Jung에 따르면, 우리가 콤플렉스를 가지고 있지만 동시에 콤플렉스가 우리를 가지고 있다고 했다(Sharp, 1991).

무의식이 놀이치료와 같은 수용적 치료 환경에서 사용된다면 아동의 내적 갈등이 야기한 주 호소의 완화와 제거에 효과적일 것이며 아동이 무의식의 추동으로부터 더 시달리고 행동에 개선이 생길 것이다. Jung에 의하면 아동은 성인보다 무의식에 더 가까운 존재로 무의식이나 꿈 내용에 더 용이하게 접근할 수 있는 존재다. 특히 집단무의식에 있는 자기(Self)는 자기의 실현, 즉 의식화를 위해 자아(ego)를 발달시킨다. 아동기는 바로 이 자아(ego)가 발달하는 시기이며 건강한 자아의 발달은 건강사회 적응의 기초라고 할 수 있다.

2 상징과 원형

인간행동에 영향을 미치는 무의식은 의식이 사용하는 언어라는 방식을 의사소통의 방식으로 사용하지 않는다. 무의식은 이미지로 그 자신을 표현한다. 논리적이고 객관적이며 이성적인 방법이 아니라 상상의 방식을 사용하는 것이다. 무의식에서 떠올린 이미지는 상징에 투사되며 우리는 상징을 통해 무의식의 내용을 부분적으로 이해하게 된다. 이러한 상징을 활용하는 분야는 놀이치료를 비롯해 그림, 꿈 분석 등이 있으며 상징이 갖고 있는 의미의 보편성은 인류역사의 시작부터 동화, 신화 등을 통해 알려져 왔다. 놀이가 갖고 있는 상징성이라는 기능이 없다면 우리는 놀이의 세계를 이해할 수 없을 것이다.

상징(symbol)은 상징에 대해 우리 안에 가지고 있는 의미와 정서를 통해 상징적 가치를 갖게 되는 이미지나 대상물이다. 예를 들어, 누군가가 양에 대해 순종과 순수를 연상하였다면 양은 그렇게 연상한 개인에게 그러한 측면에서의 상징성을 갖고 있다고 할 수 있다. 또 누군가에게 양은 희생의 의미를 가질 수도 있다. 따라서 아동이 놀이치료 과정에서 어떤 특정한 놀잇감이나 상징물을 사용한다면 그 아동의 개인적 연상과 상징이 갖고 있는 보편적 특성을 연합하여 아동 놀이의 의미를 파악하고자 하는 과정이 일어나게 된다. 이런 과정이 어떻게 일어나는지에 대해 여러 가지 이론이 있지만, 원형(archetype)에 대해 설명하면서 Jung은 원형을 종이 진화하는 과정에서 인간이 얻게 된 적응적 구조라고 하였다. 앞서 무의식에 관한 설명에서 주지하였다시피 원형은 인류가 보편적으로 갖고 있는 정신의 구조와 기능이며 인간의 행동과 의식에 영향을 주는 자율적 인격구조로, 인간의 무의식은 무의식을 투사한 상징을 통해 이해될 수 있다.

이러한 관점에서 상징은 수학 등에서 의식적으로 사용하는 상징과는 다른 것이며 자발적으로 우리 안에 존재하는 어떤 것으로도 알 수 없는 것(무의식)을 형식화하는 것이다. 그러한 이유 때문에 더욱 분명하게 표상될 수 있는 것이라고 할 수 있다. 의식이 알 수 있는 것보다 더 정확하게 사물의 알 수 없는 측면을 설명하기 때문에 합리적이고 논리적인 언어로는 그렇게 할 수가 없다. 알 수 없는 상태가 되는 것은 무의식에 있는 내용들이 너무 복잡하거나 표현하기에는 감당할 수 없는 것들로서 무의식에 저장되어 알 수 없는 상태가 되기 때문이다(Cooper, 1978).

상징에 대한 이러한 Jung의 개념은 상징이라는 말의 어원이 파생된 근원과 일치한다. 그리스어의 어원에서 상징은 '함께: ~던지다' 등의 의미를 가지고 있다(Macdonald, 1973; Stevens, 1982).

Anthony Stevens(1999)의 설명에 따르면, 그리스어의 symbolon에 해당하는 상징이라는 말은 정체성을 입증하기 위해 사용되는 부호나 토큰을 의미하는 말이었다. 독일어에서는 이미지라는 의미를 담고 있는 말이다. 이미지가 의미와 모양을 가지기 위해 인지기능, 즉 의식이 거기에 작용해야 한다.

상징은 그것이 나타내고 있는 모양보다는 훨씬 깊고 다양한 수준의 지식을 담고 있다. 상징은 의식과 무의식을 중재하는 기능을 갖고 있기 때문에 치유적이고 변화적 능력을 갖고 있다(Jung, 1985:1943). 상징을 통해 정신내면의 것을 보게 되고 정신내면의 것을 보았다는 자체가 정신내면에 영향을 주게 된다. 그런 의미에서 아동의 놀이는 상징적이고 창조적인 활동으로, 상상력을 자극하고 신경증적으로 고착된 에너지를 활성화시키며 그러한 에너지를 창조적 방향으로 움직여 가게 해서 그 자체가 치유적인 것이 되도록 한다(Weinrib, 1983).

특히 놀이치료에서 이용되는 상징물인 놀잇감은 정신내면의 불균형한 면들을 연결하는 기능을 한다. 그러면서 상징은 문화, 인종, 종교적 영향을 받는다. 놀이에서 흔히 아동이 무섭게 생긴 공룡을 등장시키는 것을 볼 수 있다. 아마도 아동은 공룡을 TV나 책에서 보았을 것이다. 공룡놀이는 공룡에 대한 흥미를 표현한 것이라고 단순하게 말할 수 있지만 더 깊이는 공룡이 무엇을 상징하는 사인일 수 있다. 아동이 갖고 있는 공격 성향을 상징하거나 부모에 대한 화를 상징하는 상징물일 수 있다. 사람보다는 사물에 흥미와 판타지, 불안과 죄책감을 전이할 수 있게 되는 것이다(Klein, 1955).

악어는 부정적이거나 긍정적인 어머니의 상징일 수 있다. Cooper(1978)는 또한 악어가 격분과 화를 상징할 수 있으며 그것을 직접적으로 표현할 수 없기 때문에 수동적, 상징적으로 악어로 그러한 감정을 표현한 것일 수 있다고 했다.

인간역사의 진화를 통해 인간은 어떤 개념을 암시하기 위해 상징을 사용하는 법을 획득했으며 이것은 심리적 발달에 많은 영향을 미쳤다. 일단 우리가 어떤 사물이나 과정에 대한 개념을 획득하면 우리는 그것들을 상상 속에서 가지고 놀이할 수 있으며 더 이상 그 실제 사물을 필요로 하지 않게 된다. 또한 우리는 상호간의 놀이를 통해 한 개념을 다른 개념에 연관시키며 신화, 예술, 종교를 만들어 내고 새로운 과학적 발견을 이루어 낸다. 다른 모든 심리적 능력과 마찬가지로 상징형성은 적응적 기능을 가지고 있다. 그것은 현실에 대한 우리의 이해를 도모한다. 상징은 인간으로 하여금 인간의 욕구에 현실을 맞추게 하거나 현실을 정복하지 않고 수동적으로 인간을 현실에 적응시키는 역할을 한다.

상징은 130만 년 전에 걸쳐 만들어졌으며 피조물들이 존재해 온 이래로 꿈에 상이 꿈꾸어져 왔다는 사실로부터 연역될 수 있는 생물학적 중요성을 갖고 있다. 즉, 꿈은 인간의 생물학적이고 정신적인 현실이라고 할 수 있다. 인간의 꿈은 자발적이며 매일 우리의 삶에 상징을 만들어 내는 사건들이다. 꿈에서는 우리 의식에 있을 때보다 과거경험의 측면에서 생각들을 다루며 무의식을 뛰어넘어 새로운 개념들을 형성하기 위해 꿈을 사용한다.

병리적 관점에서만 상징을 볼 것이 아니라, 상징은 인간정신의 도구로 보아야 한다. 상징의 가장 중요한 기여 중 하나는 심리가 기능을 하는 방식 중 부족한 것을 수정·보상한다는 것이다. 따라서 무의식에 존재하는 내용들은 어떤 방식을 통해서든 그 내용을 밖으로 표현하고자 하는 힘을 가지고 있으며 무의식은 상징을 통해 인간의 욕구를 표현하고 해결하고자 한다. 상징의 의미를 해석하는 데에는 보편적인 해석방법이 있긴 하지만 상징의 의미를 통해 각자 사용하는 상징언어는 개인마다 매우 독특한 것이며 인간내면의 불균형한 면들(대극: opposites)을 조합하고 대극(opposites)을 초월하기 때문에 이중적인 의미를 가지고 있다(Ryce-Menuhin, 1988).

따라서 아동치료자는 한 아동이 사용한 상징의 의미가 다른 아동에게도 동일하게 적용된다고 생각해서는 안 된다. 상징은 외적 사실이 아니며 심리적으로 존재하는 사실인 것이다(Jung, 1956).

이와 같이 상징을 통해 나타나는 원형(archetype)은 주로 Jung 학파 이론에서 언급되는 개념으로 여러 문화에 걸쳐 종교, 신화, 민속 등을 연구한 Jung은 모든 사회에서 반복적으로 나타나는 보편적인 주제가 있다는 것을 발견하였으며 그것을 원형(archetype)이라고 하였다. 원형은 시간에 구애받지 않으며 장소에 구애받지 않는다. 성인을 대상으로 한 모래놀이치료에서 주로 나타나는 원형(archetype)적 에너지는 사회적 관계에의 적응을 목적으로 한 페르소나(persona), 성장과정에서 부모에게 바람직하지 못한 것으로 인정받아 개인무의식에 억압된 그림자(shadow), 남성 안에 있는 여성성인 아니마(anima), 여성 안에 있는 남성적이고 내적 인격인 아니무스(animus), 지혜로운 노파, 지혜로운 노인, 신 등이다. 아동에게 주로 나타나는 원형은 어머니(나쁜 어머니, 좋은 어머니)원형이 가장 많이 등장하며 영웅, 트릭스터, 아동, 가족, 아버지, 나쁜 사람 등의 원형이 나타난다(Jacobi, 1959).

아동들은 이러한 상징들을 동물, 곤충, 초자연적 상징(유령, 귀신 등), 동화 속 주인공(마녀, 왕, 여왕, 계모, 왕자와 공주, 요정) 등으로 표현한다. Neumann(1955)에 따르면, 어머니원형은 매우 중요한 원형으로 두 가지 측면의 상징성을 갖고 있다. 하나는 좋은 대모(Great Mother)의 의미로 창조적이고 사랑스러운 이미지이며 또 다른 하나는 파괴적이고 양가적인 의미의 어머니 상징, 즉 부정적 대모의 상징이다. 나쁜 어머니는 마녀, 유령, 동물, 용, 괴물, 바다뱀 등으로 나타나기도 한다(Stevens, 1982; Fordham, 1969).

3장 놀이치료의 이론적 접근

1. 아동중심 놀이치료
2. 정신 역동적 놀이치료
3. 대상관계/주제 놀이치료
4. 발달놀이치료
5. 부모놀이치료
6. 모래놀이치료

1 아동중심 놀이치료

1) 역사

아동중심 놀이치료는 인간을 중심으로 또는 내담자를 중심으로 한 상담이론에 근거를 두고 있기 때문에 붙여진 이름이다. 내담자, 즉 아동을 가장 중요시하는 것이 이 이론의 근거이고 목표이다. 이 이론적 접근을 취하는 놀이치료자는 진단과 치료적 입장보다는 아동의 자기발견을 위한 촉진자와 동행자적인 입장을 취하는 경향이 있다. 이 때문에 다른 이론적 접근의 치료자들에 비해 문제, 증상, 진단, 처방기법 등에 관심을 덜 가진다고 할 수 있다.

아동중심 놀이치료에 주로 영향을 미친 사람은 내담자중심 상담이론을 개발한 Carl Rogers(1951)와 이를 놀이치료에 적용한, 그의 제자이자 동료였던 Virginia Axline(1947)이다. Rogers는 놀이치료가 관계형성, 부정적, 긍정적 감정 인식, 금지되고 억압된 감정의 표현, 통찰의 획득 등의 측면에서 심리치료와 동일한 기능을 갖고 있다고 보았다. 아동중심 놀이치료 접근은 내담자중심 접근과 같이 아동과 '함께 함'의 과정을 중시한다(Landreth & Sweeny, 2003; Landreth, 1991). 최근에는 아동중심 놀이치료 접근에서도 무의식의 과정을 조합하려는 움직임이 있기도 하다(West, 2002).

2) 이론적 구성

(1) 아동중심이론

아동중심 놀이치료 이론의 핵심은 아동 자체에 있다. 즉, 아동이 갖고 있는 조건이나 처한 상황 즉 연령이나 신체적, 심리적 발달상태, 또는 문제 등과 상관없이 아동 자체를 볼 것을 강조한다. 아동에게는 언제나 변화해 갈 능력이 있음을 발견하고 아동의 문제에 대한 배경 또는 진단명에 따라 편견을 가지고 아동을 보는 것을 지양하고 아동에게 존재하는 변화과정을 향한 아동의 타고난 힘, 즉 내적 역동성을 중요하게 본다. 아동중심 접근에서 발달은 물결 모양의 역동적이고 성숙해가는 되어짐(becoming)의 과정이라고 본다(Rogers, 1989).

아동에게는 성장을 촉진하는 적절한 환경이 주어질 때 환경적 제한으로부터 스스로 벗어나 성장하고 치유할 수 있는 힘을 가지고 있다. 모든 사람들에게는 되어짐의 과정을 가져오는 형성적 성향(formative tendency)이 있어서 적절한 환경은 개인의 능력과 관계 능력의 발달을 가져온다. 아동중심 놀이치료의 기초를 보려면 Rogers(1951)가 기술한 인격의 기본 구인을 먼저 보는 것이 중요하다.

첫 번째로 사람(또는 유기체)을 강조하는데 이는 아동이 신체뿐 아니라 사고, 감정, 행동을 포함한 자기지각으로 구성되어 있음을 의미한다. 아동에게 일어나는 발달과정을 강조하는데 그 이유는 "모든 아동이 각자가 중심으로서, 지속적으로 변화하는 경험세계에 존재하고 있기 때문이다(Rogers, 1951)."

아동은 개인이 속한 세계 및 지속적으로 변화하는 경험세계와 상호작용하고 거기에 반응하며, 결과적으로 하나의 전체 체계이자 자기실현을 향해 투쟁하는 존재인 모든 아동에게서 지속적이고 역동적인 대인 상호작용이 일어난다.

두 번째 구인인 현상적 장은 아동이 경험한 모든 것으로 이루어져 있다. 즉, 각 아동에게 존재하는 아동의 현실이라고 할 수 있다. 이러한 경험들에는 특정한 시간에 개인이나 유기체에 일어난 모든 것들-의식적 수준에서든, 내적 또는 외적으로든 지각, 사고, 감정, 행동-이 포함된다. 현상적 장은 삶을 바라보는 기초가 되는 내적 준거이다. 쉽게 말하면 아동이 지각하는 것은 무엇이나 아동의 현실이 되고, 따라서 아동의 수만큼 현실이 존재하게 된다(Landreth & Sweeney, 2003). 이러한 점은 아동중심 놀이치료에서 기본원리를 이룬다. 현실에 대한 아동의 지각은 아동을 이해하기 위해 반드시 필요한 것이다.

따라서 현상적 장에서 아동이 지각하는 것은 사건이 일어나는 실제 현실에 반대되는 것으로 중요성을 지닌다. 아동의 수만큼 현실이 개별적, 주관적으로 존재하기 때문에 치료자는 의도적으로 아동의 가장 단순한 행동조차 판단하거나 평가

하지 말아야 한다. 치료자가 아동 개인과 관계 맺으려 한다면 객관적 사실이나 사건 자체보다 아동이 현실을 판단하고 받아들이는 현상적 세계를 먼저 접촉하고 이해해야 한다.

세 번째 구인은 자기(self)로서 자기는 타인들과의 상호작용에서 발달해 온 아동의 현실인 현상적 장이 분화된 것이다. 아동의 정서 및 행동에 사람들이 반응한 방식은 아동의 '나(me)' 개념을 형성한다. 이것은 이런 경험들을 자기 증진적인 방향으로 가치 있고 긍정적인 것으로 만들고 자기를 유지 또는 증진하지 못하거나 위협하는 경험들을 긍정적인 면으로 만드는 자연스럽고도 지속적인 과정이다.

Rogers는 현상적 장과의 지속적인 상호작용 때문에 아동의 자기가 성장, 변화한다고 보았다. 이러한 아동의 현상적 장을 이해하고 수용하는 치료자의 비판단적 분위기를 경험케 하는 놀이치료 경험은 아동이 자기를 발견할 수 있는 현상적 장이 된다. 놀이치료를 통해 아동은 행동과 자기 개념을 일치시킬 뿐 아니라 자기개념을 긍정적으로 변화시킨다.

아동의 심리 또는 적응 문제들은 아동의 자아개념과 아동의 경험이 불일치할 때 발생한다. 따라서 심리적 자유나 긍정적 적응은 아동의 경험과 아동의 자기개념이 조화를 이룰 때 존재한다. 그렇지 않으면 긴장이나 부적응이 일어나고 아동이 기존의 자기개념을 방어하게 만들기 때문에 아동은 이를 위협으로 지각하여 행동이 경직된다. 자기지각에 대한 아무런 위협이 없을 때만이 아동은 과거에 자기개념과 불일치하는 것으로 지각한 경험을 수용하고 동화하여 자기개념으로 개선할 수 있다. 그러한 가정 때문에 놀이치료자에게 아동과의 수용적이고 조화로운 상호관계의 수립이 요청되는 것이다.

(2) 아동중심 놀이치료

내담자중심 이론에 근거한 아동중심 놀이치료는 자기발견과 자기탐색의 여정을 아동과 함께 떠난다. 아동중심 놀이치료는 선별된 놀잇감을 아동에게 제공하고 아동의 자연스런 의사소통 매체인 놀이를 통해 자기를 표현하고 탐색할 수 있는(감정, 사고, 경험, 행동) 안전한 관계발달을 촉진하며, 이러한 과정에 대해 잘 훈련받은 놀이치료자가 아동과 맺는 역동적인 대인관계라고 정의할 수 있다(Landreth, 2002). 이런 놀이치료 정의는 관계를 중시한다. 치료의 성패는 치료관계의 발달과 유지에 달려있다.

Moustakas(1959)는 "중요한 관계 안에서의 자기 표현의 탐색과 가치의 실현을 통해 아동은 긍정적이고, 자기 결정적이며, 자기 실현적인 개인이 되어간다."라고 생각했다.

아동중심 놀이치료에서 강조하고 중요시하는 내용들을 요약하면 다음과 같다.

- 문제보다는 아동 개인
- 과거보다는 현재
- 생각이나 행위보다는 감정
- 설명보다는 이해
- 교정보다는 수용
- 치료자의 안내보다는 아동의 안내
- 치료자의 지식보다는 아동의 지혜

(3) 아동중심 놀이치료의 목표

아동중심 철학의 중심 가설은 아동의 성장 및 자기안내 능력에 대해 흔들리지 않는 신념을 가져야 한다는 것이기 때문에 치료목표를 설정하는 것 자체가 다소 모순적이다. 그러나 아동중심이론 및 접근과 일치하는 광범위한 치료목적은 세울 수 있다. 아동중심 놀이치료의 일반적 목적은 자기실현을 위한 아동의 내적 자기안내 노력과 일치한다. 다음과 같은 측면에서 아동중심 놀이치료는 아동에게 도움을 주는 것을 목적으로 한다(Landreth & Sweeney, 2003).

- 긍정적인 자기개념을 계발하게 한다.
- 자기책임을 받아들이게 한다.
- 자기안내 능력을 갖게 한다.
- 자기수용적이게 한다.
- 자기의존적이게 한다.
- 자기결정적 의사결정에 참여하게 한다.
- 통제감을 경험하게 한다.
- 대처과정에 민감하게 한다.
- 내적 평가출처를 개발하게 한다.
- 자신을 신뢰하게 한다.

이러한 목적을 달성하려면 아동에게 치료자는 진정한 수용과 이해적인 태도를 보여 주어야 한다. 그럴 때 아동은 자신의 내적 가치를 인식할 수 있다. 이런 진정한 이해와 수용의 촉진을 위해 아동중심 놀이치료에서는 가능한 질문을 하지 않는다. 또한 아동을 치료자에게 의존적으로 만들지 않기 위해 칭찬도 피한다. 칭찬을 피하는 것은 기존의 교육 장면에서 강조하는 것과는 상당히 달라 보이는 접근이라고 할 수 있으나 인간의 부적응과 건강하지 못한 의존은 평가적인 관계패턴에서 생기는 것이며 또한 질문은 아동이 정서세계가 아닌 인지세계에 집중하게 만들기 때문에 부정적이다.

평가적 관계패턴은 관계를 주도하는 권한이 아동이 아닌 성인에게 있음을 암시적으로 전달하는 것이기 때문에 아동의 내적 동기를 박탈한다고 본다(Landreth & Sweeney, 2003). 이러한 이론적 가정 때문에 치료자는 아동이 놀이를 주도하도록 허용하며 아동의 놀이에 대한 평가를 피하고 아동 스스로 자기안내, 자기평가, 책임을 배울 수 있도록 격려한다.

3) 개입의 실제

(1) 치료적 제한설정

아동중심 놀이치료를 논할 때 치료적 제한설정을 배제할 수는 없다. 그만큼 이 접근에서는 제한설정을 중요시하고 그것이 치료적으로 필요하다고 본다. 아동이 실제로 살아가는 환경은 완전히 자유롭거나 허용적이지 않기 때문에 이에 대한 적응이 필요하며 환경을 예측하고 안전을 느끼기 위해서 제한설정이 필요하다. 그런 의미에서 제한설정은 치료적이라고 할 수 있다. Moustakas(1959)는 관계를 위해 반드시 제한이 필요하며 그 이유는 모든 인간이 어떤 면에서든 제한적 요소 속에 살아가기 때문이라고 말하고 있다. 관계를 맺고 유지한다는 것은 그렇게 하기 위해 관계 내에 존재하는 규칙을 지켜야 한다는 것이며 대인관계의 건강한 적응, 그리고 치료적 맥락에서의 관계적 회복을 위해 이 제한에 따라 인간 자신의 잠재력을 발휘토록 하는 것이 필요하다.

아동중심 놀이치료에서 제한설정의 목표는 구체적 행동보다는 과정을 중시한다. 제한설정의 기본 근거는 다음과 같은 것들이다(Landreth & Sweeney, 2003).

- 제한은 치료관계의 경계이다.
- 제한은 아동에게 신체적, 정서적 안전을 제공한다.
- 제한은 아동을 안전하게 하려는 치료자의 의도를 보여 주는 것이다.
- 제한은 치료가 현실에 근거를 두게 한다.
- 제한은 치료자가 아동에게 긍정적이고 수용적인 태도를 갖게 한다.
- 제한은 해를 받거나 보복의 두려움 없이 아동이 부정적 감정을 표현할 수 있게 한다.
- 제한은 안정성과 일관성을 제공한다.
- 제한은 아동의 자기책임감과 자기통제를 촉진하고 증진한다.
- 제한은 상징적 통로를 통해 정화(catharsis)를 제공한다.

- 제한은 놀이치료실을 보호한다.
- 제한은 법적, 윤리적, 전문적 기준을 유지할 수 있게 해준다(Landreth, 2002; Landreth & Sweeney, 1997:1999).

Landreth(2002)는 제한설정의 과정을 ACT로 요약하였다.

- A – 인정하라(Acknowledge): 아동의 감정, 소원, 바람을 인정하라. 이런 것들은 반영과 수용을 필요로 하는 것들이다. 아동은 자신의 감정과 의도를 인정받았을 때 제한에 더 잘 반응한다.
- C – 전달하라(Communicate): 비처벌적이고 비권위적 방식의 제한이 있음을 전달한다.
- T – 제공하라(Target): 사회적으로 수용 가능한 대안을 제공해야 한다. 아동의 자기표현을 막지 않으면서도 사회적으로 수용 가능한 범위 안에서 자신을 표현할 수 있게 하는 것이다.

제한은 제한이 필요한 상황이 발생할 때 제한이 존재한다는 것을 아동에게 알려 준다. 위축된 아동들의 경우 놀이치료 초기에 금지행위 목록을 알려 주면 아동의 탐색과 표현이 위축될 수 있다. 제한이 필요할 때 치료자는 담담하고 확고한 접근을 하여 아동이 질책당한다는 느낌을 갖지 않게 한다. 치료자는 부모나 권위 인물이 아니어야 하고 제한은 촉진적이고 구조화된 것이어야 한다. 또한 제한은 전체에 해당하는 것이어야 하고 조건적이어서는 안 된다. 조건적 제한은 아동에게 혼란스러움을 주며 힘겨루기를 일으킨다.

(2) 놀잇감과 놀이도구

아동중심 놀이치료에서는 주로 다음의 놀잇감들을 사용한다(Landreth, 2002). 크레용, 신문지, 둔한 가위, 플레이도 점토, 하드 막대기, 접착 테이프, 젖병, 인형,

플라스틱 접시와 컵, 동물(가축과 맹수)가족 인형, 인형집 가구, 인형집, 가면, 고무칼, 다트총, 수갑, 군인 인형, 자동차, 비행기, 손인형, 전화기(2대), 끈, 장신구 등이다.

아동중심 놀이치료는 다른 접근보다 놀잇감과 놀이도구에 많은 의미를 부여하는 경향이 있다. 그런 의미에서 놀잇감은 아동의 단어이고 놀이는 아동의 언어이기 때문에 신중하게 선별한 놀잇감과 놀이도구는 아동중심 놀이치료의 관계와 과정에 반드시 필요하다고 본다. 모든 놀잇감이 놀이치료 경험에 적합한 것은 아닌데 그 이유는 놀잇감 자체가 자동적으로 아동의 감정, 욕구, 경험의 탐색을 자동으로 촉진하는 것이 아니기 때문이다. 카드나 보드게임 자체가 성장을 촉진시키는 것이 아니라 그것을 매개로 상호작용하는 과정이 중요하기 때문이다. 기계적이거나 복잡하거나 고도로 구조화 되었거나 놀이치료자의 도움을 필요로 하는 놀이도구는 아동의 경험이나 감정의 표현을 촉진하지 않으며, 아동에게 좌절경험을 주고, 이미 무력감과 부적절감을 느끼는 아동들의 의존을 더 조장할 뿐이다(Sweeney & Landreth, 2003; Landreth, 1991).

2 정신 역동적 놀이치료

1) 역사

(1) 정신 역동적 아동발달 이론의 등장

아동기 경험 및 발달과정과 연결시켜 정신장애를 처음으로 설명한 사람은 Freud이다. 그는 아동을 이상적이고 순진한 존재로 보지 않는 발달공식(Freud, 1905)을 만들어 냈다. 그에 의하면 아동은 문명화된 사회의 요구에 적응하기 위해 성적, 공격적 본능과 투쟁하도록 태어났다. 또한 아동을 개인의 심리적 동요, 생물학적 욕구를 숙달하고 이것을 사회에 수용 가능한 것으로 만들기 위해 끊임없이 투쟁하는 존재로 보았다.

수십 여 년에 걸친 정신분석 역사에서 Freud는 억압된 감정에서 심리문제가 발생하는 것으로 보는 관점에서 점차 정신 내에서 심리적 힘의 상쇄가 심리적 적응의 중요한 측면이라고 보는 복잡한 관점으로 옮겨갔다. 마지막 공식화에서 Freud(1923)는 3개의 정신기관을 제안하였다.

① 본능 : 주로 본능자아(id) 안에 위치하는 성적, 공격적 에너지
② 초자아에서 해석된 내면화된 도덕적 가치
③ 자아에서 조직된 적응기제

구조적 모델이라 불리는 이 복잡한 모델에서 도덕적 적응은 이 기관들의 조화로운 기능이라고 할 수 있는 반면, 심리적 비정상은 본능, 초자아, 및 외적 환경의 요구에 자아의 능력이 파괴됐음을 의미한다.

Freud의 관점을 정교화하고 보완한 사람들은 자기심리학자들로 그 중 Hartman(1939)은 추동과 자아기능을 연결하고, 기대를 넘어선 부모를 비롯한 사람들로부터의 부정적 대인경험이 어떻게 적응에 필요한 정신구조의 발달을 위험에 빠뜨리는지를 보여 주기 위해 발달과정에 대한 광범위한 관점을 제시하였다. 또한 그는 초기 성격구조의 재활성화(퇴행)가 정신병리의 가장 중요한 요소라고 주장하였다.

Hartman(1955)은 특정한 행동이 지속되는 이유와 발달 초기에 그런 행동이 일어났던 이유가 다르다는 것을 지적한 최초의 인물 가운데 하나이다. 자기심리학자들은 발달의 전 과정에 걸쳐 보편적으로 나타나는 특성을 확인하였으며(Brenner, 1982), 대인관계 경험뿐 아니라 타고난 기질이 아동의 발달 경로에 중요한 영향을 미친다고 보았다.

런던에서 임상작업을 했던 A. Freud는 도덕적, 정서적 발달을 정신병리와 연결시켰다(A. Freud, 1965). 그녀는 일련의 '발달의 선'에 따른 선형적 정상발달을 주

장했고 발달과정들 사이의 평형을 정상발달의 주요 측면이라고 보았다. 그녀는 증상을 고정된 형식으로 보지 않고 기저의 발달과정에 첨가되고 발달과정과 상호 연관된 역동적 실체임을 강조했다. 그렇다면 환경이 다소 손상됐다 하더라도 발달과정들이 부적응과 정신병리라는 위험에 처하지 않을 수도 있다.

Margaret Mahler(1968)는 아동이 개별 정체성을 성취하기 위해서는 양육자와의 만족스런 관계가 있어야 한다는 자기발달에 관한 제안을 했다. Mahler의 개념은 분리독립을 촉진하는 양육자의 중요성을 강조하고 사회참조 능력을 상실한 부모의 아동들이 경험하는 어려움을 설명하였다(Feinman, 1991; Hornik & Gunnar, 1988). 외상을 입고 손상된 부모는 아동의 적응을 돕기보다 방해한다. 예를 들어 학대적 부모는 아동의 적절한 사회적 관계의 발달을 억제한다. Masterson(1972)과 Rinsley(1977)는 양육자에게 병리적 문제가 있을 때 아동이 분리를 더 많이 경험할 수 밖에 없음을 더욱 정교화했는데, 이는 심리적 장애가 세대 간 전이에 의해 발생함을 설명하는 것이라 할 수 있다.

A. Freud 연구를 더 발전시킨 Sandler의 연구는 본래 정신분석이론과 발달적 조망을 통합시키는 역할을 하였다. 그의 모델은 포괄적인 정신분석 모형이라 할 수 있는데 이는 현실과 왜곡, 정신적 삶의 추동적 힘을 포함한다. 이 모형의 더 중요한 요소는 안전의 배경에 대한 개념(Sandler, 1987)으로써, 이는 Bowlby의 애착이론에서 말하는 안전 또는 안전기지(secure base) 개념과 밀접하게 연관되어 있다(Bowlby, 1969).

동시에 Melanie Klein(1946)은 위와는 매우 다른 정신역동이론을 제안했다. Klein은 정신기능에 대해 급진적으로 다른 양식을 소개했다. 첫째는, 편집-분열적 자리(paranoid-schizoid position)인데 이는 사랑하는 대상에 대한 사랑하는 감정과 파괴적 감정이 동시에 수용될 수 없어서 갈등이 분열에 의해 처리되는, 즉 사랑의 대상과 증오의 대상 이미지를 분리시켜 버리는 정신상태(인간 유아의 정신상태)라고 할 수 있다.

인지발달과 함께 이것은 Klein이 우울적 자리(depressive position)라고 부른 상태에 이르게 되는데 여기에서 아동은 그가 사랑하는 대상과 증오하는 대상이 하나이며 동일인이라는 것을 깨닫게 된다. 그녀는 또한 투사적 동일시(projective identification)의 개념을 제안했는데, 이는 다른 학자들이 그 후에 계속 발전시킨 개념으로 환자가 치료자의 정신상태에 중요한 영향을 줄 수 있다는 치료자들의 공통적인 경험을 설명하는 수단이 되었다.

아동은 자신 안에 있는 파괴성을 다른 사람에게 둠으로써 그들의 파괴적 판타지를 제거한다. 그것은 치료자의 해석 작업을 통해서만 다루어질 수 있으며, 이는 아동으로 하여금 자신의 측면을 부인하고 타인에 대해 덜 악의적이고 보다 현실적인 평가를 하게 한다.

영국의 정신분석가들은 발달의 중요한 측면으로 양육자와의 초기관계를 강조한다. Fairbairn(1952)은 생물학적 바람(desire)의 만족으로부터 타인에 대한 욕구로 자신의 이론의 강조점을 바꾸었고 Klein(1946), Winnicott(1965)의 영향을 받은 연구들은 일차적 모성몰두(primary maternal preoccupation), 양육자의 거울기능(mirroring), 상징적 사고와 놀이가 이루어진다고 판단되는 융합과 분리 사이의 발달에서 중간공간(transitional space)과 같은 정신 역동적 발달 개념들을 제안했다. 또한 최근에는 초기 모성실패 특히 모성 우울증이 아동에게 미치는 외상적 결과(Cummings & Davies, 1994), 그리고 안전한 관계형성을 위한 어머니 민감성의 중요성(Bus & van IJzendoorn, 1992; Belsky, Rovine, & Taylor, 1984; Ainsworth, Blehar, Waters, & Wall, 1978) 등이 이야기되고 있으며 이는 Winnicott의 개념과도 일맥상통한다.

Winnicott의 영향을 받은 Kohut(1977)은 양육자가 아동에게 거울 같은 역할로 아동의 거대자기(grandiose self)를 수용하고 받아 주고 적절한 좌절경험을 주어 현실의 한계, 즉 타인의 독립성을 받아들이게 하는 존재로 양육자를 보았으며 응집적인 자기감(sense of self)의 성취를 발달의 목표로 보았다. 양육자가 '자기대상(self object)'이 될 수 있어서 공감적으로 영아나 어린 아동의 정신상태와 조화될 수 있다면 아동의 자기가 확고히 만들어질 것이라고 보았다.

Kernberg(1976)는 정신분석의 구조이론과 대상관계이론을 잘 통합했는데, 그의 정신병리 모형은 성격장애가 정신내적 갈등을 해결하는 아동의 능력이 제한되어 있다는 것을 반영하는 것으로 보았다는 점에서 발달적 이론이라고 할 수 있다. 그는 자기, 대상, 그리고 특정한 관계를 특징 짓는 정서로 이루어진 관계표상의 존재를 주장했다.

Bowlby(1969:1973:1980)의 애착이론은 분리와 상실의 개념을 중심으로 초기 관계의 안정성(안전과 예측 가능성)을 중요하게 여기도록 만들었다. 그에 따르면 아동이 이후에 건강한 대인관계 능력을 성취하기 위해서는 초기관계에서 안전과 예측 가능성을 경험해야 한다. Bowlby는 표상체계와 내적 작동모델(internal working model)이 양육자와 유아의 초기관계에 의해 만들어진 틀(template)에 기초해 발달한다고 가정했다.

이 모델에 의하면 욕구와 스트레스를 양육자가 달래줄 것이라는 기대 때문에 아동은 방어적이지 않고도 양육자와의 관계에 접근해 갈 수 있다. 하지만 양육자가 아동의 반응에 대한 민감성이 부족하다면 아동의 표상체계는 고통을 스스로 달래기 위해 각성경험을 최소화하거나 고조시키기 위해 왜곡될 것이며 타인에 대한 반응에 빠지거나 얽혀 버려 적절한 내적 작동모델을 발달시킬 수 없게 될 것이다. 여기서는 Fonagy와 그의 동료들(2002), 그리고 Fonagy와 Target(1996a:1996b)이 정리한 정신 역동적 아동상담을 중심으로 설명하였다.

(2) 정신 역동적 아동상담 기법의 발전

정신 역동적 아동상담의 기법은 주로 아동의 무의식을 무엇으로 볼 것인가, 그리고 해석을 할 것인가, 해석을 한다면 어떻게 할 것인가와 깊이 연관되어 있다. 아동의 심리적 문제를 도울 수 있는 구체적 정신분석 치료기법들은 1920년대까지만 해도 존재하지 않았다. 이후 Freud가 성인의 정신분석치료에서 얻은 통찰을 아동치료에 적용할 수 있는 길을 열었다.

가장 잘 알려진 아동치료는 Freud가 손자에게 행한 분리게임(Freud, 1909)과 어린 한스의 치료였다. 어린 한스의 치료는 Freud의 지도를 받아 내과의사인 그의 아버지에 의해 이루어졌다. Freud는 아동에 관한 직접 관찰을 통해 유아의 본능적 삶에 관한 그의 가설을 만들었다.

Hug-Helmuth(1920:1921)는 아동상담 기법으로 놀이치료를 처음으로 사용한 임상가였다. 아동상담의 주요 개척자 중의 한 사람인 그는 아동의 무의식적, 성적 판타지에 집중되었던 기존의 통찰 중심의 상담기법을 발달적 관점과 조화시켰다. 그녀는 아동을 아동의 발달과제에 필요한 정신능력을 '강화시켜야' 하는 욕구를 가진 존재로 보았다.

또 다른 개척자라고 할 수 있는 A. Freud(1946)와 Melanie Klein(1932)은 아동에게 사용할 수 있는 정신분석적 치료기법을 발전시켰다. 그 중 베를린 정신분석 학파였던 Klein은 아동의 놀이를 성인의 자유연상과 동일한 것으로 보았다. 아동이 갖고 있는 불안이 분석가와의 관계에서 활성화되고 적절히 해소되기 위해서는 무의식적 판타지가 언어화(해석)에 의해 동기화되어야 한다고 보았다. 파괴적, 가학적 충동으로 인해 아동이 갖고 있는 깊은 불안에 대한 해석은 분석 작업의 핵심이라고 할 수 있다. 그녀는 유아일지라도 치료자가 처음부터 아동과 해석적 관계를 수립해야 한다고 주장했다.

Klein은 투사과정에 대한 직접적 해석 작업을 중요하게 보고 아동이 자신에게 있는 감정을 다른 사람에게 전이하여 원치 않는 감정(탐욕이나 시기심 같은)을 다른 사람에게 있다고 지각하는 것이 아동기의 공통적인 무의식적 판타지라고 하였다. 아동의 자기감(sense of self)이 이런 식으로 파편화되는 것이 정상 유아의 발달에 정상적으로 나타나는 과정이긴 하지만 유아기를 지나 지속될 때에는 그것이 병리의 원인이며 해석의 핵심 대상이라고 보았다. 그녀는 투사적 동일시(projective identification)의 개념을 제안하면서 치료자에게는 투사적 동일시가 스트레스를 주긴 하지만 아동이 받아들일 수 없는 감정을 치료자가 '담아주는(containing)' 역할을 하게 한다는 점에서 치료적으로 긍정적이라고 보았다.

Bion(1959)도 투사적 동일시 경험이 그것을 '담아주는 치료자'에게 어떤 영향을 주는지 그리고 치료의 성공뿐 아니라 아동발달에도 매우 중요할 수 있다는 점을 제안하면서 치료자의 주관적 경험(역전이)이 아동의 무의식적 판타지를 이해하는 단서가 될 수 있으며 이것을 이해하고 견디는 치료자의 능력이 치료 성공의 열쇠가 된다고 보았다.

Klein의 영향을 받은 Winnicott(1965;1971)도 아동분석의 새로운 기법을 소개하면서 아동의 초기경험이 병리에 중요한 영향을 미친다고 보았으며, 초기 삶이 중요하다는 Klein의 주장을 강조했다. Winnicott은 담아주기(containing)와 유사한 개념인 '안아주는' 환경(holding environment)을 강조하고 그림 그리기와 같은 치료자의 비언어적인 개입기법을 강조하였다.

그는 자기와 대상 사이의 중간영역(transitional area)에 관한 개념을 제안했는데 이는 주관적 대상과 실제로 객관적 대상이 동시에 인식되는 곳으로 현실과 판타지가 함께 존재하는 곳이라고 할 수 있다(Winnicott, 1971). 이러한 중간영역을 과도기적 단계로 거쳐야만 아동은 건강하게 현실세계로 나아갈 수 있다고 보았다. 그의 이론에서 놀이는 중간영역 또는 중간현상이라고 할 수 있다.

Klein 학파들이 아동의 정신내적 환경을 중요시하고 상대적으로 부모나 교사 등 환경적 요소와의 상호작용을 덜 중요시한 반면 A. Freud의 접근은 정신내적 환경뿐 아니라 사회 적응에서 아동이 경험하는 발달적 투쟁을 더 많이 중요시했다. 아동이 보이는 놀이의 의미에 관해 A. Freud는 논한 바가 없으며 부모 및 교사와 아동치료에 대해 의논하는 작업을 중요시했고, 타고난 공격성보다는 아동의 리비도적(성적) 충동에서 나온 갈등과 혼란을 훨씬 더 중요시했다.

아동권리의 맥락에서 상담자가 불완전하게 발달한 아동의 자아를 위해 부모처럼 지지적 환경이 되어주어야 한다고 주장하는 Pine(1985) 같은 사람들도 등장하면서 Klein 학파의 아동분석가들의 절제된 해석과는 질적으로 다른 지지적 맥락에서의 해석과 치료상황에서 치료자가 적극적이고 '실제적인' 참여자가 되어야 한다는 여론이 정신 역동적 치료자들 사이에서 더욱 강해졌다(Altman, 1992; Warshaw, 1992).

2) 이론적 구성

위에서 본 바와 같이 모든 정신분석학파가 동의하는 한 가지 치료 공식화는 없다. 그럼에도 불구하고 다소 어느 정도 다르긴 하지만 모든 정신 역동 치료자들이 기술하는 가정의 공통적 핵심은 존재한다. 이를 Fonagy와 그의 동료들(2002)이 제시한 것을 중심으로 요약하면 다음과 같다.

(1) 심리적 인과관계

정신 역동 치료자들은 인간의 의식적인 생각과 행동에는 의식적 인식 밖에서 작용하면서 인과관계적 영향을 미치는 무의식적 세계가 있다고 보았다. 과거처럼 무의식을 금지된 또는 부인된 감정과 생각이 저장되는 단순한 물리적 공간이라는 의미로 보지 않으며 만족이나 안전에 대한 소망과 연관된 무의식적 판타지가 아동의 행동 그리고 정서를 조절하고 이들의 사회적 환경을 적절히 다루는 능력에 깊은 영향을 준다고 보았다.

(2) 대인관계적 상호작용

타인에 대한 아동의 기대를 결정하고, 자기와 타인표상 그리고 아동의 내적세계의 특성을 결정짓는 것은 부모를 비롯한 다른 사람과의 대인관계적 상호작용이며 이는 아동으로 하여금 대인관계 상호작용의 정신표상적 구조를 만들게 한다. Bowlby(1973, 1980)가 초기 부모와 아동의 관계경험을 기초로 개념화한 '자기-타인에 대한 내적 작동모델' 개념이 아마도 대표적인 정신표상 구조의 모델일 것이다. 정신역동이론 가운데 대상관계이론으로 불리는 모든 이론들은 아동의 정서적 삶이 중요한 인물과의 관계에서 자기(self)에 대한 정신표상으로 조직화되며 특정한 정서로 물든다는 것을 공통적으로 주장한다.

(3) 갈등

정신역동이론에서는 아동이 정신내적 갈등으로 인해 아동에게 고통을 받거나 또는 안전감의 결여를 느낀다(Brenner, 1982). 불운한 아동기 환경은 아동을 압도하는 갈등을 일으키거나 생애 초기경험에서 기인한 갈등을 정상적으로 적절히 다루는 능력을 갖지 못하게 한다(Winnicott, 1965).

따라서 외상(양육자의 상실과 같은)이나 장기간의 학대는 양립할 수 없는 이상적인 소원(예: 지나치게 이상적인 부모상을 만들어 냄), 즉 내적 갈등을 만들어 내 건강한 성격발달을 저해한다.

(4) 방어

아동은 아동의 정신내적 세계에 존재하는 갈등의 의미와 강도를 낮출 수 있는 정신기제를 가지고 있으며 이를 통해 수용할 수 없는 무의식적 소원을 수정하게 된다. 그것이 바로 방어기제인데 방어기제는 개인이 현실에 적응하고 수용할 수 없는 무의식의 충동을 조절하는 기능을 하지만 발달단계상 매우 초기 방어기제인 분열이나 투사적 동일시 등은 심각한 병리를 일으킬 수 있다.

아동이 치료에 크게 저항한다면 이는 아동의 양육자 이미지를 훼손시키고 정서를 분열시키는 원시적 방어기제 때문이라고 할 수 있다. 미숙한 초기 방어기제를 많이 사용하는 아동일수록 통합 능력의 훼손이 심각함을 나타낸다(Pine, 1985).

(5) 전이

아동에게 존재하는 내면화된 대인관계 표상이 외부세계에서 타인에 대한 아동의 행동을 결정하고 치료장면에서 활성화되는데 이것을 전이라고 한다. 치료자와의 관계에서도 이 전이는 활성화되기 때문에 치료자는 이를 통해 아동이 타인에 대해 갖고 있는 기대를 객관적으로 볼 수 있다.

전이에는 부모, 형제, 또는 중요한 타인과의 현재 관계의 갈등적 측면뿐 아니라 과거의 관계 그리고 관계에 대한 과거의 판타지 같은 측면들이 포함된다. 치료자의 상대적 중립성과 모호성은 과거의 관계에서 아동이 무의식적으로 부인한 것들을 외현화하게 하는 힘이지만(R. L. Tyson & Tyson, 1986) 아동의 언어 및 비언어 행동이 치료자의 경험에 영향을 줄 수밖에 없기 때문에 치료 상황이 더 복잡해진다.

그러나 현대 정신 역동 치료자들은 아동이 놀이에서 치료자에게 주는 암시적 역할에 대한 주관적 반응을 광범위하게 해석하는 경향이 있어 아동이 준 역할 탐색을 통해 치료자들은 아동이 갖고 있는 역할 관계의 표상과 그것에 대한 아동의 감정을 잘 이해할 수 있게 된다.

(6) 전인(Whole person)

현대의 정신 역동 아동심리치료는 환경에서의 아동의 현재 상태, 과거의 관계 역사, 그리고 관계에 대한 적응을 강조한다. 심리치료자들은 일반적으로 그들이 제공하는 심리치료가 아동의 삶에 중요한 안아주기(holding)나 담아주기(containing) 기능을 갖고 있다고 생각하며, 이는 해석과 통찰을 넘어 아동의 적응적 발달을 촉진하는 내면세계의 재통합이나 조직화를 이루어 내는 것에 목표를 둔다. 따라서 아동치료자는 아동에 대한 전인적 조망을 가지고 아동의 생물학적, 환경적, 정신내적 모든 측면을 다루어야 한다. 개방적이고 착취적이지 않은 성인과의 관계형성은 병리적 경험의 건강한 해결을 가져오면서 새로운 내면화의 기초 역할을 한다.

3) 개입의 실제

이 접근에서는 정신표상의 장애에 대한 치료가 주로 해석적 치료방법으로 해결된다고 본다. 이는 왜곡된 생각의 해소와 거부된 또는 일관성 없는 자기와 타인개념을 통합하는 것에 목적이 있다. 분열적이고(억압된) 유아적인 생각을 아동의 발달에 적합한 정신구조로 재통합하는 것이 치료목표이다(Abrams, 1988).

그러나 심각하게 혼란스러운 아동들에게는 이런 종류의 접근은 한계가 있다. 방어적 또는 기질적인 생물학적 이유로 인해 왜곡되었거나 분리된 정신과정을 강화하거나 해체할 필요가 있는 것이다. 이런 아동들은 정서와 생각을 명명하고 언어화하는 것이 도움이 된다. 정신 역동적 개입은 주로 신경증적 증상을 가진 아동에게 보다 효과적인 것으로 알려져 있으며 아동의 정신표상의 모양이나 조직을 변화시키는 것이 목표이다(Sandler & Rosenblatt, 1962).

예를 들어, 아동들은 자신들의 무의식적 공격성을 수용할 수 없어 이를 왜곡시켜 아버지를 잔인하고 격렬한 모습으로 표상한다. 그러나 이러한 왜곡은 초기 발달단계에나 적절한 것이기 때문에 아동에게 깊은 혼란을 가져온다(Abrams, 1988).

그러한 초기 지각의 분리(억압, 부인, 전치)는 방어이다. 예를 들어, 양육자를 잔인하고 파괴적인 것으로 지각하는 것은 부모에 대한 유아기적 지각에 기초하기 때문에 사랑하는 아버지를 그렇게 지각하는 것은 고통을 불러일으키므로 이러한 아버지 표상은 아동의 정신에 아버지 표상으로 통합되지 않고 분리되어 억압된 채로 계속해서 혼란스러운 감정으로 존재한다.

아동은 이러한 지각을 다른 사람에게 전이하며 그리고 나서 그 사람들을 무서운 존재로 지각한다. 이런 아동들은 흔히 강도나 도둑이 침입할 것이라며 가공의 인물에게 그러한 무의식적 감정을 투사한다.

치료자는 아동의 언어, 놀이, 꿈 또는 기타 행동을 활용하여 아동의 의식적, 무의식적 생각과 감정의 모델을 만들어 낸다. 이 모델에 기초해 치료자는 아동들이 비합리적이거나 부적절한 감정을 이해하도록 도우며 이런 과정들이 잘 진행된다면 감정의 이해는 발달과 정상적인 초기의 사고양식을 보다 성숙하고 연령에 적절한 틀로 통합하는 결과를 가져온다.

이 과정에서 놀잇감이나 게임을 사용하는 치료자들이 있는가 하면 좀 더 아동들이 자기탐색의 과정에 개입하도록 격려하는 치료자들이 있다. 대부분의 치료자들은 아동행동의 무의식적 요소에 주의하며 아동의 정서적 어려움의 원인을 찾기 위해 아동에 관한 부모나 교사의 정보를 가지고 아동의 판타지와 놀이를 해석하려는 경향이 있다. 주로 치료자가 관심을 가지고 살피는 주제들은 아동의 신체에 대한 염려, 의식적 또는 무의식적 파괴 충동, 그리고 양육자, 형제, 또래들과의 관계 문제 등이다. 정신 역동적 치료자들이 대부분 사용하는 표준기법이라는 것이 있는데 이 기법에는 다음과 같은 것들이 포함된다.

① 치료자의 제안, 재보증(reassurance) 또는 정보 제공을 통해 아동의 불안을 낮추거나 역량감과 숙달감을 증진시킬 목적의 지지적 개입
② 아동과의 치료적 교류를 지지하고 발전시키기 위해 아동의 언어나 행동을 요약 진술하거나 의역하기
③ 아동의 언어나 정서를 명료화한다. 명료화는 자기 패배적이고 자기 파괴적인 행동이나 반복적인 경향성과 같은 행동의 측면에 주의를 환기시키거나 그에 대한 해석을 받아들일 준비를 시키는 것이다.
④ 아동들이 인식하지 못해 찾기 어렵거나 받아들이기 어려워하는 것들의 표상을 확인한 후 해석을 통해 제거한다. 아동들은 해석을 위한 언어화에 어느 정도 저항하며 따라서 해석은 아동이 최대한 받아들일 수 있도록 적당한 시기에 적절히 이루어져야 한다.

치료자의 개입은 방어, 소원, 과거 또는 현재의 경험을 조합한 것에 대한 개입이다. 정신 역동적 상담활동은 '전이 속에서의 작업'이라고 할 수 있다(Strachey, 1999). 아동과 치료자의 상호작용은 관계에 대해 아동이 갖고 있는 내적 표상이 치료자와의 관계에서 표현되는 것이며, 치료가 진행될수록 표상에 얽혀 있는 정서적 에너지도 증가한다. 치료과정에서 불안, 갈등, 방어에 대한 아동들의 반응을 이해하도록 아동을 돕는 일이 치료작업의 핵심이라고 할 수 있다.

전이의 발달은 ① 치료자의 중립성, ② 정서적 유용성(아동의 어려움에 조화하는), ③ 사고와 감정을 자유롭게 표현하도록 하는 치료자의 격려, ④ 치료구조의

규칙성과 일관성, ⑤ 치료자를 인자한 인물로서 지각하는 아동의 지각(Chethik, 1989) 등에 의해 촉진된다. 전이관계는 아동이 어떤 양육자와 어떤 관계경험을 했는지 알 수 있는 기회를 준다. 전이관계 속에서 치료자와의 작업을 통해 아동의 왜곡된 정신표상이 확인되고 명료화되고 이해받으며, 아동사고의 성숙한 측면으로 재통합된다(Abrams, 1988).

치료를 종결할 때는 ① 증상의 개선, ② 가족 및 또래관계 개선, ③ 정상적 발달 기회를 이용할 수 있는 능력, ④ 새로운 환경스트레스를 다룰 수 있는 능력, ⑤ 치료를 보다 효과적으로 활용할 수 있는 능력(치료를 유용한 것으로 경험하고, 치료자가 해석 작업을 계속하도록 허용하며, 비난과 분노뿐 아니라 감사를 나타내며, 통찰, 유머, 건강한 자기냉소)을 나타낼 때 등이다(Kernberg, 1995). 이런 종류의 '전통적인' 정신 역동적 치료는 1주일에 1회씩 1년여에 걸쳐 이루어진다.

3 대상관계/주제 놀이치료

1) 역사

대상관계이론은 정신역동이론의 부분이기도 하지만 여기서는 특히 대상관계이론과 애착발달이론을 접목하여 아동치료에 적절하게 사용한 이론적 접근을 제시하고자 한다. 이 아동상담은 Helen Benedict(2002)가 Glickauf-Hughes와 Wells(1997)의 성인치료 적용 대상관계 유형과 애착이론을 통합하여 아동치료에 응용한 것으로, 주로 대상관계/주제 아동상담이라고 부른다. Benedict에 따르면, 아동의 대상관계 유형에는 5가지가 있으며 유형에 따라 각기 다른 치료목표를 세우게 된다. 이 접근은 혼란된 대상관계 출현의 무대가 되는 아동-보호자 관계와 아동에게 나타나는 구체적인 내적 작동모델(internal working model)의 틀을 가지고 아동의 초기경험을 강조하는 접근이다. 이 접근에서는 또한 대상관계 유형에 따라 나타나는 아동놀이의 주제를 분류하고 해석하려 한다. 여기서는 Helen Benedict(2002)가 제시한 접근을 중심으로 요약 기술하였다.

2) 이론적 구성

• 대상관계 유형과 그에 따른 치료목표

대상관계/주제를 중심으로 한 아동상담은 기본적으로 부모-자녀관계의 발달 과정을 모형으로 한 관계치료이다. 치료의 초기단계는 항상 아동과 치료자 사이의 안전기지관계(secure base relationship)를 형성해야 하는 것이다. 이러한 치료관계가 구축되면 치료 작업의 단계가 시작되며 이때 치료자의 과제는 영유아기에서 멈추었거나 왜곡된 관계에 도전하는 것이다. 치료자와의 관계 안에서 이루어지는 이러한 도전을 통해 아동은 왜곡된 작동모델을 보다 건강한 대상관계로 수정할 수 있게 된다. 아동에게 필요한 구체적인 도전은 아동이 보여 주는 대상관계 발달유형에 따라 치료자가 결정하게 된다. 관계 외상(trauma)을 입은 아동들에게서 볼 수 있는 여러 가지 대상관계 단계들은 임상적 개입의 기준이 된다.

가. 무애착(unattached) 대상관계

생애초기에 부모로부터 방임이나 거부를 당하거나 안전한 애착관계를 형성하지 못한 아동들은 어릴 때 아동이 표현한 욕구가 충족되지 않았던 아동들로서 이럴 때 자기파편화의 감정이 나타나게 된다. 아동은 이러한 감정을 피하기 위해 다른 사람들로부터 방어적으로 위축되며 아동의 자기는 사람과의 관계를 거부한다. 이런 문제는 생애 첫 몇 달 동안 부모-자녀관계에 문제가 있을 때 발생할 수 있는 대상관계 유형이다. 생애 초기의 전공생적 단계에 고착된 수준이라고 할 수 있다. 정상적인 유아들은 이 시기에 정상적으로 관여하고 조화를 맞추는 보호자와의 관계를 통해 기본 신뢰감을 발달시킨다.

아동에게 미성숙, 신경학적 문제, 또는 감각결손 등이 있어 아동이 외부세계에 반응할 능력이 없거나 양육자에게 심각한 우울증, 약물중독 또는 성격장애, 양육자의 심리적 또는 물리적 부재와 같은 문제가 있으면 상징적 관계가 발달하지 않아 영아의 대상관계는 신뢰, 대상관계, 양육을 받아들이는 능력이 왜곡되고 자기조절에 문제가 나타나게 된다.

이런 아동들은 주로 영아기와 아동기 초기의 반응성 애착장애를 보이는 아동들로 정서나 행동을 조절하는 능력이 손상되며 2~11개월 사이에 조화로운 양육자와의 관계에서 습득되는 자기조절 능력의 발달이 이루어지지 않는다(Schore, 1994). 아동상담 장면에서 나타나는 이들의 놀이는 공격성, 고집, 자기 양육, 불안정성이 특징이다. 놀이에서 표현되는 대인관계는 치료자의 통제, 경계설정 그리고 아동의 경계파괴가 주로 나타난다. 이런 아동에게 필요한 아동상담의 목표는 여러 가지가 있으며 그 중 첫 번째는 양육에 대한 수용을 증가시키고 방어를 감소시키는 것이다.

두 번째 목표는 자신의 욕구를 스스로 수용하는, 응집된 자기감(sense of self)을 발달시키는 것이다. 이러한 목표들을 달성하기 위해 필요한 것은 퇴행을 촉진하고, 치료자에 대한 공생적 전이가 발달하도록 하는 것이다. 공생적 유대로부터 점차 분리/개별화를 이루어가면서 인내력이 증가하고 결과적으로 감정표현과 자기조절 기술이 증진된다.

어떤 아동들은 양가적인 대상관계를 나타내면서 분리/개별화의 하위 단계인 라프로치망(rapprochement, 재결합)*단계로 들어서면서 발달이 멈추기도 한다. 그렇게 되면 보호자와의 공생적 관계로부터 분리/개별화하려는 시도는 실패로 끝나게 되며 이는 자기항상성의 결핍, 자기파편화, 부정적 사고와 긍정적 사고의 분열, 부정적 부분대상과 긍정적 부분대상 사이의 분열, 격렬한 양가감정을 일으킨다.

---

*유아가 보행능력을 획득하면서 점차 양육자로부터 분리되어 세상을 탐색하다가 불안을 느끼고 양육자에게 매달리는 것을 말한다(Mahler, 1965).

무애착 대상관계 유형의 역동과 치료	
초기경험 및 관계	양육자가 방임, 거부, 아동의 존재를 인정하지 않았을 가능성이 높음 조화(attunement)의 실패
자기 및 타인에 대한 내적 작동모델	타인에 대한 기본 신뢰의 부족 대인관계 및 양육을 거부하는 자기조절 또는 정서조절 능력의 결핍
관계에 대한 내적 작동모델 역동 공식화	타인에 대한 위축, 방어적 태도 자기와 타인 사이의 경계가 경직됨, 애착을 맺지 못함 필요한 경우 기저에 있는 자기파편화의 공포와 감정을 표현하거나 인정함

출처: Benedict(2002).

놀이주제	놀이주제의 의미
공격성: '공격자'와 '희생자'가 있는 일반적 공격성	분명한 이유 없이 아동이 화가 났거나, 정서적으로 자극되었을 때 감정의 폭발이 일어난다. 아동이 격렬한 화를 공격자 역할로 표현한다. 희생자 역할은 일상생활에 대한 통제감이 없음을 나타낸다.
항상성: 아동의 정체성이나 정체성의 항상성을 형성하는데 초점이 맞추어진 숨바꼭질, 거울놀이, 기타 활동	아동은 빈약한 신뢰감을 갖고 있으며 신뢰감을 시험하기 위한 게임을 한다. 중요한 성인의 항상적 이미지를 유지하지 못하며 그러한 이미지를 형성하는 데 필요한 분리와 재결합을 활용하지 못한다. 아동은 항상적인 자기 이미지를 유지하지 못하며 자기항상성(예: 거울, self-naming) 표상에 매혹된다.
양육: 수유 또는 안아주기와 같은 긍정적 양육 활동	아동은 양육이 필요하지만 의존욕구를 표현하는 것에 불안을 느낀다.
자기양육: 자기에게 맞추어진 양육, '아기'가 스스로에게 수유를 하거나 위로함	아동은 양육을 필요로 하지만 세상이 그것을 제공할 것이라 신뢰하지 못하며 따라서 스스로를 양육한다. 아동은 거짓자율성을 성취하며 이는 돌봄과 보호를 제공하는 타인에 대한 신뢰의 부족 때문이다.
불안정성: 사람이나 사물이 바닥에 떨어지거나 부주의하게 떨어질 것 같은 상황을 만들거나 집의 벽이 무너지는 등 물건이 분리되는 놀이	아동은 세상에서 위험을 느낀다. 특히 떨어지려 할 때 파편화되고 '불안정함'을 느낀다.

출처: Benedict(2002).

대인관계/과정코드	대인관계/과정코드의 의미
거친 소동: 아동은 간지럼 태우기나 안아 올리기 같은 유아적 놀이에 치료자를 개입시키려 한다.	이는 상징적 단계를 재작업하는 과정으로, 유아적 상호작용으로의 퇴행을 의미한다. 아동은 신체적 편안함을 요구하지 않으며 그것을 간접적으로 요청한다.
응집: 아동은 직접적으로 자기와 치료자 사이의 경계결손을 놀이한다(예: 한 개의 머리 윤곽 안에 자신과 치료자 얼굴을 그린다.).	아동은 2차 전공생적-공생적 재작업을 하는 것처럼 공생단계로 되돌아가려 한다. 이는 진전을 의미한다.
모방-통제: 아동은 치료자가 아동의 언어나 행동을 모방할 것을 요구한다.	아동은 치료자와의 공생적 전이를 촉진하기 위해 투사적 동일시를 사용한다. 이는 진전을 의미한다.
행함과 취소: 아동은 한 주제에 이어 반대의 의미를 가진 주제를 즉시 놀이한다(예: 공격성에 이은 애정의 표현).	놀이나 대인관계 행동으로 표현된 문제를 둘러싼 갈등과 혼란된 감정을 시사하는 의미의 변화를 나타낸다.
(a) 경계설정/경계침범: 등장인물이 괴물에 대항해 집 문을 닫아버리자 괴물이 문을 부수고 집안으로 들어오는 놀이와 같이 경계를 설정하고 침범하는 놀이를 한다.	(a) 아동은 자신의 경계통합에 대해 확신이 없다.
(b) 분노/애정: 등장인물이나 치료자를 향해 분노나 적개심을 직접 표현한다.	(b) 아동은 애정을 박탈한 양육자에 대해 분노감정을 가지며, 분노의 표현이 수용되지 않는다고 느끼고 애정으로 그것을 취소한다.

출처: Benedict(2002).

치료목표	치료기법
양육에 대한 수용을 촉진하고 관계를 촉진한다.	정서적, 신체적 안전을 강조하여 안전하게 안아 주는 환경을 만든다.
내담자가 적응적으로 분리될 수 있는 공생적 전이를 만든다.	아동의 감정을 모방하고 반영하여 조화를 보여 준다. 중간대상 역할을 하는 사진을 보여주고 기억을 함께 나누며, 아동의 놀이를 추적하여 항상성 있는 환경을 제공한다.
응집적이고 방어적이지 않은 자기감(sense of self)을 형성한다.	아동이 욕구를 인식하고 표현을 할 수 있는 안전한 분위기를 만든다.

치료목표	치료기법
자기조절 기술을 촉진한다.	감정 및 언어표현과 연관된 신체표현을 격려한다. 경계를 설정하고 자기인식을 격려하며, 자기조절을 촉진하기 위한 신체적 접촉의 구조를 만든다.
감정을 인내하고, 명명하고, 언어화하는 능력을 촉진한다.	감정과 관련된 안전을 담아 주고, 반영하고, 제공한다.
장래에 일어날 수 있는 문제	분열적 성격

출처: Benedict(2002).

나. 양가적 대상관계

유아가 12개월에서 24개월경이 되면 인지능력과 더불어 운동근육 기능이 발달하면서 엄마로부터 떨어져 환경을 활달하게 탐색하게 되고 그 과정에서 자신이 엄마와 분리되어 있음을 점점 강하게 느낀다. 자신이 혼자라는 것을 인식하게 되며 자신의 능력의 한계를 깨달으면서 다시 엄마에게 의존하는 시기로, 이 시기의 아동들은 새로운 능력과 기술을 통해 얻어진 자율과 다시 엄마와 친밀해지고 싶은 마음 사이에서 갈등을 겪는다(최영민, 2002).

이때 아동들은 정상적인 분리불안을 느낀다. 양가적 대상관계에 머무는 아동들은 이러한 라프로치망(재결합)을 획득하려고 노력하는 시점에서, 공생적 유대로부터 분리/개별화로 나아가려는 아동의 노력이 양육자의 심각한 병리나 양육자 상실로 인해 양육자의 관심, 지지, 인정 등의 철회를 불러일으켰을 때 나타난다.

이러한 아동들은 자신의 행동에 대해 극도로 양가적이며 매달림과 분노를 번갈아 나타낸다. 자기표상은 일관성이 부족하고 자기와 타인 모두에 대해 전적으로 좋거나 전적으로 나쁜 내적 작동모델 사이를 동요한다. 따라서 기분과 감정에 빠른 변화가 있으며 삼켜져 버릴 것 같은 공포와 버림받음의 공포 사이에 사로잡혀 있는 것으로 보인다.

이런 아동들의 놀이에서 자주 나타나는 놀이주제는 항상성(일관성), 분리, 착한 사람과 나쁜 사람 놀이 등의 주제이다. 또한 이 아동들은 모든 어른 동물들을 한 줄로 쌓아올리는 놀이와 같이 분류하고 명명하는 활동을 많이 하는데 이러한 활동은 이들에게 통제감을 주기 때문이다. 이들이 맺는 관계는 통제에 대한 욕구로 점철되어 있다고 할 수 있다.

양가적인 대상관계를 보이는 아동들을 위한 주요 치료목표는 분리/개별화 과정을 다시 시작하는 것이다. 치료자는 아동이 자신과 타인에 대해 갖고 있는 분열된 표상을 통합하도록 도우며 그로 인한 대상항상성의 증진과 함께 각각의 것을 통합하도록 촉진해야 한다. 또한 좌절을 인내하는 능력을 기르도록 해야 한다.

양가적 대상관계 유형의 역동과 치료	
초기경험 및 관계	아동이 분리/개별화를 시도할 때 양육자가 관심, 지지, 인정을 철회한 경우로 양육자에게 성격문제나 심한 정신병리가 있을 가능성이 높다.
자기 및 타인에 대한 내적 작동모델	자기항상성의 결핍, 사고, 지각, 감정의 부정적 분열과 긍정적 분열(splitting) 자기파편화 및 퇴행 경향을 보인다. 대상은 항상적이지 못하며 긍정적 및 부정적 부분 대상의 분열로 인해 파편화되어 있으며 이는 기분과 행동에 급속한 변화를 가져온다.
관계에 대한 내적 작동모델	매달림과 분노를 번갈아 나타내면서 친밀한 관계에 극도로 양가적이다. 분리/개별화 과정이 불완전하다. 종종 라프로치망 위기에 사로잡혀 있다.
역동 공식화	사로잡힘과 버려짐에 관련된 불안, 자기파편화와 대상상실에 대한 강한 공포를 나타낸다.

출처: Benedict(2002).

놀이주제	놀이주제의 의미
항상성: 아동의 정체성 형성이나 타인의 정체성의 항상성 형성에 초점이 맞추어진 듯한 숨바꼭질, 거울놀이, 기타 활동	아동은 중요한 성인의 이미지를 항상성 있게 유지하지 못하며 그러한 이미지를 형성하기 위해 분리와 재결합을 사용하지 못한다. 아동은 항상성 있게 자기 이미지를 유지하지 못하며 자기항상성(예: 거울, self-naming)의 표상에 매료된다.
분리: 누군가가 등장인물로부터 떠나거나 분리되는 놀이	아동은 연습하기 단계이나 라프로치망 단계 중 하나에서 전형적인 유아놀이를 통해 분리/개별화를 재연한다. 아동은 양육자에게 불안한 애착을 형성하며 멀리 사라지는 사람을 통제하는 연습을 한다. 아동은 양육자와의 분리를 처벌로 본다.
착한 사람 대 나쁜 사람: 선한 등장인물과 나쁜 등장인물이 분명하게 확인되는 공격놀이	아동은 자기나 타인에 대한 모순된 감정을 동시에 느끼는 것에 대항해 분열(splitting) 방어기제를 사용한다. 아동은 자기와 타인의 착한 부분과 나쁜 부분을 수용 및 통합하는 능력에서 발달에 적합한 진보를 이루지 못함을 의미한다.
분류(sorting): 아동은 사물을 한 줄로 쌓아 올리거나 좋은 동물과 나쁜 동물 등을 범주별로 분류한다.	아동은 중요한 관계에 대한 방어적 분열이나 양가감정의 일부로서 착한 것으로부터 나쁜 것을 분리하려는 시도로 분류를 한다. 분류는 통제에서 벗어난 내적경험을 다루기 위한 강박적 방어의 출현을 의미한다.

출처: Benedict(2002).

대인관계/과정코드	대인관계/과정코드의 의미
통제: 아동이나 등장인물이 대장인 척하거나 치료자나 다른 등장인물에게 지시하거나 명령한다.	아동은 세상이 혼란스럽다고 느끼며 보다 안전을 느끼기 위해 타인을 통제한다.
단계혼란: 아동은 한 등장인물(예: 차를 운전하는 성인의 일을 하는 아기) 안에서 동시에 두 개의 발달단계를 놀이한다.	아동은 아동에게 투사적 동일시를 연출하는 부모와 같이 역할이 불분명한 환경에서 살고 있다. 아동은 안정된 대상항상성을 발달시키지 못하고 역할경계의 불분명함 때문에 여러 역할을 전전한다.
행함과 취소: 아동은 한 주제에 이어 반대의 의미를 가진 주제를 즉시 놀이한다(예: 공격성에 이은 애정의 표현).	놀이나 대인관계 행동에서 표현된 문제를 둘러싼 갈등과 혼란된 감정은 의미의 변화를 시사한다.
(a) 응집/분리: 아동은 치료자에게 응집되고 그런 다음 치료자로부터 분리한다.	(a) 응집에 대한 소원(그리고 착한 대상을 내면화하고자 하는 소원)과 동시에 사로잡힘에 대한 공포를 의미한다.
(b) 경계설정/경계침범: 등장인물이 괴물에 대항해 집 문을 닫아버리자 괴물이 문을 부수고 집안으로 들어오는 놀이와 같이 경계를 설정하고 침범하기 놀이를 한다.	(b) 아동은 자신의 경계의 통합에 관해 확신이 없다.
(c) 분노/애정: 등장인물이나 치료자를 향해 분노나 적개심을 직접 표현한다.	(c) 애정을 박탈한 양육자에 대해 분노의 감정을 가지며, 분노의 표현이 수용되지 않는다고 느끼고 애정으로 그것을 취소한다.

출처: Benedict(2002).

치료목표	치료기법
분리와 개별화를 촉진한다.	아동이 탐색할 수 있는 '안전기지'가 되어야 한다.
자기와 타인에 대한 분열된 표상을 통합한다.	안전, 공감, 놀이를 정당화해 주어 아동의 양가감정을 담아 주는 기능을 담당한다. 아동의 변화무쌍한 정서와 행동의 변화에도 불구하고 항상성을 유지한다.
대상항상성을 발달시키도록 돕는다.	기억을 촉진하고 놀이의 흔적을 보존하며, 항상적인 치료장면을 제공하여 항상성을 촉진한다.

치료목표	치료기법
통합된 자기감(sense of self)을 촉진한다.	동기, 정서, 행동, 그리고 그것들의 놀이에서의 상호 연관성에 대한 명명을 통해 순수한 자기표현, 경계의 인식과 개념을 격려하고 지지한다.
좌절인내의 증진	적절한 제한을 설정하지만 선택하게 한다. 제한을 언어화하고 위험하거나 부적절한 행동의 결과를 예상케 한다.
장래에 일어날 수 있는 문제	경계성 인격장애

출처: Benedict(2002).

다. 수동 공격적/의존적 대상관계

이 유형의 대상관계를 보이는 아동들은 어느 정도 자기인식을 가지고 있으나 통합된 자기가 부족하고 자아의 힘이 불균형하다. 이들은 자기조절, 만족지연, 결과예상 또는 스트레스인내에 어려움이 있으며 스스로를 달래지 못한다. 타인과의 관계에서 타인을 매혹적이지만 일관성 없고 신뢰할 수 없는 존재로 지각한다.

결과적으로 이 아동들은 다른 사람에게 알려져 관심을 받고 싶은 바람과 자신이 가진 부정적 감정을 다른 사람들이 알게 되면 거절당할 것이라는 두려움에 사로잡혀 있다고 보인다. 어떤 아동들은 '숨겨진 자기'를 갖고 있는 것으로 보이는데 아동 자신은 자신 안에 있는 숨겨진 자기를 인식하고 있지만 인정해 주지 않을 것 같아 다른 사람과 공유하기를 두려워한다. 이 아동들은 관계에서 수동적이며 겉으로 드러난 순종과 내면에 숨겨진 저항 사이를 동요한다.

수동 공격적/의존적 대상관계는 학대, 방임, 희생양, 아동의 부모화(parentification) 같은 경우처럼 아동의 의존욕구가 일관성 있게 충족되지 않았을 때 주로 발달한다. 이 아동들의 놀이는 안전, 위험, 공격성, 파괴, 고침의 주제로 점철된다. 또한 이들은 양육적인 놀이, 착한 사람 대 나쁜 사람 놀이를 하며 치료자와 긍정적 관계를 유지하려고 노력한다. 이들은 대부분 위험과 안전 또는 파괴와 고침으로 나타나는 행함과 취소의 양가감정을 나타낸다.

이런 유형의 아동을 위한 치료목표는 아동의 욕구를 실제적으로 충족시켜 주는 사람들의 수용적 행동을 통해 그들과 신뢰를 재구축하는 것이다. 이것은 양육자에 대한 양가적 애착을 해결하거나 아동이 잃어버린(또는 다가갈 수 없는) 양육자에게 대처하도록 돕는 것이다.

두 번째 목표는 적절한 주장을 하도록 격려하여 수동 공격적 행동을 감소시키도록 하는 것이다.

마지막 목표는 안정적이고, 통합된 자기감(sense of self)을 촉진하는 것이다. 이는 자존감의 증진, 자기진정, 좌절인내라는 중간목표 달성을 필요로 한다.

수동 공격적/의존적 대상관계 유형의 역동과 치료	
초기경험 및 관계	의존욕구가 일관성 없게 만족되었고 학대, 방임, 희생양, 부모화, 자기통제가 결핍된 양육자에 의한 통제를 경험한 아동은 능력이 없다.
자기 및 타인에 대한 내적 작동모델	욕구와 감정을 어느 정도 인식할 수 있을 정도의 항상성을 지닌 자아가 있으나 전체적으로는 통합이 결핍되어 있다. 자아강도가 불균형하기 때문에 다음 중 하나 이상에 어려움을 보인다–자기조절, 만족지연, 결과예상, 또는 스트레스인내. 발견되어짐에 대한 소원과 발견되어짐에 대한 두려움이 있는 숨겨진 자기가 있다.
관계에 대한 내적 작동모델	불안한 애착과 역의존(counter dependence)이 번갈아 나타난다. 타인을 일관성 없는 존재로 그리고 매혹적이지만 신뢰할 수 없는 존재로 본다.
역동 공식화	양육자와의 동일시 실패로 인한 양육자의 자기진정 능력, 공감, 또는 보조적 자기기능을 적절히 내면화하지 못한다.

출처: Benedict(2002).

놀이주제	놀이주제의 의미
안전: 아동 또는 등장인물을 위한 안전, 특정한 공간 안팎의 어떤 것을 보관하거나 위험으로부터 등장인물을 지키는 것	아동은 품고 있는 감정, 특히 화난 감정을 지키는 것이 중요하다고 느낀다. 아동은 어떤 것에 관해 말하는 것을 수용하지 않는 집으로부터 나오고 어떤 것을 주의 깊게 담아놓기 위해 용기(container)를 사용한다. 아동은 중요한 타인(아동의 감정을 포함하여)을 보호해야 한다고 느낀다. 아동은 위험으로부터 자신을 보호할 방법을 찾는다.
양육: 수유하거나 무엇인가를 주거나 안아주기와 같은 긍정적 양육활동	아동은 부모화(parentification)되고 치료자를 양육하거나 보호하여 치료자로부터 수용을 받으려 한다. 욕구충족을 위해 타인을 신뢰할 수 없고 혼자서 해야 하기 때문에 자기양육을 한다.
위험: 가능한 위험이 확인되고 설명되어야 한다. 위험한 등장인물과 위험한 장소가 나타난다.	아동은 세계가 안전하다고 느끼고 있음을 보여주려 한다. 이는 드러낼 수 없을 뿐 아니라 노출 위협이 있는 내부의 '위험한' 감정을 의미한다. 내부의 가족긴장을 의미한다.
공격성: '공격자'와 '희생자'가 있는 공격성이나 일반적 공격성이 나타난다.	아동은 실제생활에서 경험한 희생양 경험에 관한 억압된 분노를 공식적으로 표현한다. 아동은 자기나 타인에 관한 모순된 감정을 동시에 인식하게 된 것에 관한 방어로서 분열을 나타낸다.
착한 사람 대 나쁜 사람: 착한 등장인물과 나쁜 등장인물이 분명히 확인되는 공격적 놀이	아동은 자기와 타인의 착한 부분과 나쁜 부분을 수용하고 통합하는 능력 면에서 발달에 적합한 진전을 이루지 못한다. 아동은 타인의 인정을 받기 위해 '최고로 착해지는 것', 즉 착함과 나쁨의 의문에 사로잡혀 있다. 아동은 '나쁜' 행동이 일어나지 않도록 하기 위해 놀이에서 끊임없이 경계한다.
깨어짐: 등장인물이 망가지거나, 아프거나, 깨져서 수리를 해야 한다.	아동은 자신의 삶에서 깨어진 관계를 보여 준다. 세상이 깨져서 안전하지 않다는 것을 의미한다. 망가진 집은 가정이 불안전하거나 불안정하거나, 깨뜨림(이혼처럼)이 있다는 것을 의미한다. 발달하는 자기표상은 파편화되거나 통합이 안 되어 있다.
고침: 깨진 것이 수리됨	아동의 공포가 수용되지 않는 공격적 놀이를 '취소'하려 한다.

출처: Benedict(2002).

대인관계/과정코드	대인관계/과정코드의 의미
긍정적 관계: 공공연히 애정 어린 관계는 아니지만 두 등장인물 사이의 긍정적 관계를 강조하는 놀이	아동은 놀이하기 어려운 주요 문제들로 돌아가기 전에 긍정적 놀이에 '에너지'를 쏟는다.
경계설정: 두 사람 또는 등장인물 사이의 물리적 경계를 부과하는 놀이	아동은 개인적인 안전감을 얻기 위해 경계를 사용한다. 개별화 투쟁의 일부로 경계설정을 하면서 라프로치망의 재작업을 시도한다.
보호: 강력한(또는 성인) 등장인물이 약한 등장인물을 보호하는 놀이	아동은 등장인물이 보호를 필요로 한다는 것을 보여준다.
행함과 취소: 아동은 한 주제에 이어 반대의 의미를 가진 주제를 즉시 놀이한다(예: 공격성에 이은 애정의 표현).	놀이나 대인관계 행동에서 표현된 문제를 둘러싼 갈등과 혼란스러운 감정은 의미의 변화를 시사한다.
(a) 안전/위험: 안전한 장소를 만들어 내고 그런 다음 위험이 침입한다.	(a) 안전의 결핍과 위험에 대한 취약성을 걱정한다. 위협적 환경에서 안전할 수 있는지에 대해서 불확실함을 의미한다.
(b) 깨짐/고침: 어떤 것이 아프거나 망가지고 그다음 고쳐진다.	(b) 아동은 자기 및 양육자 또는 가족의 부상, 손상, 취약함을 염려한다. 고침은 희망 또는 아동의 능력이 나타남을 시사한다.
(c) 경계설정/경계침범: 무애착 대상관계 유형과 유사하다.	(c) 아동은 자신의 경계의 통합에 관해 불확실하다.

출처: Benedict(2002).

치료목표	치료기법
양육자에 대한 양가적 애착을 해소하고 분리와 상실을 애도한다.	통제하거나 유아적이지 않으면서 정서적으로 유용해야 한다.
아동의 욕구를 충족시켜 주는 사람들에 대한 신뢰를 구축하고 적절한 주장을 촉진한다.	아동의 감정을 반영하고 놀이의 흔적과 기억을 보존한다. 아동에게 항상적이어야 하고 조화로워야 한다. 아동을 위한 건강한 경계설정을 보여주고 자신의 경계에 대한 책임과 타인과의 관계에서 권리를 언어화한다.
자기진정과 자기존중을 중시하면서 좌절과 스트레스인내를 증진한다.	결과를 예상하고 언어로 스트레스와 불안에 대해 좌절 스트레스 원인과 연관짓도록 한다. 자기진정을 증진하기 위해 발달적 신체놀이를 격려한다.

치료목표	치료기법
타인의 욕구뿐 아니라 자신의 욕구를 가치 있게 여기도록 하여 자기를 숨기지 않도록 한다.	욕구 및 감정의 표현을 위한 안아 주는 환경을 제공하고 부정적 감정을 담아 준다.
통합적이고 안전한 자기감(sense of self)을 촉진한다.	순수한 자기표현을 격려하고, 욕구와 감정을 정당화해 주며, 아동의 숨겨진 자기의 가치를 확고히 해준다.
장래에 일어날 수 있는 문제	의존적, 수동적, 회피적 성격

출처: Benedict(2002).

라. 반항적/통제적 대상관계

이러한 대상관계는 분리/개별화 단계 후반부에 양육자와의 관계에 손상이 있는 경우 발생한다. 이 아동들은 반항적이며 수치심과 의심 그리고 내면의 높은 행동기준을 만족시키지 못했다는 느낌에 사로잡혀 있으며 상담을 받는 동안에도 이 아동들의 놀이에는 억압되거나 상황을 통제하려는 강렬한 욕구가 나타난다. 다른 사람을 아동의 통제감과 관계를 위협하는 존재로 지각하는 경향이 있기 때문에 이 아동들은 자신을 보호하기 위해 힘겨루기와 반항을 주로 나타낸다.

반항적/통제적 대상관계는 양육자가 아동의 정서, 충동, 자율적 행동을 지나치게 통제하고 제한할 때 나타나는 경향이 있다. 그 이유는 아동이 한창 자율성을 시험하는 2~3세 사이에 아동의 자율에 대한 충동을 양육자가 잘 인내하지 못했기 때문이다. 이러한 성향을 지닌 양육자들은 자율성이 아직 나타나지 않는 어린 시기에 편안해하며 결과적으로 안정된 자기감(sense of self)이 성공적으로 발달하게는 하지만 그 이후가 문제가 되는 것이다(Escalona, 1968).

즉, 아동의 자기는 정서적 경험을 통합할 수 없으며 세상을 조직하고 관리할 수 있게 만들고자 하는 아동의 노력을 압도한다. 따라서 이런 아동의 놀이는 경직되고 충동적이며 자발성이 결핍된 상태로 나타낸다. 어떤 형태로든 통제감의 상실은 수치심과 불안을 일으킨다. 이런 아동의 놀이에서 지배적으로 나타나는 주제는 무능(예: 집이 무너지거나 인형이 지붕에서 떨어진다.), 위험, 힘 있는 자의 역할이다. 이 아동들은 숙달놀이를 하는데 이때도 실패한다. 또한 이들은 분류하기와 청소하기 같은 통제 중심의 주제를 놀이하고 또래관계 등 대인관계에서도 격렬하게 통제를 하며 협력하기를 거부하며 경계를 파괴하는 놀이를 한다. 독립, 위험, 탈출과 같은 놀이주제에 집중하는 경향이 있다.

반항적/통제적 대상관계 아동을 위한 치료목표는 통제문제와 관련하여 설정해야 한다. 이 아동들은 통제욕구보다 관계를 가치롭게 여기는 것을 배워야 한다. 치료자는 힘겨루기를 반드시 피해야 하며 진실한 자율성을 촉진해야 한다. 또한 아동이 자율감을 느낄 때 그리고 관계를 추구할 때 안전하다는 것을 느끼게 해주어야 한다.

반항적/통제적 대상관계 유형의 역동과 치료	
초기경험 및 관계	아동의 충동, 정서, 자율적 행동을 지나치게 통제하는 양육자
자기 및 타인에 대한 내적 작동모델	자율성이 제한되어 있고, 수치와 의심의 감정에 사로잡혀 있으며 자기 표상이 거짓자율로 자기담기(self-containing)를 하거나 또는 억압되어 있다. 행동에 대한 높은 내적 기준을 충족시킬 수 없는 불안전한 존재로 자기를 본다. 타인은 통제로부터 벗어나 있고 위험하며 아동의 통제감을 위협하는 존재로 지각된다.
관계에 대한 내적 작동모델	관계는 상당한 반항심으로 힘겨루기가 이루어지며 때때로 통제욕구 외의 순수한 관계는 거의 없을 지경까지 힘겨루기가 이루어진다.
역동 공식화	아동은 안전한 자기감을 가지고 있지만 정서적 경험을 순수한 핵심자기에 통합하지 못한다. 아동은 통제로부터 벗어난 느낌을 보상하고 세상을 조직하려는 욕구에 사로잡혀 있다. 결과는 통제가 유지되지 않을 때 수치심으로 인한 강박성과 경직이다. 아동은 종종 정형화되거나, 반복적이거나, 억압된 놀이를 하며 자발성이 결핍된다. 과도하게 높거나 경직된 내적 기준충족의 실패가 가져오는 느낌처럼 통제를 잃을 것이라는 느낌은 불안을 일으킨다.

출처: Benedict(2002).

놀이주제	놀이주제의 의미
불안정성: 사람이나 사물이 바닥에 떨어지거나 마치 떨어질 것 같이 위태로운 놀이, 또는 집의 벽이 떨어지는 것처럼 사물이 떨어져 나가는 놀이	아동은 세상이 조각났다고 느끼거나 조각남을 두려워한다. 아동은 세상이 위험하다고 생각한다.
청소: 더러운 것이나 지저분한 것을 청소하거나 청소에 관한 얘기	모든 것을 깨끗하고 완벽하게 함으로써 불안을 다스리려 한다.
분류: 좋은 동물과 나쁜 동물과 같이 사물을 한 줄로 쌓거나 범주로 분류	아동은 세상이 혼란스럽다고 느끼거나 혼란스러움을 두려워하며 질서를 잡으려 한다.
위험: 위험이 확인되고 설명된다. 위험한 등장인물과 위험한 장소가 나타난다.	세상이 불안전하다고 느낀다.
힘: 힘을 강조하면서 힘의 관계를 보여 준다.	아동은 약함을 느끼고 강하고 싶어 한다. 강한 사람과 동일시한다.
실패: 과제를 숙달하는 능력의 결핍 또는 자신감의 부족(예: 쉽게 포기함, 좌절)	아동은 달성되지 않았을 때 불안, 수치심, 자기 의심을 갖게 하는 비현실적인 높은 기준을 가지고 있다.

출처: Benedict(2002).

대인관계/과정코드	대인관계/과정코드의 의미
통제: 아동이나 등장인물이 치료자나 다른 등장인물에게 대장 노릇을 하거나 지시를 한다.	아동은 내적 세계가 혼돈스럽다고 느끼며 보다 안전하기 위해 타인을 통제한다. 아동은 세계에 질서를 세우고 자기에게 힘을 주려고 한다.
경계침범: 놀이나 또래관계에서의 경계파괴	경계가 마치 침범의 위험에 처한 것처럼 아동은 신체적 또는 심리적으로 위험에 처했다고 느낀다.
협력거절: 놀이에서의 아동 자신이나 등장인물의 협력이 정상적으로 이루어져야 하는 상황에서 협력을 거절한다.	아동은 독립과 자율성취에 집중되어 있다. 치료장면에서 치료자가 아동에게 통제권을 주려고 하는지를 시험하기 위해 반항한다.
행함과 취소: 공격성에 이어 애정표현을 보여 주는 등 반대의 의미를 지닌 주제로 즉시 옮겨 간다.	의미의 변화는 놀이나 또래관계 행동에서 표현된 문제를 둘러싼 갈등과 혼란스러운 감정을 시사한다.

대인관계/과정코드	대인관계/과정코드의 의미
(a) 독립/의존: 아동은 도움이 정말로 필요한 과제를 혼자 하겠다고 고집하고는 도움이 필요 없는 과제에 도움을 달라고 고집한다.	(a) 아동은 자기만족 성취의 압력을 받는데 그 이유는 양육자가 욕구를 충족시킬 능력이 없음을 지각하기 때문이다. 갈등은 자기만족이 욕구충족을 위해서는 가장 안전하고 확실하다는 것을 지각하지만 자기만족을 성취할 수 없음을 시사하는 것이다.
(b) 위험/탈출 : 아동은 등장인물이 탈출해야 하는 위험에 대해 놀이한다.	(b) 아동은 위험을 염려하지만 위험을 피하거나 위험으로부터 탈출할 책임이 자신에게 있다고 본다.

출처: Benedict(2002).

치료목표	치료기법
통제의 가치보다 관계의 가치를 높인다.	조율, 공감, 타당화를 제공한다. 감정을 반영해 주고 자기의 일부로서 감정을 수용해 준다.
순수한 자율감을 성취하도록 격려하고 힘겨루기와 반동형성으로부터 벗어나게 한다.	아동이 가르치고 아동이 선택하도록 격려하여 통제욕구를 수용한다. 안전을 유지하면서 아동의 요구를 수용한다.
관계와 자율 안에서 안전감을 촉진한다.	놀이치료실의 물리적, 심리적 안전을 유지하면서 적절한 위험감수의 본보기를 보인다.
정서적 표현과 자발성을 증진한다.	감정표현을 격려하고 정서적 표현과 자발성으로 무장한 따뜻함을 보여 준다. 감정을 확인하고 감정을 명명하여 준다. 특히 아동이 불편한 감정을 표현했을 때 그렇게 한다.
지나치게 가혹한 자기 기대의 영향을 줄인다.	실수를 인정하고 그에 대한 책임을 받아들이며 실수를 수용한다. 실수에 대해 적절한 반응을 함으로써 자기 수용적이고 현실적 기대의 모범을 보인다.
장래에 일어날 수 있는 문제	강박적 성격

출처: Benedict(2002).

마. 손상된 라프로치망(재결합) 대상관계

이 대상관계 유형은 대상항상성이 발달하지 못하고 왜곡이 일어난 경우이다. 손상된 라프로치망은 Mahler가 말한 라프로치망(재결합) 단계 동안이나 그 직후에 나타난다. 여기에는 자기, 타인, 그리고 관계에 대한 아동의 내적 작동모델을 심하게 손상시키는 방식으로 하위단계의 양가감정을 해결한 아동들이 해당된다. 이러한 아동들은 자신의 순수한 감정과 욕구를 인식하지 못하며 다른 사람을 볼 때 그들 나름의 욕구를 지닌 통합된 사람으로 보기보다는 자신들의 욕구를 충족시켜주는 부분대상으로서 그들과 착취적 관계를 맺는 경향이 있다.

이들은 Winnicott(1965)이 말한 거짓성숙(pseudo mature)과 거짓자율성(pseudo autonomous)을 성취하는 것이다. 손상된 라프로치망 대상관계는 양육자가 아동의 욕구와 감정을 거부할 때 발생한다. 이런 아동의 부모들은 아동을 자신의 심리적 욕구를 충족시키는 대상으로 이용하고 한 인간으로서 아동을 수용할 능력이 없는 사람들이 대부분이다. 아동들은 부모의 욕구를 들어주지 않으면 대상을 잃을 것 같은 불안으로 인해 다른 사람의 인정을 얻고 관계를 유지하기 위한 수단으로 자기의 순수한 욕구를 억압한다.

이들의 관계는 착취적이기 때문에 다른 사람과 관계가 필요하거나 인정이 필요할 때는 상대를 이상화하며 그러한 욕구를 충족시키지 못한다고 판단되면 상대를 평가절하하는 태도를 보이고 조종하고 통제하려는 것이 특징이다. 이들이 놀이하는 모습을 보면 놀이 자체가 억압되어 있고, 자발성이 부족하며, 스스로를 달랠 수 없다. 라프로치망이 손상된 아동들은 감정과 욕구를 느끼지 못하며 자기감정을 알고는 있지만 받아들일 수 없어 숨기고 있는 수동 공격적/의존적 대상관계 유형의 아동과 달리 감정 자체를 전혀 인식하지 못한다.

행동 면에서도 이 아동들은 부모화(parentification)와 거짓성숙을 나타낸다. 이들의 놀이는 제한적이다-자기양육, 자기수정, 독립. 이들이 가게를 운영하고 있고 가게에 있는 좋은 물건에 대해 접근을 통제하는 등 저장하기 주제들이 나타난다. 대인관계에서 이들은 타인을 통제하려 하는데 특히 어른을 돌보려는 것이 그것이다. 또한 이들은 치료자가 아동을 모방하기를 고집하며, 치료자를 놀리고 통제와 관련된 놀이를 고집한다.

이 아동들을 위한 치료목표는 아동이 거짓자기로부터 벗어나 진정한 자기를 느끼게 하는 것이다. 따라서 상담의 목표는 순수하게 다른 사람과 관계를 맺는 능력을 강화하는 것이다.

두 번째 목표는 자신의 욕구와 감정을 인식하게 하고 다른 사람을 통제하려는 시도를 포기하고 타인의 욕구와 감정을 이해하도록 돕는 것이다.

마지막 목표는 자발적이고, 연령에 적절한 놀이를 격려하며 자기를 달래는 능력을 증진하는 것이다.

손상된 라프로치망 대상관계 유형의 역동과 치료	
초기경험 및 관계	아동의 욕구 및 감정표현에 대해 거절하고 양육자의 욕구충족을 위해 아동을 이용하며 아동에 대한 순수한 사랑과 인정이 아닌 양육자 중심의 아동에 대한 칭찬과 인정을 하는 양육자일 가능성이 높다.
자기 및 타인에 대한 내적 작동모델	자기를 진정시키거나 즐거워하거나 자발적일 수 있는 능력이 없으며 순수한 욕구와 감정으로부터 격리시킨다. 타인을 스스로의 욕구와 감정을 지닌 통합된 사람으로 보기보다는 욕구충족을 위한 대상으로 본다.
관계에 대한 내적 작동모델	종종 타인을 이상화하거나 평가절하하면서 타인을 조종하거나 통제한다(통제적인 양육이 그런 것처럼).
역동 공식화	아동은 욕구와 감정을 거의 인식하지 못한 채 거짓성숙과 거짓자율을 나타내는 거짓자기를 나타낸다. 분리/개별화가 해결되었다는 환상이 있지만 이러한 '해결'은 순수한 욕구와 감정을 손상시켜서 좋은 내적 대상과의 관계를 유지하는 방식으로 이루어진 것이다. 대상 및 인정의 상실과 관련된 불안이 있다. 즐거움의 결핍은 자기가 안전하지 못함을 알게 되면서 놀이 및 자기탐색에 관한 억압과 불안을 드러낸다. 아동이 좋은 대상과의 관계를 유지하기 위해 나쁜 대상을 방어적으로 동일시하는 완고한 애착이 나타난다.

출처: Benedict(2002).

놀이주제	놀이주제의 의미
자기양육: '아기'인 아동이 자기에게 수유하거나 달래는 자기 맞춤식 양육놀이	아동이 부모화 되어 스스로가 지나친 책임을 맡는다. 욕구충족을 위해 타인을 신뢰하지 않으며 혼자 해야 함을 의미한다.
양육: 수유하거나 무엇인가를 주거나 안아주기와 같은 긍정적 양육활동	아동이 부모화(parentification) 되어 치료자를 양육하거나 보호함으로써 치료자로부터 수용을 받으려 한다.
항상성: 아동의 정체성 형성이나 타인의 정체성에 대한 항상성 형성에 초점이 맞추어진 듯한 숨바꼭질, 거울놀이, 기타 활동	물건을 숨기는 것은 숨겨진 자기가 있다는 것을 암시한다. 아동은 일정한 거리를 두고 관계와 항상성을 유지하기 위해 숨긴다.
가게/물건사기: 아동이나 치료자가 가게를 운영하고 나머지 한 사람이 물건을 사러 가는 가게 놀이	아동은 욕구를 충족시키는 방법을 통제하고 싶어 한다.
숙달: 아동은 어떤 기술이나 능력을 보여 주거나 어떤 것을 만든다.	아동은 인정받기 위해 성인의 일을 해야 한다고 느낀다. 특히 부모화 되었을 때 그렇다. 아동은 치료 초반에 두려움과 불안을 위장하거나 아동이 '나쁘지' 않거나 도움이 필요하지 않다는 것을 입증하는 숙달을 보여 준다.

출처: Benedict(2002).

대인관계/과정코드	대인관계/과정코드의 의미
통제: 아동 또는 등장인물이 대장인 척하거나 지시하면서 치료자나 또 다른 등장인물에게 명령한다.	아동은 세상에 명령하려 하며 자기에게 힘을 준다. 아동은 내면세계가 혼돈스럽다고 느끼며 보다 안전을 느끼기 위해 타인을 통제한다.
독립: 아동은 도움을 거절하고 현실적으로 성인에게 도움을 받기 위해 의존해야 하는 상황에서 무엇인가를 혼자 하겠다고 고집한다.	아동이 부모화 되어 스스로 보살펴야 한다고 느낀다. 아동은 상처입음에 대한 방어적 거짓자율성을 나타낸다. 충족되지 않은 격렬한 의존욕구에 위협을 받아 아무도 필요로 하지 않는 것으로 이 문제를 해결한다.
놀림: 한 등장인물이 또 다른 등장인물을 즐겁게 속이거나 놀린다(적대적이지 않음).	아동은 치료자의 심리적 안전을 시험하기 위해 놀린다. 또한 아동은 치료자에게 거리를 두기 위해 놀리며 특히 어려운 문제에 접근했을 때 속이거나 놀린다.

대인관계/과정코드	대인관계/과정코드의 의미
모방-통제: 아동은 치료자가 아동의 언어나 행동을 모방할 것을 요구한다.	아동은 타인을 통제하는 방법으로 모방을 사용한다.
혼합단계: 아동은 한 등장인물로 동시에 서로 다른 두 개의 발달단계를 놀이한다(예: 차를 운전하는 성인의 일을 하고 있는 아기).	아동은 거짓자기를 발달시켰으며 동시에 거짓으로 성숙한 자기와 유아기적 자기의 충족되지 않은 욕구를 보여 준다. 아동이 부모화가 된다.

출처: Benedict(2002).

치료목표	치료기법
순수한 방식으로 타인과 관계 맺는 능력을 개발한다.	치료자의 실제 자기를 아동과 나누면서 순수한 관계 맥락 안에서 건강한 경계를 보여 주고 경계 문제를 설명해 준다.
아동이 타인의 욕구와 감정을 이해하도록 돕고 돌봄을 통해 타인에 대한 통제욕구를 포기하게 한다.	아동의 통제놀이에 도전하기보다는 할 수 있게 하면서 조율을 보여 주고 경계를 존중한다.
연령에 적합한 놀이능력을 격려한다.	외적인 안전을 제공하면서 안전하고 안아 주는 환경을 제공하여 놀이시간 동안 아동의 안전을 보장한다.
순수한 자기인식, 욕구와 감정에 대한 인식을 증진한다.	숨겨진 감정을 명명하고 언어화하도록 격려한다. 능력을 확증하고, 문제해결을 격려하여 아동의 대처와 행동패턴의 확인을 통해 아동의 힘을 지지하고 상처를 공감해 준다.
아동이 자기달램(진정) 능력을 개발하게 한다.	등장인물의 달램과 자기돌봄을 모방하게 하고 놀이 등장인물의 욕구를 동일시하게 한다. 적응적으로 욕구를 만족시킬 수 있는 방법을 보여 준다.
장래에 일어날 수 있는 문제	자기애적 성격

출처: Benedict(2002).

3) 개입의 실제

대상관계/주제 놀이치료에서는 효과적인 개입을 위해 3가지 구성요소를 강조한다—아동의 반응성, 발달 민감성, 초대.

첫째, 이 접근은 기본적으로 지시적 및 비지시적 치료를 통합한 개입으로 아동 반응적 접근이라고도 불린다. 아동의 욕구에 따라 치료자의 지시적 개입 정도가 결정된다. 따라서 치료자의 개입은 아동의 놀이 및 치료자와의 상호작용 패턴과 조율 또는 조화를 통해 이루어진다(Benedict & Mongoven, 1997).

둘째, 대상관계 아동상담자는 아동의 발달적 욕구에 계속적으로 적응해 가야 한다. 대상항상성 획득과 아동의 자아기능(언어, 인지, 정서 및 사회적 발달)의 발달이라는 측면에서 아동의 발달수준을 항상 확인하는 것이 치료자에게 필요하며 그 수준에 맞춰 조화로워야 한다. 두 가지 측면에서 아동의 발달수준은 치료자에게 안내의 역할을 한다. 아동의 발달수준에 대한 치료자의 적응은 아동에게 '조화(attunement)'하는 두 번째 요소이다.

셋째는 치료자가 만들어 내는 개입의 유형이다. 이 치료단계의 기본목표는 아동의 내적 작동모델에 도전하는 것이다. 이러한 도전은 아동을 초대하는 형식으로 이루어진다(Gil, 1991). 반드시 치료자(그리고 다른 사람으로 확장)는 아동에게 새로운 놀이방법을 개방적으로 제안해야 하며 치료자와 상호작용할 수 있는 새로운 방법을 제공한다. 사회적 초대와 같이 치료자의 초대는 아동이 원치 않는 경우 부정적 결과 없이 아동이 수용하거나 거절할 수 있는 것이다.

각 초대는 치료자가 아동의 놀이를 조성해 갈 책임을 진다는 점에서 지시적이기 때문에 이 접근은 전통적인 비지시적 놀이치료와 다르다. 그러나 초대의 개방적 특성 때문에 지시적인 치료와는 근본적인 다른 특성을 갖고 있으며 그 이유는 아동이 심리적으로 안전한 분위기 속에서 치료자의 초대를 자유롭게 무시하거나 거절할 수 있기 때문이다.

아동들이 놀이하는 주제들은 주로 공격성, 가족과 양육, 안전과 통제, 탐색과 숙달, 성과 같은 중요하고도 광범위한 내용에 관련된 것들인데 인물을 등장시켜 이런 주제들을 이끌어 간다.

예를 들어, 양육놀이는 젖 먹이기, 음식주기, 선물주기, 또는 다른 사람 보살피기와 같은 놀이를 통해 등장인물(아동, 손인형, 인형, 동물)에 어떤 종류의 양육을 제공하는 것이다.

또 보편적으로 많이 등장하는 놀이주제는 놀이 속의 등장인물이 '망가진' 사물을 '수리'하거나 '아프거나 다친(예: 어떤 식으로든 부서진)' 등장인물을 '치료'하고, 고치는 놀이이다. 이러한 보편적으로 반복되는 놀이주제를 확인하고 그것의 의미를 이해한다면 아동이 가진 자기, 타인 그리고 이들 간의 대상관계를 이해할 수 있게 된다.

대상관계/주제 아동상담의 기본 핵심기법은 초대개입과 더불어 아동의 반응성과 발달적 민감성이다. 이에 해당하는 한 가지 기법은 조화(attunement) 또는 조율의 개념과 관련된 것이다.

치료자가 아동과 조화하는 방식은 여러 가지가 있다. 많은 아동들 특히 애착을 형성하지 못했거나 반항적이거나 이차적인 자폐적 대상관계를 보이는 아동들에게는 그들의 감정을 반영하는 방법이 꼭 필요하다. 치료자가 언어로 감정을 표현해 주는 것이 필요하다. 특히 수동 공격적/의존적 대상관계와 양가적 대상관계를 보이는 아동들에게는 안전기지, 즉 통제하지 않으면서도 정서적 지원과 안전의 제공이 균형을 이루는 방식으로 조화를 촉진해야 한다.

모든 대상관계 유형의 아동을 위한 치료개입의 중요한 영역은 항상성과 관련된 부분이다. 이를 위해 치료자는 놀이의 자취를 보존하고(디지털 카메라 이용), 숨바꼭질 놀이를 통해 항상성을 유지하려는 아동의 노력을 읽어 주어야 한다. 아동이 좋아하는 물건을 중간대상(과도기적 대상)으로 신중하게 사용하여 신뢰의 발달을 촉진할 수 있다.

예를 들어 그림을 그리거나, 사진을 찍거나, 어떤 놀이도구를 가정으로 가져가거나, 아동들이 가장 많이 놀이하는 등장인물 중 하나를 나타내는 작은 놀잇감을 주거나, 아동이 가정으로부터 가져온 중간대상을 보관할 수 있는 개인 사물함을 놀이치료실에 만들어 두는 방법 등이 바람직한 방법이라고 할 수 있다.

또 다른 기법은 자기조절을 촉진하는 기법인데 이것은 특히 애착형성을 하지 못한 아동과 그보다 덜 심각한 수동 공격적/의존적 아동들에게 유용하다. 분노에 대해서는 부드러운 블록을 던지게 하는 방법을 사용하기도 하고 욕구좌절에 대해서는 부드러운 담요로 몸을 감싸게 하는 방법을 사용하기도 하는데 이는 감정표현을 촉진한다. Benedict는 Brody(1993)가 사용한 기법 가운데 아동의 손에 로션을 발라 문질러 주거나 아동을 안고 흔들어 주는 몇몇 기법을 매우 바람직한 기법으로 보았다.

그러나 무엇보다 모든 대상관계 유형의 아동들에게 가장 중요한 상담기법은 안전하다는 것을 느끼게 하는 것이다. 안전한 관계는 유지되어야 하며 그렇게 하려면 치료자 역시 아동이 표현하는 격렬한 감정에 위협당하지 않아야 하고 아동이 표현하는 격렬한 감정을 치료자가 감당하고 담아줄 것이라는 것을 아동이 알게 하는 것이 무엇보다 중요하다. 제한을 설정하는 이유도 사실은 안전 때문이라고 할 수 있다. 제한이 있다는 것을 제시하고 어떤 것이든 아동이 선택하게 하고 그 결과를 아는 상태에서의 선택은 자신의 선택이 만들어 내는 결과를 알아야만 회복될 수 있는 양가적 대상관계 유형을 가진 아동들에게 매우 필요하다.

4 발달놀이치료

1) 역사

정신분석이론에 기초하여 A. Freud(1946:1965)와 Melanie Klein(1955)이 아동치료에 놀이를 사용하기 시작했고 아동이 언어를 이용해 자유연상을 할 수 없다는 사실에서 놀이를 이용하기 시작했지만 성인치료에서처럼 해석을 하는 문제에 대해서는 다양한 의견이 있었다. 그 후 정신분석이론에 뿌리를 둔 놀이치료 분파들이 생겨났다. 치료자가 놀잇감이나 놀이상황을 통제하는 분파와 수동적으로 아동을 따르는 분파도 생겨났는데 후자는 비지시적 놀이치료와 유사하여 놀잇감의 선택, 치료자의 태도 등 모든 것이 정서적, 상징적 가치를 갖고 있는 것은 아니라고 보는 관점이다.

이러한 관점은 Rank(1936)의 이론에 기초해 관계형성치료로 발전되었는데 이는 해석이나 상징적 의미보다는 치료자와 아동의 치료적 관계발달에 중요성을 두었다(Taft, 1933; Allen, 1934). 이렇게 관계를 중시하는 관점은 Rogers(1942)의 영향과 더불어 Axline(1947)의 비지시적 놀이치료로 이어지게 되었다. 즉, 치료자와 아동의 관계를 통해 아동의 자아를 성장시킬 수 있는 방법을 모색하였다.

최근에 수정된 놀이치료 방법인 발달놀이치료는(Brody, Fenderson, & Stephenson, 1976) 애착이론(Bowlby, 1969), 대상관계이론 등의 자아심리학이론(Mahler, 1975; Stern, 1974), Erikson(1940)의 심리사회적 발달이론 등을 근거로 치료자–아동관계를 이용해 생의 초기단계부터 긴밀한 애착관계를 다시 형성하고자 하는 접근이다.

이 접근에서는 관계를 재형성하는 매개물로서 신체적 접촉을 이용한다. 많은 임상가들이 놀이치료 현장에서 신체적 접촉이 중요함을 주장해 왔지만(Landreth, 1991; Hodapp & Goldfield, 1983) 신체적 접촉의 임상적 가치를 체계화한 문헌은 부족하다.

여기서는 아동의 발달 특히 심리적 자아발달의 전제조건인 신체자아(body self)의 발달에 중요한 영향을 주는 신체접촉의 가치를 고찰하고 신체접촉을 활용한 발달놀이치료의 발전에 영향을 미친 학자의 견해와 Brody(1978:1992:1995)가 사용한 발달놀이치료의 방법 및 구조에 대해 정리·고찰해 보고자 한다.

2) 이론적 구성

● 신체접촉과 신체자아의 발달

아동이 태어나서 신체적, 심리적으로 성장해 나가는 과정에서 소위 identity, ego, I 또는 self라고 부르는 것들이 발달한다. 이러한 것들이 발달하기 전에는 태어나기 전의 정신적 상태들이 유지된다(Fairbairn, 1941). 유아에게서 엄마의 몸은 그가 경험한 유일한 세상이고 환경이므로 엄마의 몸과의 분화를 원치 않기 때문에 엄마와의 융합 속에서 산다. 그런 의미에서 Fairbairn은 유아가 초기에 엄마의 일부로 자기 자신을 경험하는 것이 중요하다고 주장했다.

Freud(1914)도 이 시기를 '일차적 자기애(primary narcissism)'라고 하여 정서적인 에너지가 외부대상으로 직접 향하지 못하고 내면의 자기표상이나 대상표상으로도 향하지 못한다고 하였다. 모든 정서적 에너지는 유아의 신체에만 국한된다. 이를 Freud는 유아가 그 자신의 신체에 리비도를 부착(cathexis)한다고 하였다. 신경생리학적 관점에서도 대상과 관계를 맺을 수 있는 심리적 발달이 이루어지기 위해서는 신경생리학적 발달과 동시에 먹여 주고 안아 주는 등의 경험이 축적되어야 한다.

Spitz(1965)도 유아가 아직 대상과 자기를 구별할 수 있을 만큼 유아의 신경생리가 발달하지 못한다고 하였다. 유아가 대상관계를 유지하기 위해서는 내부와 외부세계를 구분할 수 있어야 하는데 유아는 아직 자기 내면의 상을 인식할 수 있는 능력이 없다.

이런 상태에서 유아는 돌보는 이와의 깊은 상호작용을 통해 궁극적으로 심리적 자아 또는 자기를 발달시켜 나간다. Des Lauriers(1962)에 따르면, 심리적 자아의 성장은 타인의 자아와 관계 맺는 것에 좌우되며 특히 어린 아동은 어머니와의 관계 맺기에 영향을 받는다. 그가 말하는 어머니는 아동의 자율적인 심리적 자아의 성장을 지지하고 격려할 수 있는 사람이어야 한다. 그중에서도 아동을 향한 어머니의 태도와 감정이 더 큰 영향을 준다. 어머니의 태도와 감정은 아동의 심리적 자아를 조각하는 강력한 요인이다. 존재의 태도와 감정은 아기를 안고 흔들어 주고, 젖 먹이고, 기저귀를 갈아주고, 눈맞춤 등의 양육행동을 통해 나타난다. 선택하고 행위하는데 중심이 되는 심리적 자아(sense of I−ness)의 발달을 위해서는 신체적 자아(bodily self)의 발달이 선행되어야 한다. 자아의 발달은 신체에 대한 인식에서부터 시작되며, 신체에 대한 초기지각을 신체적 자아라고 한다. 이러한 발달은 아동기와 청소년기를 통해 계속되며 성인기에 접어들면 그 발달은 매우 느려지고 잘 변화하지 않는다(Des Lauriers, 1962). 이러한 발달은 꾸준히 이루어지며, 나는 누구인가 즉 나의 자아에 대한 인식이 더욱 복잡해진다.

그러한 아동의 자아발달을 위해 Brody(1978)는 40년에 걸쳐 발달놀이치료(Developmental Play Therapy)로 불리는 아동심리 치료방법을 개발했다. Brody는 Des Lauriers(1962), Buber(1958), Jane Adler(1981) 등의 영향을 받았다. 특히 그녀는 Des Lauriers의 영향을 많이 받았는데 Des Lauriers는 마이클 리스 정신지체 연구소(Michael Reese Psychosomatic Institute)에서 정신분열증 아동을 신체적 접촉을 이용해 치료했다. 그는 신체적 접촉이 치료에 효과적이라고 믿었다. 성인은 자신의 의지, 감정, 소망 등을 인식하고 행동하지만 신생아는 주관적으로 선택하고 행동하는 감각기능을 갖고 있지 않다. 그러나 신체에 대한 인식은 출생 시부터 시작된다. 신경체계가 성숙되어가고 양육자와의 경험이 쌓이면서 두 사람의 관계를 분명히 인식할 수 있게 된다. 신경생리학적으로 기억하고, 사물을 인지하고, 근육운동을 조절할 수 있는 자아(ego)의 기능들이 나타나기 시작한다.

이러한 능력들이 발달함에 따라 배고프거나 배불렀던 기억, 몸이 들려졌거나 내려졌던 기억, 엄마나 자신의 몸을 보고, 듣고, 냄새 맡았던 경험들을 기억화하여 조직할 수 있게 되는데 이러한 경험들이 대상과 관계하는 자기느낌(sense of self)으로 발달하게 된다. 이는 Mahler(1975)가 말하는 자폐적인 자기만의 단일 체계에서, 자기와 타인(self-other)이라는 두 사람 간의 체계로 전환하는 것이다. 그러나 아직까지는 두 사람 사이의 분화가 충분하지 않으며 진정한 관계를 맺으려면 자아의 기능이 더욱 발전해야 한다(최영민, 2002).

이런 자아의 기능을 더욱 발전시키는 것은 바로 부모-자녀관계이다. 아기의 신호를 민감하게 이해하고 적절히 대처하는 부모의 자아기능에 의해 유아의 자아는 더욱 분화하게 된다. 초기 자아의 경험은 신체에 대한 인식으로 시작한다. 즉, 발달놀이치료는 기본적으로 애착이론(Bowlby, 1969)과 대상관계이론에 기초한 접근으로서 최소한 한 명 이상의 성인과 놀이, 신체적 접촉을 통한 친밀하고 개인적인 관계가 기본이 된다. 이 신체 인식은 어머니가 해주는 물리적 접촉 그리고 놀이와 애정표현을 통해 이루어진다. 처음에 영아는 자신의 몸을 만지고 입맞춰주고 안아주는 어머니를 자신의 신체 일부로 인식한다. 이는 성장단계이론과 정신분석이론을 접목시킨 Mahler(1972:1975)의 공생적 단계(symbiotic phase)와 일치한다.

Mahler에 의하면, 영아는 생후 3개월까지 자신을 어머니의 한 부분으로 지각한다. 그 후가 되면 별개의 실체로서 자신의 신체 부분들을 지각하게 되고 아동의 신체는 아동의 세계로부터 아동을 구분 짓는 별개의 경계(boundaries)들을 갖게 된다. 이는 Mahler의 단계로 보면, 분리/개별화의 단계이다. 따라서 정상적인 아동과 정신병리적 아동의 차이는 새로운 심리적 탄생을 하지 못한 것, 즉 공생적 단계로 퇴행하거나 그 상태에서 성장이 멈춰버린 것이다.

Spitz(1965)에 의하면 양육자와의 피부접촉이 부족한 시설아동들은 환경에 대한 관심이 떨어지고 활동량이 줄어든다. 양육자가 이 시기의 유아를 따뜻함이나 분명한 관심 없이 기계적으로 양육할 때도 유사한 문제가 발생한다. 어머니의 몸에 자신의 몸을 맞추어서 어머니의 한 부분이 되지 못하고 다른 유아들이 보다 적극적으로 어머니에게 접근하거나 어머니로부터 떨어지거나 하는 행동들을 보일 때, 이런 유아들은 다시 자폐기로 돌아가는 듯한 행동, 즉 혼자 몸을 흔드는 모습을 보인다. 반면에 최적에 상호작용을 경험한 유아들은 지각하는 능력, 기억하는 능력, 자극에 반응하는 능력이 발달하게 된다(최영민, 2002). Des Lauriers는 특히 정신분열증 아동들이 다른 사람과 관계 맺을 때 필요한 구조(structure)나 신체적 자아가 결핍되었다고 보았다. 그래서 정신분열증 아동을 심리치료할 때 신체적 자아에 대한 인식을 높여 주어야 하며 이를 위해 신체적 접촉이라는 방법을 사용하게 되었다.

이런 신체적 접촉을 감각자극적 접촉(sensory stimulating contact)이라고 불렀는데, 아동이 자신의 몸이 누구에 의해 접촉되었는지, 접촉하는 것이 무엇인지, 그리고 자신의 접촉된 신체 부위를 깨닫게 하는 구체적인 접촉으로 접촉의 성격을 제한하였다. 이런 감각자극적 접촉은 접촉하는 사람과 접촉을 받는 사람 사이에 관계를 형성한다. 감각자극적 접촉을 하기 위해서는 치료자가 특정 아동에게 신체적 자아가 나타나도록 격려하는 특정한 접촉을 해야 한다. 즉, 모든 아동들에게 동일한 접촉방법을 사용하는 것이 아니다.

또한 Des Lauriers는 치료자가 어머니여야 한다고 주장했다. 치료자가 어머니 역할을 해야 한다는 것이 아니라 어머니가 되라는 의미이다. 어머니의 태도와 감정은 관계를 맺어 가는 성인자아의 통합적이고 중심적인 것이어야 한다. 즉, 아동을 심리치료하는 성인은 아동과 완전히 존재해야 한다.

철학자이자 신학자인 Martin Buber(1958)는 *I–Thou*라는 그의 저서에서 나(I), 즉 자아가 생겨날 수 있는 길은 타인(Thou)을 만나는 것이라고 보았다. 타인 없는 자아라는 것은 존재할 수 없는 것이다. 이는 아동 양육자의 중요성이 얼마나 큰가를 설명해 주는 것으로 대상관계이론의 자아대상과 같은 개념이다. 대상관계이론에서는 대상(object)으로서 자신의 신체와 관계에 대한 개인의 관심을 중요시하는 치료를 자기조절적 치료(self–regulatory therapy)라고 한다(Grostein, 1983c). 또한 Grostein은 자아대상을 대인관계적 자아대상(inter–personal self–objects), 신체자아대상(body–self), 기본적 동일시의 배경적 자아대상(background self–objects of primary identification)의 세 가지로 범주화하였다.

Tausk(1933)는 유아의 가장 초기경험은 첫 번째 대상으로서 신체자아의 발견과 자신의 신체가 어머니 신체의 일부가 아니라는 인식이다. 그는 이런 식으로 자아대상(self object)을 분류한 최초의 분석가이다. Szasz(1955)는 자아(ego)가 외적, 내적 대상과 관계가 있을 뿐만 아니라 대상(object)으로서 신체자아와도 관계가 있다고 보았다. 더욱 최근 Bollas(1982)는 개인이 신체를 포함한 자기 자신을 유아기 및 아동기 동아 대상으로서 그 자신을 다루는 모성 보호체계(maternal care system)를 재창출하는 대상으로 다루는 방법에 대해 제안했다.

Jane Adler(1981)는 동작(movement)을 이용해 아동을 치료하는 기법을 워크숍 등을 통해 소개했다. 아동이 태어나서 최초로 타인에게 '보여짐(being seen)'의 신체경험을 하며(Merleau-Ponty, 1962), 이 '보여짐'의 경험의 질에 따라 아동의 신체자아 발달이 영향을 받는다고 보았다. '보여짐'의 신체접촉 가운데 중요한 것이 미소반응이다(Spitz, 1965).

수유 등을 통해 아기들은 어머니의 얼굴을 쳐다보는데 이때 아기가 쳐다보는 어머니의 얼굴은 바로 자신인 셈이다. 어머니가 아기를 볼 때 아이와 관련된 느낌, 감정, 생각 등이 어머니의 얼굴에 반영되기 때문이다. 예를 들어, 아기를 보면서 느끼는 기쁨이 어머니의 얼굴에 나타나고, 아기는 어머니의 얼굴에서 기쁨을 보고 경험한다. 그러므로 아기가 어머니의 얼굴을 통해 경험하는 기쁨은 바로 자신인 것이다(최영민, 2002).

3) 개입의 실제

(1) 신체접촉의 방법 및 원리

발달놀이치료 세션에서 사용하는 중심적인 방법은 바로 신체적 접촉(physical touch)과 눈맞춤, 소리 등의 비언어적 의사소통이다. 즉, 영·유아기에 토닥거림, 어루만짐, 눈맞춤 등의 신체언어를 통해 보호자의 사랑과 관심을 충분히 받지 못한 아동은 처음에는 그것들을 갈망하지만 차츰 사람들을 기피하고 냉담해지며 무기력해져 절망에 빠지고, 지적능력이 저하되거나 반항행동을 하게 된다.

Brody(1995)는 40여 년간 아동을 심리치료하면서 접촉의 치료적 가치를 확인하였다. 즉, 신체접촉이 애착의 기회가 된다고 보았다. 아동을 접촉하는 목적은 아동과 성인 사이에 풍부한 대화를 가능케 하는 것에 있다. 자아의 발달을 방해받아 자신을 표현할 수 있는 핵심자아(core self)가 없거나 신체자아 이전 단계에서 자아의 발달이 멈춰 버린 아동들은 언어로 자신을 표현하기도 어려울 뿐 아니라 자신을 표현해 줄 자아가 없다. 따라서 말은 없어도 신체의 감각을 통해 서로의 존재와 자신을 인식하게 된다(Goleman, 1988).

만남은 바로 자아들의 접촉이며 통합이다. 접촉하는 성인과 접촉을 받는 아동의 만남은 바로 아동의 진실한 자아에 접근하는 방법이다(Barnard & Brazelton, 1990).

Brody(1995)에 의하면 접촉하는 방법이 정해져 있는 것은 아니다. 아동의 신체 중에서 사적인 부분을 제외한 모든 부분이 접촉의 대상이 될 수 있지만 처음에는 아동이 성인의 접촉을 인식하고 받아들이게 할 수 있는 접촉점을 찾아야 한다. 그 접촉점은 아동의 장애와 정도에 따라 아동마다 다르며 그 순간을 포착하는 것은 치료자의 예민함과 경험에 달려 있다. 그러나 궁극적으로 접촉하게 허용하는 것은 아동이다. 치료자는 아동의 반응에 근거해 아동과 접촉할 수 있는 방법을 선택하게 된다. 즉, 아동을 접하고 경청하고 인식함으로써 접촉을 한다. 아동은 보통 접촉한 경험을 말로 표현하지 않지만 피부는 잊지 않는다(Montagu, 1986).

치료자는 아동의 행동을 보고 아동이 접촉하는 것을 느끼는지 알 수 있어야 한다. 접촉을 느끼는 아동은 행동, 태도, 감정 면에서 반드시 변화가 나타난다. 즉, 이완되고 편안해지는 것으로, 보다 힘이 넘치고 생동감이 생기며 접촉을 더 원하는 것으로 나타난다. 발달놀이치료의 성공은 언어적인 것뿐 아니라 비언어적으로 자신을 표현할 수 있는 능력의 성장으로 측정된다.

접촉은 주로 성인에 의해 이루어지고 따라서 에너지의 흐름도 성인에게서 아동으로 흐르지만 접촉하는 성인도 독특하고도 주관적인 경험을 하게 된다.

발달놀이를 실시하는 치료자는 다음 3단계를 경험한다(Brody, 1993).

첫 번째 단계는 인사하는 단계로 아동을 알아가는 단계이며 아직 접촉을 시작하지 않은 상태이다. 접촉을 시작하기 위해 아동의 단서(cues)와 신체에 주의를 기울여야 한다.

두 번째 단계는 아동이 접촉을 허락하고 원하는 단계로 치료자에 대한 신뢰감이 생겨난다. 아동이 접촉을 느끼고 있음을 치료자가 알 수 있으며 치료자에 대한 아동의 사랑이 느껴진다. 대상관계이론에서는 이것이 애착단계라고 할 수 있다. 그러나 에너지는 주로 치료자에게서 아동에게로 흐른다.

세 번째 단계는 아동이 치료자를 자신과 분리된 존재로 경험하게 되는 단계이다. 이때는 아동도 대화내용에 어느 정도 기여하기 때문에 진정한 접촉의 대화가 이루어져 에너지가 아동에서 치료자에게로도 어느 정도 흐른다. Levin(1987)에 의하면, 접촉을 받는 사람이 접촉하는 사람이 되고, 접촉하는 사람이 접촉을 받는 사람이 되는 그런 단계이다. 이는 분화가 계속 진행되고 있다는 증거로, 유아는 일상생활에서 엄마의 입에 음식물을 넣기도 하고 엄마의 머리나 귀 혹은 코를 잡아당기는 등 엄마의 몸을 탐색하기 시작하는 유아의 발달단계와 일치하는 것이다. 이와 같이 접촉의 목표는 아동과 성인의 진정한 자아들이 만나고 대화할 수 있는 관계를 만드는 것이다.

Brody가 개발한 발달놀이치료 프로그램은 보통 30분간의 아동-치료자의 일대일 발달놀이치료로, 아동-치료자들이 한 그룹이 되어 활동하는 시간 30분과 간식시간 10분으로 구성되며 집단활동은 일대일 활동이 어느 정도 이루어진 후에 시작된다. 치료자와 아동의 일대일 세션을 통해 기본적인 애착관계 맺기에 성공한 아동은 자기를 치료한 치료자와 함께 집단활동에 참여하게 된다. 즉, 치료자와 기본적인 애착관계를 유지하면서 그것을 바탕으로 집단에서 적응하는 과정을 갖게 되는데 Brody는 이를 'Circle Time'이라고 부른다. 각 치료자들이 자신의 아동을 무릎에 앉히고 원모양으로 둘러앉아 활동하는 시간이다. 이러한 집단활동은 다른 성인이나 또래와 어울릴 수 있는 심리적 자아의 성장을 촉진하며, 위험을 느낄 때는 다시 애착대상인 치료자에게 숨을 수 있는 방법이라고 할 수 있다.

Brody가 발전시킨 발달놀이치료는 Welch(1988), Magid(1988), Jernberg(1979)가 기술한 강제로 '안아주기(Holding therapy)'와는 다르다. 아동이 느끼거나, 말하거나, 무엇을 하도록 강요하지 않으며 강제로 간질이지도 않는다. 안고 흔들어 준다면 그것은 아동이 신체자아, 접촉의 즐거움, 살아있음의 기쁨을 경험하게 하기 위해서이다. 대부분의 아동들은 처음에 접촉을 싫어하거나 반응을 보이지 않는데, 그럴 때도 강제로 하지 않고 다른 접촉방법을 찾거나 멈추고 기다린다. 기본적으로 발달놀이치료는 정상적이고 행복한 부모-아동 사이에서 이루어지는 자발적이고 자연스런 신체접촉을 전제로 하기 때문이다.

Brody가 실제로 발달놀이를 실시하면서 터득한 발달놀이치료의 6가지 원리들이 있는데, 이는 성인과 아동 사이의 상호작용 뒤에 작용한다.

첫째, 치료자의 접촉을 받아 자기 자신을 경험한 아동은 자아감(sense of self)을 발달시킨다. 접촉을 받는 아동은 자기 자신을 나(I)로 인식하며, 아동이 어떤 행위를 하고 감정을 갖게 되는 사람, 즉 접촉을 해주는 사람을 성인으로 지각한다(Buber, 1958).

둘째, 능력 있는 성인이 아동을 접촉해야 한다. 능력 있는 성인이란 진정한 의미의 접촉을 경험한 사람이다.

셋째, 따라서 접촉해 주는 사람이 되기 위해서는 접촉하는 방법을 배워야 한다.

넷째, 접촉을 느끼기 위해서는 아동이 접촉을 허용해야 한다. 즉, 강제로 해서는 안 된다. 학대 등과 같이 성인과의 관계가 고통스러웠던 아동은 접촉을 수용하지 않고 등을 돌려 버리거나 반응하지 않는다. 그러나 치료자가 물러섬 없이 민감하고 꾸준하게 반응한다면 이런 아동들도 신체적 자아를 경험할 수 있다.

다섯째, 아동은 접촉을 통해 남에게 보여짐(being seen)을 먼저 경험한다(Adler, 1981; Levin, 1987). 태어나서 부모가 아동을 처음으로 접촉해 줄 때 그런 경험을 하게 된다. 올바른 접촉은 아동이 느낄 수 있게 하는 것이며, 자신의 신체신호를 인정하고, 생생한 만남의 순간에 자신을 접촉해 주는 성인과의 관계를 경험하게 한다.

여섯째, 접촉이 필요한 아동에게 관계를 만들어 주기 위해 치료자는 발달놀이 치료장면에서 일어나는 활동을 통제한다. 치료관계가 이루어지고 발전하게 할 책임은 성인에게 있기 때문이다.

(2) 발달놀이치료의 구조화

접촉을 행동의 조직자로 활용하기 위해서는 구조가 필요하다. 그러나 접촉을 통해 아동과 만나기 위해 필요한 도구는 몇 가지에 불과하다. 카펫, 흔들의자, 테이블과 의자가 필요하며 그 외 종이, 크레용, 연필, 스킨과 로션 등이 필요하다. 카펫과 흔들의자는 치료자와 아동 사이에 친밀한 신체접촉을 촉진하기 위해 필요하며 테이블, 의자, 크레용, 연필과 종이 등은 대부분의 아동들이 쉽게 사용할 수 있는 중립적인 표현매체이기 때문에 필요하다. 그리고 접촉의 느낌과 아동의 반응을 민감하게 이해할 수 있는 치료자의 자질이 가장 중요한 도구이다. 발달놀이치료는 방과 카펫만 있어도 할 수 있다. 장난감은 반드시 필요한 것은 아니다. 발달놀이치료의 주요 요인은 아동과 치료자 사이의 발전된 관계이며, 아동이 치료자의 신체적 존재를 직접 경험하여 그로부터 분리된 자신을 경험하는 것이다. 너무 많은 놀잇감은 주의를 분산시켜 아동이 접촉에 집중하는데 방해가 될 수 있다.

또한 사적 만남이 되도록 방에 들어온 후에는 문을 잠그는데, 이는 아동에게 특별한 일이 일어날 특별한 곳에 왔다는 느낌을 갖게 한다. 아동이 들어오면 양말을 벗게 하여 접촉을 직접 받을 수 있는 부분이 많아지게 한다. 정해진 시간 동안 밖으로 나갈 수 없으며 아동이 음식물이나 외부의 놀잇감을 가지고 놀이실에 들어오면 비지시적 놀이치료나 정신분석적 놀이치료와 마찬가지로 치료에 도움이 되는지를 판단하여 금지하거나 허용한다.

치료자가 처음에 먼저 접촉을 시작하고 주도한다는 점에서는 구조적인 놀이치료라고 할 수 있다. 치료자는 두 가지를 주로 제한한다. 첫째, 정해진 시간 동안은 밖으로 나갈 수 없다. 둘째, 아동이 치료자를 통제할 수 없다. 물론 공격적이거나 파괴적인 행동에 대해서도 제한을 한다. 발달놀이치료는 단지 실제적인 방법 면에서만 다를 뿐 놀이치료의 기본 가정과 원리를 따르고 있기 때문에 구조화 면에서는 큰 차이가 없다.

(3) 발달놀이치료가 유용한 아동

발달놀이치료는 광범위한 아동에게 적용할 수 있다(Mitchum, 1987; Burt & Myrick, 1980; Brody, 1992:1976). 심각하게 발달이 지체되거나 혼란된 아동들에게 발달놀이치료는 접촉을 통한 성장시작 조건을 제공하고, 초기 발달단계로 돌아가 아동에게 필요한 것(편안함을 느낄 수 있는 접촉경험)을 가지고 다시 현재로 되돌아올 수 있는 기회를 주기 때문이다(Brody, 1992; Levin, 1987; Des Lauriers, 1962).

따라서 0~6세 사이 특히 언어 이전 단계에 있는 아동을 돌보는 양육자에게 문제가 있거나 그 밖의 장애로 기본적 애착관계에 문제가 발생하여 관계를 맺는 능력에 손상을 받은 아동 등에 적용할 수 있다(이근후 외, 1988, 재인용).

Brody(1976)는 발달놀이치료가 아동의 인지기능에 미치는 효과를 알아보기 위해 1971~1973년까지 U. S. Office of Education의 지원을 받아 학습장애 아동 25명에게 발달놀이치료를 5개월간 실시하고 지속효과를 조사하였다. 치료 종료 직후 실험집단의 아동들이 통제집단의 아동들보다 읽기와 셈하기에서 높은 점수를 보였으며 웩슬러지능검사에서도 사전, 사후검사 사이에 평균 67점이 향상되었으며 추후검사에서도 차이가 유지되었다. 최근에는 성적으로 학대받은 아동, 주의력결핍아동, 파괴적 행동을 표출하는 공격적 아동에 대한 발달놀이치료의 효과가 관심의 대상이 되고 있다(Brody, 1993).

성적 학대를 받은 아동은 보살핌적인 접촉을 대단히 동경한다. 이런 아동들은 그런 접촉을 거의 받아보지 못했기 때문에 그것을 어떻게 요구하는지 모른다. 치료자들은 그러한 접촉을 해주는 것을 매우 힘들어하는데, 그 이유는 아동들이 그런 접촉을 너무 고통스러워하거나 받아들이지 않을 것이라고 생각하기 때문이다.

보살핌적인 접촉은 매우 치유적이며 아동 스스로 학대 경험을 다루게 한다.

Mitchum(1987)은 성학대를 받은 5명(3세 아동 3명, 4세 아동 2명)에게 발달놀이치료를 실시했다. 치료자-아동의 일대일 놀이치료, 집단 시간, 간식 시간 그리고 리더와 성인파트너 사이의 미팅으로 프로그램이 이루어졌다. 이때 사용한 기법은 기본적인 신체접촉과 요술단추게임, 생강빵 만들기 게임, 트럭경주 등의 신체접촉이었다. 그 결과, 아동들의 공포가 사라지고 용기, 웃음이 증가했으며 신체의 경계(boundary)가 생겨났다. 프로그램에 참여했던 부모들도 아동에 대한 감정이 긍정적으로 바뀌고 아동과 놀이하고 함께하는 방법을 알게 되고 그렇게 하는 것이 좋아졌다고 응답했다.

1980년에는 Burt와 Myrick이 학대당한 아동 19명을 대상으로 발달놀이치료를 실시하고 아동들을 대상으로 비구조화된 질문을 한 결과 아동들이 발달놀이가 즐거웠으며 새 친구를 얻었다고 응답하는 등 대부분의 아동들이 긍정적인 결과를 보고했다(이재연 외, 1999, 재인용).

발달놀이치료는 과잉행동적이고, 주의가 산만하며, 때로는 공격적인 아동들에게 매우 효과적이다. 접촉하고 안아주기, 안고 흔들기 등은 아동으로 하여금 긴장을 풀게 하며 신체를 느끼게 한다. 안고 흔들기 등의 접촉은 부모와 아동 사이에 친밀함이 생겨나게 한다(Brody, 1995).

최근 재산에서 인명까지 손상을 주는 아동의 수가 증가하고 있는데, 이런 아동들은 순간순간 살아있음을 느끼기 위해 감정 없이 충동적이고 파괴적인 행동을 하며 그렇게 하고 나면 그 순간은 사라진다. 또한 그러한 상황을 기억하지 못하며 경험으로부터 배우지도 못한다(DSM-IV, 1995).

이런 아동들의 행동은 이들이 가장 기본적인 욕구를 박탈당했음을 의미한다. 즉, 돌봄적 접촉(caring touch)을 박탈당하고, 돌봄적 접촉에 의해 만들어진 핵심자아(core self)가 없기 때문에, 이들은 타인을 파괴하는 충동적 행위를 통해 관심을 얻는다(Magid & Mckelvey, 1988).

(4) 사례

이 사례는 정신병 아동의 행동에 미치는 접촉의 효과를 보여 주는 사례이다. 아동은 5살 때부터 2년 동안 발달놀이치료를 받았다. 아이에게 이상이 있다는 것을 부모가 안 것은 아이가 2살경이었다. 아동은 4살이 다 되어가도록 말을 하지 않았다. 소아과 의사는 걱정하지 말라고 했지만 결국 아이는 정신장애로 판명되었고 유치원의 장애아반에 들어가게 되었다. 5살부터 발달놀이치료를 받기 시작했는데 그때 아동은 매우 과잉행동적이었고, 쉽게 산만해지고 공격적이었으며 비명을 질러대곤 했다. 또한 변을 참아 매일 관장을 해야 했다.

치료기간 동안 아동은 접촉 받는 것을 통해 자신의 물리적 존재를 경험해야 했다. 안고 흔들기, 안아주기, 접촉하기, 노래하기 등을 통해 접촉을 경험했다. 표출행동이나 치료자의 주의를 분산시키려는 행동을 통해 현실접촉으로부터 벗어나려 할 때마다 치료자에게 안겨 있는 아동의 몸의 느낌에 집중할 수 있도록 했다. 처음에는 치료자가 모든 것을 주도했다. 즉, 처음에는 치료자가 제시하고 아동이 반응하는 형태가 이루어졌다. 그런 후 차츰 치료자는 뒤로 물러나고 아동 자신이 주도할 수 있는 기회를 주었다. 이 단계에서 아동은 자신의 구조를 만들어냈고 치료자가 이에 반응했다.

이 아동의 치료는 약 4개의 단계를 거쳤다. 첫 번째 단계에서 치료자는 아동에게서 나오는 단서를 찾아 접촉점으로 활용하려 노력하였다. 아동은 별다른 단서를 주지 않았고 어떤 시도도 하지 않는 아동이었다. 그래서 치료자는 접촉 받는 신체 경험을 주기 위해 접촉게임과 안고 흔들어주기를 했다. 그러나 처음에 아동은 안고 있어도 접촉을 느끼지 못하는 것으로 보였다. 그것은 아직 요구할 능력이 없는 아기에게 부모가 제공하는 접촉과 같은 것이었다.

두 번째 단계에서 아동은 치료자의 접촉을 자발적으로 허용하기 시작했다. 치료자가 알아낸 아동의 접촉점은 손의 '상처'에 붙여준 반창고였다. 이미 상처는 다 나았지만 흉터를 보면서 반창고를 붙여 주어야겠다며 돌봄을 보여 주자 아동은 이제 흔적까지 희미해진 상처들을 찾아 보여 주면서 그곳에도 붙여 달라고 했다. 이때부터 아동은 눈을 반쯤 감고 엄지손가락을 입에 넣었다. 접촉의 대화가 시작된 것이었다.

세 번째 단계는 접촉 받는 것을 좋아한다는 사실을 아동이 스스로 인식하게 되었을 때이다. 아동은 자신의 몸이 '위험'하며 그래서 아동의 몸을 접촉하는 사람을 다치게 할 수 있다는 판타지가 접촉에 대한 공포반응을 나타나게 한 것도 이때였다. 치료자는 마녀처럼 요술지팡이로 아동의 공포를 사라지게 한 이후 아동은 모든 종류의 접촉게임(예: 까꿍)을 시작했다. 이 시점에서 치료자의 역할은 아동의 초대와 요청에 반응하는 것이었다.

네 번째 단계에서 아동은 치료자의 통제와 제한을 거의 필요로 하지 않게 되었다. 치료자는 아동이 하고 싶어하는 것을 더 잘하도록 도왔고 천천히 설명해 주고 아동이 하고자 하는 것이 무엇인지 기다렸다. 아동은 원하는 것을 매우 분명하게 표현할 수 있게 되었고 분리된 자아의 표현이라고 할 수 있는 '나'라는 표현을 할 수 있게 되었다.

● 부모상담

부모 특히 어머니와의 작업을 통해 아동이 집에서 부모에게 사랑받고, 경청을 받고, 이해받을 수 있는 조건을 만들어 주려고 하였다. 그러나 아동의 어머니도 어린 시절 충분한 사랑을 받지 못한 사람이었다. 아들처럼 그녀는 자신의 신체를 경험하고, 웃고, 현재에 존재하는 법을 배워야 했다. 치료자와 이런 과정을 가지면서 그녀는 아들에 대한 진실한 내적 사랑을 경험했다고 말할 수 있게 되었고 치료자가 아동에게 하는 접근이 무엇인지를 정말로 이해하게 되었다.

5 부모놀이치료(Filial Therapy : FT)

1) 역사

현대사회의 가족들은 여러 가지 어려운 문제와 상황에 직면해 있다. 가족들이 속한 세계가 극적인 변화를 거듭하고 있고 가족해체를 겪고 있다. 이런 어려움과 변화에 직면하면서 가족을 강하게 만드는 교육에 부모들이 그 어느 때보다 열성적으로 참여하고 있는 시대가 되었다. 부모놀이치료(Filial Therapy)는 아동과 가족을 약화시킬 수 있는 문제를 극복하거나 예방하는데 매우 유용한 방법일 수 있으며 1960년대에 사회, 정서, 행동 문제를 가진 아동을 돕기 위해 Guerney부부에 의해 개발되었다(L. Guerney, 1983; L. Guerney, 1976; B. Guerney, 1964).

FT는 기본적으로 심리 교육적 또는 교육적 개입모델을 지향한다. 교육적 모델을 지향하는 이유는 이러한 접근이 심리치료에 대한 부모들의 저항을 줄일 수 있다고 보기 때문이다. 교육적 모델은 새로운 행동이나 기술의 습득을 통해 부적절한 행동을 대치하고 변화가 일어남을 전제로 한다. 이것은 체계적인 기술훈련 방법을 통해 성취된다. 교육적 모델에서는 타인에게 긍정적 변화를 미치는 기술을 준전문가나 비전문가인 치료매개자 또는 변화매개자에게 가르치고 이들이 전문가의 훈련과 슈퍼비전을 받아 내담자에게 전달하는 것이다(Authier, Gustafson, Guerney, & Kasdorf, 1975; Guerney, Stollak, & Guerney, 1970).

FT는 전통적인 의료적 모델과는 완전히 다른 접근이며 훈련이 긍정적 치료효과를 갖고 있는 것으로 보는 입장이다. FT는 50년 전에 개발된 방법인데 초기에 비해 현재 많은 전문가들이 사용하고 있다. 교육적 모델을 첨가한 것뿐 아니라 FT는 가족 구성원을 위해 치료자의 역할을 할 수 있도록 한 가족구성원을 개입시킨다는 점에서 매우 독특하다.

2) 이론적 구성

FT에서 부모들은 비전문 치료매개자(대행자)의 역할을 하며 전문가의 지도와 감독 아래에서 자신의 자녀에게 놀이치료를 실시한다. 부모들에게 교육하는 놀이치료의 접근은 아동중심 놀이치료(Axline, 1947, 1969)이다. 아동중심 놀이치료를 교육하는 것은 Rogers의 인간중심 상담이론이 전통적으로 준전문가들을 양성하는 데 가장 많이 활용되어 왔고 다른 접근에 비해 비교적 짧은 시간에 학습할 수 있기 때문이다(Guerney, 1964).

FT가 적절한 아동은 약 2~12세 사이의 아동이지만 부모와 아동의 상호작용 방법을 변형하면 더 어린 아동이나 더 나이 많은 아동들에게도 적용할 수 있다. 이 접근은 개별 부모, 예비 부모, 부부 등에 적용할 수 있다. FT를 부모에게 가르치는 과정에 대한 이론적 접근은 내담자중심의 치료와 행동치료의 요소를 통합한 것이라고 할 수 있다. 행동치료적 방법은 부모들에게 놀이세션을 수행하는 기술을 가르칠 때 사용된다. 모델링, 역할극, 행동시연 등의 방법이 각 단계마다 사용된다. 모든 기술훈련은 Rogers(1951:1969)의 상담원리에 따라 수용, 공감, 따뜻함, 긍정적 관심의 분위기 속에서 이루어지며, 이는 학습과 변화를 최대화하는 역할을 한다.

따라서 놀이치료 기술의 사용과 학습 및 개입과정에 관한 부모들의 감정에 대해 슈퍼비전이 이루어진다. 부모가 치료매개자이기 때문에 부모가 놀이치료 기술을 얼마나 효율적으로 사용하는가가 중요한 부분이지만 또한 중요한 것은 기술에서 묻어나는 이들의 정서상태이다. FT는 2인 관계와 역동성이라는 두 가지 영역이 통합되어 있다. 부모들은 공감적으로 변화해 가고 통제를 잘할 수 있게 되면서 기대치 않았던 부모 자신의 개인적 성숙을 이루는 현상이 나타나고, 부모 자신의 대인관계 문제와 정서적 문제들이 자녀에게 놀이치료 기술을 사용하는 것과 직접적인 관계가 있다는 것을 깨닫게 된다.

가족의 하위체계(예: 부모-자녀)가 변화를 위해 설계된 프로그램에 참여한다면 그것은 가족체계 전체에 영향을 주게 된다. FT가 그런 가족기능에 영향을 가장 크게 준다(Guerney & Stover, 1971). 그런 의미에서 FT는 가족치료의 한 유형이라고도 할 수 있겠다. 가족의 모든 자녀들에게 개별 놀이세션을 할 수 있다.

이 방법을 1960년대에 개발한 Guerney는 아동중심 놀이치료자이자 Rogers 학파의 상담자였다. 또한 그는 Sullivan의 대인이론(Sullivan, 1953)을 훈련받았다. 이런 배경과 경험으로 인해 그는 놀이치료를 부모에게 적용하여 부모-자녀관계 형성을 도울 수 있는 방법으로 보게 되었다. Guerney는 Freud의 정신분석에도 익숙한 학자였다. Rogers는 Freud의 지시에 따라 Rogers의 딸이 그녀의 어린 자녀에게 아동중심 놀이치료를 할 수 있게 하였다(Fuch, 1957).

아동심리학자였던 Baruch(1949)는 예방적 목적에서 부모들이 자녀와 놀이를 할 것을 제안하는 책을 저술하였고, Moustakas(1959)도 아동들과 놀이치료를 끝낸 후 어려움이 다시 생기지 않도록 하기 위해 부모에게 놀이세션을 추천하였다.

이런 초기의 역사를 거쳐 1990년대로 오면서 FT 사용이 매우 증가하였고 놀이치료의 한 분야로서 확고한 위치를 잡아가고 있다(Guerney, 2003). 또한 대상이 되는 부모와 아동의 범위도 더욱 확대되었다. 이혼가정의 편부모(Bratton & Landreth, 1995), 미국 내 중국이민가족(Chau & Landreth, 1997), 만성질병으로 입원한 아동의 부모(Glazer-Waldman, 1991), 투옥 중인 부모(Harris & Landreth, 1997), 아버지를 대상으로 한 연구(Landreth & Lobaugh, 1998), 그리고 한국에서 일반 어머니들과 예비 부모(정유임, 2017; 장미경, 1998:2003)를 대상으로 한 연구들이 이루어져 오고 있다.

기간 면에서도 초기에는 심각한 심리, 발달상의 어려움을 가진 아동들을 대상으로 장기간에 걸쳐 FT가 이루어졌으나 최근에는 일반 부모와 아동의 어려움을 예방하는 차원에서 8~10주 정도의 단기 프로그램들도 이루어지고 있다. FT의 목표는 두 부분에서 설정된다. 첫째는 아동이고 두 번째는 부모를 위한 목표이다(VanFleet, 1994).

(1) 아동을 위한 치료목표

① 아동으로 하여금 충분히 그리고 건강하게 자신의 감정을 인식하고 표현할 수 있게 한다.

② 아동에게 경청 받을 수 있는 기회를 준다.

③ 아동으로 하여금 효과적인 문제해결 및 대처기술을 개발하도록 돕는다.

④ 아동의 자신감과 자존감을 높인다.

⑤ 부모에 대한 아동의 신뢰와 확신을 높인다.

⑥ 부적응적인 행동과 현재의 문제를 감소 또는 제거한다.

⑦ 친사회적인 행동을 개발하도록 한다.

⑧ 모든 측면에서 건강하고 균형 잡힌 발달을 도모하는 개방적이고 응집적인 가족 분위기를 촉진한다.

(2) 부모를 위한 치료목표

① 일반적인 아동발달에 대한 부모의 이해를 돕는다.

② 특정 자녀에 대한 부모의 이해를 증진한다.

③ 부모뿐 아니라 아동의 삶에서 놀이와 정서가 중요함을 인식하게 한다.

④ 아동에 대한 부모의 좌절감을 감소시킨다.

⑤ 보다 나은 자녀양육을 위한 다양한 기술을 개발하도록 돕는다.

⑥ 부모로서의 능력에 확신을 갖게 한다.

⑦ 자녀와 대화할 수 있는 문을 열고 개방하도록 격려한다.

⑧ 부모가 한 팀으로 함께 일할 수 있게 한다.

⑨ 자녀를 향한 따뜻함과 신뢰의 감정을 키우도록 한다.

⑩ 자녀 및 양육과 관계된 부모 자신들의 문제를 다룰 수 있도록 위협적이지 않은 집단 분위기를 만든다.

FT는 기본적으로 아동중심 놀이치료의 놀이방법을 부모들에게 훈련하기 때문에 놀이와 관련된 기법은 모두 아동중심 놀이치료의 기법을 따른다. 특별히 FT에서 강조하는 기법들을 몇 가지 소개하면 다음과 같다.

3) 개입의 실제

(1) 개입기법

- 구조화 기술 놀이세션을 위한 구조화 기술은 아동이 전체 틀을 이해하고, 발생할 수 있는 문제들을 피하기 위해 필요한 기술이라고 할 수 있다. 아동이 유지해야 하는 경계를 알려 주고 아동을 초대하는 허용적인 분위기를 만들기 위해서도 구조화 기술이 필요하다(VanFleet, 1994).

- 놀이실 들어가기 놀이실은 아동이 살고 있는 집의 어느 장소를 의미한다. 놀이실에 들어가기 앞서 부모는 아동에게 매우 특별한 방이며 특별한 시간을 갖는다는 것을 알려주어야 한다. 놀잇감을 가지고 많은 것을 할 수 있지만 할 수 없는 것이 있을 때는 알려주겠다고 한다.

- 중간에 화장실 가기 놀이세션을 시작하기에 앞서 화장실을 다녀오게 하는 것이 좋다. 중간에 아동이 화장실에 가야 하는 상황이 생기면 가게 허용하고 화장실에 다녀오는 데 걸린 시간만큼 더 놀이할 수 있다는 것을 화장실에 가기 전에 알려 준다. 특정한 공간 안에서 놀이하는 것이 경계로써 작용하며 아동의 자기조절에도 효과가 있기 때문에 자주 들락거리도록 허용해서는 안 된다. 다만 아동의 건강 등에 특별한 문제가 있을 경우에는 자주 허용해야 한다. 다녀오면 다시 특별한 놀이실로 왔다는 것을 알려 주어 경계가 존재함을 알게 한다.

- 놀이실 떠나기 놀이치료자가 하는 놀이세션과 마찬가지로 끝나기 5분 전과 1분 전에 시간을 아동에게 알려 준다. 이것은 아동이 미리 마음의 준비를 하고 떠날 준비를 하도록 하는 것이다. 대부분의 아동들은 부모와의 특별한 놀이시간을 매우 즐거워하고 고대하기 때문에 끝나는 것을 매우 아쉬워한다. 때문에 미리 시간을 알려 주고 준비를 시키는 것이 필요하다. 부모가 놀이세션을 하기 때문에 끝날 시간이 되었을 때 아동이 더 놀겠다고 조르는 경우가 흔하다. 그러나 이때에는 부드럽고 공감적인 태도를 보이지만 규칙을 확고하게 지켜 정해진 시간을 넘기지 않도록 해야 한다.

- 공감적 경청 부모에게 공감적 경청기술을 가르치는 것이 매우 중요하다. 아동의 감정과 욕구를 부모가 이해하고 있고 수용하고 있음을 아동에게 알리는 것이 얼마나 중요한 것인지를 부모에게 교육시키는 것이다. 공감적 경청 기술은 ① 부모의 관심을 아동에게 보여 주는 것이며, ② 아동의 의도나 감정에 대해 부모가 잘못 알고 있는 것을 분명하게 해주며, ③ 아동으로 하여금 자신의 감정을 분명히 인식할 수 있게 하여 건강한 방식으로 감정을 표현하는 능력을 증진하게 하는 효과가 있다(Van Fleet, 1994). 공감적 경청을 하려면 분산되지 않은 관심과 집중을 아동 및 아동과의 놀이 중에 해야 한다.

- 놀이하기 부모는 부모로서 또는 교육자로서가 아닌 아동과 함께 놀이하는 추종자로서 자녀와 놀이할 수 있는 기술을 배운다. 놀이는 배우는 것이 아닌 자연스런 행동이지만 대부분의 부모들은 놀이와 학습을 잘 구분하지 못한다. 부모가 놀이내용을 주도하거나 방향을 알려주거나 아동이 전개하는 것보다 앞서서 놀이를 해서는 안 된다. 그렇게 하면 아동은 곧 놀이에 흥미를 잃고 밖으로 나가고자 한다.

- 제한설정하기 많은 부모들은 자신의 자녀가 행동과 감정을 잘 조절하고 사회에 수용되는 사람이기를 원한다. 하지만 자녀양육에서 부모들이 가장 힘들어 하는 것이 제한설정이다. 다른 말로 하면 확고한 훈육이라고 할 수 있다. 제한설정은 아동중심 놀이치료의 제한설정하기 기술과 동일하다. 먼저 아동이 무엇인가를 하고자 하는 또는 하지 않고자 하는 감정을 읽어 준다. 그러나 제한이 존재한다는 것을 알려준 다음에 대안적으로 할 수 있는 것을 제안한다(예: '벽에 그림을 그리고 싶구나. 하지만 벽은 그림 그리는 곳이 아니다. 그림을 그리고 싶으면 저기에 있는 종이에 그릴 수 있다.'). 하지만 많은 아동들이 한 번에 이런 제안을 받아들이는 것은 아니기 때문에 부모가 인내하는 것이 중요하다.

(2) 부모놀이치료 과정

FT는 치료자와 부모가 일대일로 할 수도 있고 소집단으로 할 수도 있기 때문에 어떤 형태를 취하느냐에 따라 과정은 달라질 수 있으나 그 안에서 이루어지는 내용은 개별이나 집단이나 동일하다. 다만 개별로 FT가 이루어질 경우에는 집단에 비해 기간이 매우 짧기 때문에 짧게는 1회 또는 2~3회에 모든 과정이 끝날 수도 있다. 여기서는 Landreth(1991)가 제시한 10회의 FT를 중심으로 과정을 설명하기로 하겠다.

- 집단구성 부모놀이치료는 한 부모 또는 양부모에게 치료자가 개별적으로 실시할 수도 있고 집단으로 실시할 수도 있다. 집단을 모으기가 어려운 사설 상담센터의 경우에는 개별적으로 하는 것이 적절하며 집단으로 할 경우에는 8~10명 정도의 집단이 적합하다. 집단으로 실시할 경우에는 다른 부모들의 경험이나 공통적인 감정과 긍정적인 피드백을 받음으로써 참여 효과가 상승하는 장점이 있다.

- 구조화 집단으로 부모놀이치료를 할 경우에는 개방집단 형태로 집단에 들어가고 나감이 자유로운 방식을 사용할 수도 있고(Guerney, 1964), 일정한 세션 수를 정해 놓고 하는 방법도 있다(Landreth, 1991). 교육과 집단상담의 방식을 통합적으로 사용하기 때문에 간단한 강의, 염려 나누기, 피드백, 놀이치료 시범 보이기 등의 방법을 써서 부모들이 놀이치료의 기본기법을 습득할 수 있도록 돕는다.

  한 세션에 소요되는 시간은 대략 2시간 정도이며 주 1회 실시하여 8주에서 10주 정도 실시한다. 12회 정도의 훈련세션이 지나면 부모들이 가정에서 특정한 자녀와 30분 정도의 놀이세션을 주 1회 정도 실시하는 과제를 준다. 그 사이에 몇 가지의 놀잇감을 준비하게 하고 가정에서 놀이할 장소와 시간을 정하게 한다. 그다음 주에 부모들이 모여 함께 피드백을 주는 과정을 갖는다. 부모들은 비디오 카메라로 녹화해 가져오거나 특정 자녀와 직접 부모들의 관찰 아래에서 놀이세션을 갖기도 한다. 이 점에서 다른 접근과 구별된다고 할 수 있다. 부모의 놀이세션을 함께 관찰한 후 다른 부모들과 함께 기술과 감정을 나누고 놀이치료자는 강화를 통해 동기를 격려하고 새로운 기술을 가르친다.

- 가정놀이세션 가정에서 부모가 자녀와 놀이할 때에는 어떤 방해도 받지 않는 장소와 시간이 주어져야 한다. 전화도 받지 말아야 하고 방문객도 받지 말아야 한다. "와, 이제부터 특별한 놀이를 할 거야."라고 알려 주고 미리 놀잇감을 펴 놓는다. 놀이시간이 끝나기 5분 전과 1분 전에 미리 시간을 알려 준다. 이때 사용되는 놀잇감은 그 외의 시간에는 가지고 놀 수 없도록 한다.

(3) 사례

여기에서는 한 사례를 중심으로 설명하기보다는 국내에서 이루어진 FT에 참여했던 부모들이 자녀와 상호작용한 보고를 중심으로 몇 개의 사례를 제시하였다. 다음은 부모와 자녀의 관계증진 훈련 프로그램을 실시하는 과정에서 자녀와의 관계변화에 대해 부모들이 보고한 내용을 상호작용의 공감, 부모의 수용, 양육 스트레스, 자녀의 행동문제 개선에 초점을 맞추어 결과를 제시한 것이다(장미경, 1998). 결과를 보면 모든 부모들이 두 가지 이상에서 변화가 있었다고 보고하고 있다.

A 아동의 놀이변화과정

3회 30분만 하는 거라고 했더니 난리가 났어요. 의자 놓고 올라가서 장난감을 꺼내려는 거예요. 선택해주기를 해봤어요. '지금 내리고 이따가 놀이 안 할래, 기다렸다가 이따가 놀이할래?'라고 했더니 기다렸다가 하겠다고 하더라고요. 처음에 신기해서 열심히 다 뜯고 하나하나 보더라고요. 감정반영을 해줬죠. '궁금해하는구나!' 벨트를 꺼내서 '뭘까?' 하고 물었더니 뱀이라고 하더라고요. 주사기를 꺼내서 '주사 놔 주세요.' 하고 엉덩이에 주사 놓고 소독약도 발라 주고, 인형이 우니까 주사 놔 주더라고요. '아파서 우니까 주사 놔 주는구나.' 그랬어요. 찰흙, 총, 주사기, 수갑 등 이것저것 만져보고 엄마 손에 수갑도 채워 주고, 안 열리니까 불안해했어요. 아기가 무섭다고 숨겨 주더라고요.

4회 처음에 들어가서 판지 위에 놓고 시작을 했는데 지난번보다는 노는 것이 조금 안정된 것 같아요. 근데 처음에 딱 놀잇감을 보더니 우선 우유가 있잖아요. 그 병을 들더니 자기가 먼저 빨아 보더라고요. '아, 네가 한 번 빨아 보고 싶구나!' 해줬더니 한참 빨더니 '요렇게 하면 우유가 없어지잖아요.' 해서 '어, 어디 갔나 없네~ 그래서 궁금하구나!' 그랬더니 또 이렇게 하더니 '다시 나왔네!' 그러더라고요. 그거 가지고 자기가 처음에 두 번을 빨아 보더라고요. 그러더니 병을 가지고 '안 나오네.' '어, 나왔네.' 해 가면서 두 번을 빨아 보고 그러더니 나중에는 '누나가 밖에 있으니까, 엄마 탈을 한 번 쓰고서 누나를 무섭게 해볼까?' 그러더라고요. 그래서 '그렇게 하면 무서운 거니?' 하니까 하다가 안 하더라고요. 그 소리 해주니까 안 하고, 찰흙을 꺼내요. 어제도 찰흙을 가지고 많이 놀았어요. 찰흙을 꺼내더니 차를 한번 만들어 보래요. 그거로 엄마보고 차를 만들어 보라고 그러더라고요. 그래서 '그래, 그럼 엄마가 한번 해볼까?' 하고 만들어서 봤더니 차를 가져오더라고요. 차를 가져오더니 비슷한지 제 깐에는 비교를 하는 거 같아요. '엄마가 만든 것이 차하고 같은가 보는구나?' 그랬더니 맞대요.

그러더니 자기도 '인제 엄마 나도 만들 수 있어.' 하고, 자기는 배를 만들어 본대요. 그러니까 자기가 우선은 안 하고 엄마한테 부탁하는 그런 것이 많이 있었거든요. 이제 자기가 배를 한번 만들어 본다기에 '엄마는 못 만들지.'라고 했더니 눌러도 주고, 두들겨 가며 만들더라고요. 거기서 제가 이야기를 많이 해줬어요. '두드리는구나, 힘주어 누르는구나'. 막 누르기도 하고 치기도 하고 쭉 펴서 반죽하듯이 뭉쳐도 보고 그러더니 가장자리를 다 올려서 자기 깐엔 그게 배래요(생략).

나중에는 풍선을 꺼내더라고요. 3개가 있으니까 그걸 세어 보더니 그걸 불더라고요. 잘 안되니까 '엄마가 한번 불어줘 봐.' 그래서 같이 불었어요. 엄마는 빨간색 주고, 저는 노란색을 불더라고요. 그리고는 엄마는 불어서 크게 됐는데 아이는 불어서 숨 쉬는 동안 그게 또 바람이 빠지는 거예요. 그래서 또 한 번 하더니 이제 이만큼 불어서, '아, 또 크게 불었네.' 했는데 바람이 빠지는 거예요. '그 바람을 안 빠지게 네가 한번 해 볼래? 엄마처럼!' 그랬더니 이것을 못 잡아 주는 거예요. 아직까지 터득을 못 했나 봐요. 끝나고 나서 하나 가졌으면 좋겠대요. '아우, 나 못 놀은 것 또 있는데.' 그래요. 아 참, 이런 경우도 있었어요. 제게 '엄마 머리 좀 잘라볼까?' 그래서 '엄마 머리를 자르면 어떻게 하지.' 하니까 '엄마, 이건 그냥 해 보는 거야, 시늉이야.'라고 하더라고요.

6회 놀이에 대해서는 크게 변동사항이 없었던 것 같아요. 단 한 가지, 놀다가 엄마가 먼저 만들어 주지 말라고 하셔서 이번에는 '어떻게 만드는지 일단 만들어 놓는 거 한 번 볼게.' 그렇게 얘기를 해주고 안 해줬어요. 아이가 찰흙을 만지더니 엄마가 차를 만들래요. 그런데 심술이 조금 났나 봐요. 좀 표현이 그때 당시에는 싫어지더라고요. 더 이상 엄마한테 만들어달라는 소리를 않더라고요. 조금 표정이 화났다는 표정인 것 같아요. '화났구나!' 해줬어요. 그건 또 흘러가고 이제 차를 자기가 만드는데 동그랗게 굴리더라고요. 몇 개를 나누어 굴리더라고요. 그리고 만드는 걸 양쪽에다 놔요. 바퀴를 만들었나 봐요. 차를 이제 넓적하게 하더니 거기다 뭐 많은 걸 싣더라고요.

그러더니 '엄마, 배에도 차를 실을 수 있을까?' 그러더라고요. 배 안에다 그 차를 실을 수 있느냐는 거예요. 그래서 '커다란 배는 실어줄 수 있을 거야.' 그랬더니 큰 배에다가는 조그만 차를 실을 수 있대요. 그래서 가라앉지는 않고 큰 배면 아마 차를 실어줄 수 있을 거라고 그렇게 얘기를 해줬어요.

다른 장난감은 역시 똑같아요. 풍선을 가지고 노는데, 묶여진 상태로 있어서 그걸 가지고 던져 보고 날려 보고, 수갑을 또 한 번씩 저도 해보고 엄마도 해보고 그리고 애기 주사 놔주는 거, 그 외에 별로 크게 다른 건 못 느꼈어요.

이번에도 지가 젖꼭지를 빨아 보고 아기를 올려 놓으면 그 우유병을 빨려 보든지 아니면 어떤 때는 주사를 놔주고 그러더라고요. 어디 아파서 우는가 보다 그렇게 생각하나 봐요. 공룡을 막 쓸고 그러는 걸 보면 애가 저러다가 화가 났을 때 나중에 저 상황이 나타나면 어떻게 하나 무서움도 생기더라고요.

7회 아침에 놀이해야 되는데 오늘따라 늦게 일어나요. 평소에는 일찍 일어나던 애가, 밥 먹고 나서 30분 하자고 그랬는데 그전부터 비디오 보고 싶다고 하더니 놀이할 때 불만이 섞인 듯이 집어던지고, 만졌다가 툭 버리고 만졌다가 툭 버리고 놀이에 흥미가 떨어진 건지. '너 화났구나!' 그러니까 아무 소리도 안 해요. 풍선 두 개를 대고 있더라고요. '터뜨릴까?' 그러더라고요. '그거 네가 알아서 해.' 그랬더니 소리가 커서 터지면 안 된대요. 찰흙으로 다른 때처럼 둥글리고 우는 애기 젖 주고 진찰하는 놀이하고 그러더라고요.

3회에서는 소독약을 발라 주고 주사를 놔주는 등 보살핌에 대한 욕구가 나타났으며 무엇인가에 대한 불안이나 두려움이 나타나고 있다. 4회에서는 놀이가 적극적, 탐색적으로 변하였으며 편안함과 허용됨을 느끼며 무서움을 극복하려는 시도가 보인다. 또한 어머니에게 자신의 행위를 통해 관심 받고자 하는 욕구도 보인다.

B 아동의 놀이변화과정(형제)

3회 작은애는 목소리 톤이 높아요. 평상시보다 같이 놀자고 '엄마도 같이 놀자.'고 계속 말하데요. 풍선을 계속 불다가 '엄마 빨리 놀자, 시간이 얼마 안 남았어.' 그러는 거예요. 큰애가 안절부절못하면서 기다렸어요. '30분 됐는데 왜 안 나와?' 큰애는 조급해하지 않고 혼자 놀아요. 계속 수갑을 자기 팔목에 꼈다 뺐다 하고 열쇠로 열고 하는 걸 반복했어요. 그래서 걱정이 좀 되더라고요. 다른 거 조금 만지다가 항상 다시 수갑을 만져요.

4회 큰애는 한 10분 정도 부엌기구를 가지고 놀더라고요. 다른 것은 거의 안 가지고 놀고. 엄마는 설거지도 하고, 냉장고에서 이것저것 꺼내서 놓기도 하고, 그리고 동그란 뭐가 있어요. 뚜껑 같은 것이 있는데, 거기에다 찰흙을 갖다 꼭꼭꼭꼭 눌러 놓더라고요. 막 주무르더니 꺼내서 눌러가지고 냉장고에 넣어 놨다가 '엄마, 그릇이 없네? 왜 없지?' 하더라고요. 그러더니 병원놀이 기구를 이것저것 하더니 거기다가 찰흙을 꾹꾹 눌러서 이쪽저쪽에다 넣더라고요.

둘째는 엄마보고 같이 놀자고 하는 것은 여전해요. '엄마, 나 풍선 하나 불고 엄마도 하나 불고.' 그래요. 둘째 같은 경우에는 한 가지에만 집중을 하지 못하고 여러 가지 막 이것도 한 번 만져 보고 저것도 한 번 만져 보고, 풍선가지고 놀다가 또 다른 거 가지고 놀았다가 또 풍선 가지고 놀고, 거의 같이 풍선 불자는 게 많아요. 제일 먼저 집는 건 첫 번째나 두 번째나 가면을 집더라고요.

6회 큰애는 막 차끼리 부딪히고 아빠가 자동차 사고로 죽었다고 하고 안 그러던 애가 갑자기 이상해졌어요. 끝날 때까지 내내 그런 식인 거예요.

8회 지난번에 큰애는 굉장히 공격적이었잖아요. 오늘은 '장난감 박치기해야지.' 하면서 저한테 먼저 그 총을 한 방 딱 쏘고 시작하더라고요(웃음). 차로 장난감 박치기를 하더라고요. 그래서 그 놀이가 지난번처럼 계속될 줄 알았어요. 그런데 다른 장난감 한번 가지고 놀다가 빵, 또 다른 장난감 가지고 놀다가 빵. 저번보다 그 놀이가 훨씬 줄어들었어요. 아빠가 자동차 사고로 죽었다고 하고 그랬는데 마음이 많이 해소됐는지 그 놀이가 줄었더라고요. 찰흙도 굉장히 쿵쿵 쳤는데 이번에는 덜 하고 안심이 됐어요. 남편하고 토이랜드에 가서 장난감을 같이 사고요. 애가 우리 둘의 감정을 읽은 것 같아요.

둘째는 '나는 풍선을 불어야지, 그림도 그려야 돼.'라며 지난주에 못한 건데 기억하더라고요. 그림 한 장을 그리고 나서 놀이를 시작하더라고요. 식탁에 의자가 모자라니까 엄마, 자기, 아빠, 오빠 앉혀 놓더니 엄마 빨리 먹고 일어서래요. 할아버지, 할머니한테도 자리를 줘야 하는데 의자가 없으니까, '할아버지는 왜 계실까?' 그러더라고요. 할아버지가 손자하고 차별하니까 그렇구나 하는 생각을 했어요. 저한테 하던 게 애기인형한테 다 갔어요. 병원놀이하자고 하면서 저한테 주사 놓고, 소독약도 발라 주고 그러면서 끝났어요.

3회에서는 큰아이, 작은아이 모두 관심에 대한 욕구가 많은 것으로 표현되었으며, 큰아이는 수갑을 통해 성취하고자 하는 욕구도 보인다. 4회에서 큰아이는 엄마의 기대에 맞추려는 행동이 나타났으며 작은아이는 관심 받으려 하는 표현이 증가하였다. 이는 자신감의 부족을 의미할 수 있다. 6회에서는 큰아이가 자신의 부정적 감정을 놀이로 표현할 수 있을 만큼 관계에서 허용감을 느끼는 것으로 보이며, 8회에서는 큰아이가 적개심을 비롯한 부정적 감정을 어느 정도 해소한 것으로 보인다. 작은아이는 관심을 받으려는 표현을 하며 엄마에게 직접 허용감을 느낀다.

C 아동의 놀이변화과정

3회 풍선을 불고 바람을 빼더니 날아가니까 왜 이렇게 되냐고 질문하더군요. 그런 질문을 하는 게 너무 기특했어요.

4회 동생이 있으면 안 되니까 아빠에게 (차로) 싣고 나가라고 했어요. 뭐 좀 사주고 크레파스도 좀 사주고 오라고 했어요. 우리만 했어요. 그렇게 하니까 아이가 집중을 하더라고요. 둘이 있을 땐 산만해져요. 아이가 제대로 갖고 있질 못하고 그러거든요. 자기 혼자 하니까 첫날은 말도 안 하고 딱 첫날 질문한 게 풍선 바람 빠지는 거 딱 한 가지 했었거든요. 그거 하나 하고 나서 그냥 만졌다 놨다 말 한마디도 안 했어요. 하는 동안에 행동을 따라서 얘기를 해줬죠. 어제도 그렇게 했는데, 제일 먼저 가지고 논 게 인형이에요. 옷을 다 벗겨 놓더라고요. 배도 눌러보고, 옆에 꼭지가 또 있어요. 앞에는 울고, 옆에는 웃는 거. 그러니까 웃으니까 신기한가 봐요. 자기도 따라서 막 웃어요. '즐거워하네, 아기가 웃으니까 너도 즐겁구나. 어, 엄마도 애기가 울 때는 짜증이 나는데 웃으니까 정말 즐겁다.'라고 했어요.

이렇게 저도 즐거워서 막 웃어요. 감정 변화가 얼굴에 막 보여요. 자꾸 눌러 보는 거예요. 허허허 웃고 옆에 있는 꼭지를 막 눌러 보고 하더라고요. 그러더니 너무 잠지가 없다고 이렇게 하더라고요. 다시 옷을 입혀달라고 하더라고요. 그래서 네가 입히라고 했더니 잘 안 들어가나 봐요. 엄마가 도와달래요. 그래서 도와줬죠. 같이 발 입히고 '팔을 넣기가 참 힘들구나.' 하고 도와주고 나서 또 다른 것을 가지고 놀았어요. 인형, 작은애기 인형 있잖아요. 옷을 홀딱 벗겨요. 목을 딱 묶어 놨는데 그걸 잡아당겨서 홀딱 벗겨 놓더니 목을 뱅글뱅글 돌리더라고요.

그러더니 '어, 이건 목이 다 돌아가네!'라고 그러더니 자기 목도 돌려 보는 거예요. 이렇게 하더니 '내 목은 여기까지 돌아가네.' 자기 혼자 질문을 하고 스스로 답변을 하는 거예요. '내 목은 여기까지 가는구나, 넌 인형이고 난 사람이야.' 하면서 인형을 다시 가지고 놀다가 다시 가면을 집더라고요. 이것저것을 만져 보더니 가면을 붙잡아요. 얼굴에 쓰고 거울 앞으로 가더니 거울 앞에서 자기 모습을 쳐다보는 거예요. 그렇게 보다가 가면을 벗어요. 벗고서 다시 쳐다보고 씩 웃어요. 그렇게 한참 동안 거울 속의 가면을 쳐다보더라고요. 그래서 '네가 지금 가면을 쓰고 있으니까 진짜 너의 모습이 보이지 않지?' 그랬어요.

어제는 말도 많이 하고 질문도 스스로 해보고 그러더라고요. 저는 계속 따라갔죠. 그랬더니 '엄마, 나 자꾸 따라 할 거야?' 하는 거예요. 그래서 '그렇게 해야 돼.' 하니까 그냥 웃고 또 지나가데요. 끝나고 나서 정리를 안 하더니 어제는 정리를 하더라고요. 이 아이가 정리하는 습관이 생겼나 보다 그랬죠.

5회 애가 똥 마렵다고 해서 갔다 오라고 했어요. 공룡 큰 것을 들더니 입에 피래요. 찰흙으로 치료해 줘야 한다고 입에 찰흙을 잔뜩 묻히더라고요. 차를 가지고 즐거워해요. 날아가고 이건 장난감이니까 날아도 된대요(웃음). 오늘은 깔깔거리고 웃더라고요. 꼬불꼬불 길도 가고, 언덕도 가고, 노래도 부르고 즐거워해요. 우유병, 젖병을 가지고 놀고 거울도 보고 즐거워하고 어린애 표정을 짓고 어리광스럽게 하더라고요. 그러더니 갑자기 화장실 간대요. 똥 누러(웃음).

7회 놀잇감을 펴 놓고 시작하자 그랬더니 재미가 없는지 시큰둥하더라고요. 차 두 대를 가지고 박치기를 시키고 '그렇게 하면 스트레스가 잘 풀리겠구나.' 그랬더니 아주 좋대요. 우유병을 잡아서 저보고 먹으래요. 빨으래요. 그래서 먹으면서, '이상하다 엄마가 애기가 된 것 같다.' 그랬더니 계속 좀 먹어 보래요(웃음). 다른 것을 만지다가 발랑 누워 버리더라고요. 저한테 쭈쭈병 물려 놓고 누워서 뒹굴뒹굴하더라고요. '놀이에 싫증이 났나보구나.' 그랬더니 아무 말도 안 하더라고요. 그게 우리 특징이에요.

3회와 4회에서 아동이 엄마에게 허용됨을 느끼며 4회에서는 몸에 대한 관심이 나타나기도 했다. 5회에서는 더욱 허용됨을 느끼고 보살핌을 받고 싶은 욕구가 퇴행적으로 나타났다. 7회에서는 엄마에게 더욱 친밀감을 느낀 것으로 보이며 약간의 공격성의 표현도 보인다.

D 아동의 놀이변화과정

3회 우리 아이는 가구를 다 꺼내서 공룡으로 가구를 다 부수고, 아이가 공격적인 경향이 있어요. 병원놀이도 좀 있고, 놀이가 대충 이루어져요. 그날 밤에 했는데 다음날 아침에도 놀이하자고 그러더라고요. '내가 거인이 되면 우리 반 큰 아이들 혼내줄 거야.'라고 했어요.

4회 놀이형태가 조금 더 진행되긴 진행됐어요. 처음엔 보자기를 펴 놓고 그 위에다가 하니깐, 그 위에서만 하는 줄 알더라고요. 밖에 벗어나면 안 되는 줄 알고, 왜 이쪽으로 가냐고, 이 위에서 해야 된다고 그러더라고요. 처음에는 자동차 같은 거 굴려 보고, 총을 쏴 보고, 그리고 또 우는 인형 눌러 보고, 애기가 우니까 좋아서 웃는 거예요. 그러더니 가구도 다 꺼내 놓고 다 세워 놓고 식탁하고 의자를 놓고 그 의자 위에 올려서 인형에게 물 따라 먹인다고 하고, 그다음에 뭐 거기 보면 식수대가 있잖아요. 걔는 거기가 화장실이래요. 위에 수도꼭지 있는 게 화장실이라고, 그 안에다 동물들 다 꺼내 넣었다가 다시 빼고 그런 거 했어요. 그리고 우리 아이는 권총 그런 걸 잘 가지고 놀아요. 그러고 나서 그 수갑을 또 한 번 채워요. 자기 손에다가도 채우고 '살려주세요.' 그래요. 풀어달라고 그러면 나보고 손 들라고 하고, 총 쏘고 그래요. 그러더니 허리띠를 꺼내서 어떻게 하는 거냐고 물어서 제가 채워주니까 저보고 살려달라고 하래요. 나는 죄를 지었다고 수갑을 채워 놓고 감옥에 간다고 그런 말 하고, 뭐라고 그랬지, 수갑 풀어달라고 하니까 '앞으로는 도둑질하지마.' 그러더라고요. 우리 아이는 그런 쪽으로 관심이 많은지 그런 말을 많이 해요. 그리고 내가 경찰이라고 하고 총 차고 방망이 들고 왔다 갔다 하고, 자기는 경찰이라는 것에 대해 으스대고 그런 게 있더라고요.

6회 우리 아이는 맨 처음에 수갑을 갖고 놀아요. 수갑을 채워 주고 엄마가 잘못했다고 해요. 이게 뭐냐고 했더니 잘못하면 쓰는 거래요. 뭐를 잘못 했느냐고 했더니 도둑질을 했대요. 제가 옛날에 한번 아이스크림을 도둑질한 얘기를 했을 거예요. 그러면 안 된다고 그때 무척 혼났거든요. 그게 가슴에 남았나 봐요. 돈을 주려고 도둑질을 했대요. 그래서 다시는 그런 짓 안 한다고….

수갑을 자기가 풀어줘요. 경찰 흉내 낸다고 허리띠 옆에 차고 막대기를 들고, 지난번에는 끝에 경찰놀이를 오래 했는데 이번에는 처음에 시작할 때 그거 조금 하고 금방 풀어줬어요. 풀어주고 다른 병원놀이를 하는데 인형이 배가 아프대요. 그래서 어디 아프냐고 했더니 배가 아프다고 청진기를 요렇게 대보고….

시간이 다 되니까 이건 안 가지고 놀았다며 이것저것도 갖고 놀고, 다 갖고 놀더라고요. 그리고 지난번에 노는 거하고는 특별히 다른 점을 발견하지 못한 것 같아요. 지난번보다 노는 게 더 규모 있게 놀았어요.

7회 공룡끼리 싸우고 잡아먹는 놀이를 많이 해요. 경찰놀이도 많이 하고.

8회 경찰놀이를 시작하고 이것저것 만지다가 다시 경찰놀이하고, 총 쏘고, 수갑을 차 보고 그래요.

3회에서 엄마에게 허용됨을 느끼며, 자신이 기죽어 있는 것을 극복하고 싶어하는 것이 보인다. 4회에서는 그러한 경향이 더욱 강해졌다. 6회에서는 보살핌을 받고 싶은 욕구가 표현되었으며, 7회와 8회에서는 적개심이 표현되었고, 역시 기죽지 않고 극복하려는 시도가 보인다.

E 아동의 놀이변화과정

3회 아이는 굉장히 좋아하면서 이것저것 만지더라고요. 내가 반응하니까 어색해지더니 나중에는 별 반응을 안 하더라고요. 총을 들고 나보고 총을 쐈어요. 죽은 척하라고 해서 그렇게 했어요. 병원 가위로 스케치북을 오려서 책상을 만들었어요. 주사기를 가지고 많이 놀았어요. 나하고 인형한테 주사를 놓고요. 수갑을 차라고 하고, 풍선을 같이 불자고 하고 그랬어요.

8회 우리 아이는 감정표현을 전혀 안 해요. 제가 표현을 안 해서 그런가 봐요. 제가 잘 못하거든요. 처음에는 총을 많이 가지고 놀았고 나중에는 찰흙을 계속 조몰락거리고 피자도 만들었어요. 피자를 칼로 찢어 보고, 잘라 보고, 엄마에게 주고 가짜 피자니까 먹지 말고 먹는 척만 하라는 거예요. 찰흙 뚜껑이 피자 판이 돼요. 공을 받으라고 하고, 못할 거 같으니까 바짝바짝 와요(웃음).

던지라고 하는데 못 받을 거 같아서 던지듯이 주니까 좋아하더라고요. 계속 또 찰흙을 가지고 놀았어요. 커다란 코뿔소 같은 거로 냉장고 같은 거 부수고, 다시 세워 놓고 부수고 화났다고 그러더라고요. 처음에 갖고 놀았던 장난감 외에 다른 것을 가지고 놀아요. 나는 막 어질러 놓는 거 싫어 가지고(웃음).

3회에서는 엄마에게 관심을 받고 싶고 친밀하고 싶은 욕구를 표현하였으며, 8회에서는 허용됨을 느끼고 엄마에 대한 부정적 감정을 표현하였다.

F 아동의 놀이변화과정

3회 우리 아이는 자기는 여기 유치원생이 아닌데 동생이나 하지 왜 하냐고 하면서 이런 놀잇감은 어린애들이나 하는 거라고 생각하는 것 같았어요. 아이가 좀 갖고 논 건 풍선이었어요. 풍선이 3개인데 초록색 풍선을 불어서 엄마한테 '이것 좀 묶어주세요.' 하더라고요. 그래서 '엄마가 도와줄게.' 했거든요. 근데 공을 벽에 탕탕 던지더라고요. 그래서 그냥 놔뒀어요. 아무 소리도 하지 않고. '왜 그러지?' 이렇게만 하고 있는데 아이가 장난감을 자기가 치운다고 하더라고요. 큰애가 '엄마 나도 치울게.' 하더라고요. '아니야, 엄마가 이것만 치워줄게, 너는 나가서 놀아라.' 라고 해도 자꾸 치운다고 그러더라고요.

4회 언제 가지고 노느냐고 자꾸 재촉하는 거예요. 시작하니까 그날따라 전화가 계속 오는 거예요. 작은애가 거실에서 '30분 후에 하세요!'라고 대답하더라고요. 주사기로 놀이를 하고 풍선 불어달라고 해서 풍선을 주사기 꼭지를 빼고 양쪽에다 끼우고는 한쪽씩 누르니까 다른 쪽이 커지는 것을 보고 즐거워하고 자꾸 그걸 하더라고요. '굉장히 즐거운가 보다.' 그랬더니 웃고 또 재미있다고 하고 계속 그 놀이만 했어요. 다른 거는 한 번씩 만져보기만 했어요. 나중에는 재미없는지 한숨을 쉬고 있더라고요. 재미없나 보다 했더니 또 한숨을 푹 내쉬더라고요.

6회 아이와 풍선놀이만 했어요.

7회 너무 아이가 단순해요. 시키면 시키는 대로 하고. 비디오 찍는 날은… 주사를 놔주고 풍선을 불고 끝까지 총싸움하고 그렇게 갖고 놀면서 좋아하더라고요. 나중에는 한 가지만 하니까 너무너무 힘들더라고요. 그래서 계속 참다가 나중에는 '우리가 게임을 해야 되는데 못해서 짜증이 나는구나.' 그랬어요. 그래도 하나도 소용이 없더라고요.

8회 장난감을 몇 개 꺼내더니 한꺼번에 쏟아 놓고 풍선을 꺼내 불어서 주사기에다 또 꽂더라고요. 공 갖고 놀다가 인형을 쳤는데 인형이 소리가 나니까 그거 갖고 놀다가 우유도 주고 옷 벗기고 소리가 나나 계속 보고 옷 입히고 그랬어요. 공을 가지고 웃으면서 벽에 치고 조금 변하더라고요.

3회에서 허용됨을 느끼고 약간의 반항을 통해 부정적 감정을 표현하였으며, 엄마에게 잘 보이고 싶어하는 마음도 표현하였다. 4회에서는 더욱 허용됨을 느꼈지만 엄마에 대한 친밀한 감정을 표현하지 못하였으며, 6회와 7회에서도 역시 표현하지 못했다. 8회에서 사랑받고 싶은 욕구를 약간 표현하였다.

G 아동의 놀이과정변화

3회 아이는 병원놀이를 했어요. 엄마한테 주사도 맞히고. 엄마가 따라 할 때 쳐다보면서 '엄마 왜 그래?'라고 물어보더라고요. 굉장히 좋아하더라고요.

6회 찰흙으로 벽도 만들고, 종이에 그림도 그리고, 인형도 만지고, 병원놀이도 하고 풍선도 불었는데, 터뜨리기도 하고, 며칠 전부터 인형을 사달라고 해서 사주고 그랬어요.

8회 가면을 쓰고 어떠냐고 묻더라고요. 형 꺼 양면 테이프를 잘라서 다리에 붙이고 병원놀이를 했어요. 저보고 자기를 진찰해 보래요. 쓰러지더라고요. 그래서 제가 진찰을 해줬어요. 이번엔 엄마가 쓰러지니까 나한테 진찰을 하더라고요.

3회에서는 엄마와의 관계에서 허용됨을 느끼고 엄마에 대한 친밀감을 표현한 반면 눈치 보는 면도 있었다. 6회에서는 사랑받고 싶은 욕구를 좀 더 표현하였으며, 8회에서는 그 표현의 강도가 높아졌고 엄마에 대한 친밀감도 표현하였다.

H 아동의 놀이변화과정

3회 아이가 맨 처음, 수갑 그걸 만지더라고요, 앞에 있는 그걸 만지고 애기 인형하고 우유병을 많이 가지고 놀았어요. 공룡하고 조그만 인형하고 갖고 뛰는 거, 막 쫓아가는 거, 그리고 엄마도 쫓아오라고 그걸 많이 가지고 놀았어요. 5분 남았다고 하니까 아쉬워하더라고요. 더 놀 수 없느냐고 한번 쳐다보더라고요.

4회 식당을 주었더니 아빠인형을 앉혀 놓고, '엄마 기분이 좋다, 한 번 웃어봐!' 하더라고요. 아빠인형을 치우고 엄마, 누나인형, 애기인형 3가지를 가지고 놀더라고요. 이렇게 하는 게 아빠인형한테 불만이 있나 그랬죠. 이번에는 피곤한데도 여유롭고 편안하더라고요. 감정 표현도 해주고요. '기쁘구나!' 이렇게요. 5분 남았다고 했더니 다른 놀이, 의사놀이로 바꾸더라고요. 끝나니까 아쉬워하면서 다음에 놀자고 했어요.

6회 이번에는 좀 지루했어요. 아이는 굉장히 재미있어하고 기다려요. 빨리하자고 그래요.

8회 아이가 장난감이 많이 없어졌다고 하고 장난감 샀다고 그러니까 좋아하고 그랬어요. 이번에는 공 같은 걸 많이 가지고 놀고 엄마도 하라고 했어요. 수갑 한 짝씩 차고 열어 보라고 하고 공격적인 게 없어지고 여전히 찰흙을 가지고 놀았어요. 그전에는 혼자 양손에 수갑을 찼는데 어제는 자기 손하고 내 손에 차고 끌고 다니고 그래서 좀 좋아졌나 했어요.

이 아동은 3회에서 허용됨과 친밀감을 느끼고 사랑과 관심받고 싶은 욕구를 표현하였다. 4회와 6회에서도 여전히 관심받고 싶은 욕구가 표현되었으며 8회에서도 엄마에게 더욱 친밀함과 허용됨을 느꼈다.

| 아동의 놀이변화과정

3회 식탁에 애기인형을 놓더니 애기는 너무 작아서 안 되겠다고 하더라고요. 뜨끔했어요. 그리고 나서 이야기를 몇 번 하니까, 아이가 '어머니 요새 이상해졌어요. 말끝에다 그랬구나라고 해요.' 그러더라구요. '나도 이상해. 근데 선생님이 그렇게 하는 게 좋대.'라고 말해줬죠. 그리고 수갑같은 거 채우고 응애응애 소리가 분명히 났는데 어디서 나는지 몰라해서, 가르쳐 주면 안 될 것 같고 '어디서 소리가 났을까?' 했더니 이것도 눌러 보고 저것도 눌러 보고 한참을 그러더라고요. 안쓰러워서 딴 데 볼 때 '이렇게 눌러 보니까 또 나네!' 했더니 어떻게 하는 건지 나중엔 결국 알았어요.

4회 오늘 아침에 졸려서 옆으로 기대 있는데 세탁기에서 물 쏟아지는 소리가 나더라고요. 그러니까 우리 아들이 '물 쏟아지는 소리에 감동하셨어요?' 그러더라고요.(웃음). 그래서 아냐 졸려서 그래(웃음). 어떻게 그런 생각을 해내는지. 권총, 칼 다 장비를 꺼내더니 수갑을 들고 저보고 기절하라고 하더니 귓속말로 칼을 쥐고 있으래요. 내가 범인이라고 해야 한대요. 엄마, 아빠, 동생인형, 자기인형을 놓더니 '자장면 먹어야지.' 그러더라고요. 고무 찰흙으로 자장면을 만들었어요. 어떻게 만들까 그제야 감정반응이 생각나서 '어떻게 해야 할지 궁금해하는구나?' 해줬어요.

5회 시작하자마자 공 던지기, 점수 매기기를 하더라고요. 자기가 못 받으니까 던지는 횟수를 자기한테 유리하게 하더라고요. '그거 반칙이다.' 그러니까 고치더라고요. 풍선 불기 시합을 하자고 해서 하다가 하나가 터지니까 괜히 하자고 했다고 그러는 거예요. 범인놀이를 또 하재요. 나보고 범인 왔다고 전화하라고. 무전기 가지고 저보고 범인 하래요. 감옥에다 가둬 놓더니 도망치래요. 도망치다가 자기 다리를 건드리래요. 역할을 딱 정해서 해요. 아주 재밌어요.

6회 아이가 풍선을 못 불었는데 이날 불었어요. '우와 축하해. 대단해!' 그랬더니 '더 크게 불 수 있는데, 아 난 풍선이 터지는 건 싫은데.' 그러는 거예요. 하여튼 축하한다고 했어요. 그리고 '이제 무슨 놀이 할까?' 그랬더니 '알아맞혀 보세요.' 그래서, 모르겠다고 했더니 탈춤을 춰요. '얼쑤' 그러더니 묶은 게 풀어지니까 그걸 잘 못하면서도 묶는 거예요. '도와줄까?' 했더니 '괜찮아요. 할래요.' 그러면서 한 번은 그렇게 묶었어요. 이쪽 풀어져서 묶으니까 또 이쪽 풀리고, '아, 내 머리통이 너무 커서 탈이야.' 그러면서 그걸 한 몇 분 동안 계속 묶어가지고 완벽하게 했어요. 이젠 춤을 춰야지 하더니 춤을 추고서 그다음엔 병원놀이에서 요만한 하얀 그릇이 있는데, '어머니 이게 뭐예요?' 그러더라고요. '궁금한가보구나? 어머니도 뭔지 잘 모르겠다.' 그랬더니 '어머니 학교 다닐 때 공부 못했어요?' 그러더니 또 그 경찰놀이 하재요. 걘 신이 났어요.

7회 어제 놀았는데 다른 때보다 별로 재미없대요. 그래도 풍선 불자고 하니까 불어서 발사도 해보고 이렇게 기타도 치고, 풍선을 크게 부니까 투명하게 비치잖아요. '거울아, 거울아, 이 세상에서 어떤 남자가 제일 예쁘니?' 하니까 이젠 그게 안 통해요. 그래서 '네가 제일 예쁘다.'라고 하고 한참 놀다가 조그만 것 가지고 놀고 인형 조금 만지고, 경찰놀이는 꼭 해요. 그거 좀 하고 재미없대요. 풍선만 계속 가지고 놀아서 반응을 안 해주니까 '어머니, 재미없으시지요?' 그래서 '아니, 아니야, 재밌어.' 제가 반응을 안 해주니까 재미없어 하더라구요. 근데 아이가 혼자 안 놀고 꼭 저와 같이 놀자고 해요. 그냥 혼자 갖고 노는 게 아니라 상대 역할을 주고 내 반응을 봐서 심심하지 않게 하고, 어떻게 보면 나를 아이가 치료하는 것 같다는 생각이 들어요.

8회 시들해요. 가위 바위 보로 범인과 경찰을 정하자고 하고, 체포해서 감옥에다 가둬 놓고, 누워서 고양이를 시켜서 열쇠를 가져가 보라고 하고, 그러는 거예요. 그래서 이때 반응을 안 하면 안 될 것 같아서 열심히 반응했어요.

이 아동은 눈치를 보는 경향이 있었지만, 3회와 4회에서는 허용됨을 느꼈으며 허용을 느끼면서 적개심을 표현하였다. 5회와 6회에서 적개심을 더욱 표현하였으며, 6회에서는 친밀감도 표현하였다. 7회와 8회에서는 엄마의 소극적 반응으로 인해 다시 눈치 보는 행동이 나타났다.

J 아동의 놀이변화과정

4회 작은아이를 재워놓고 해야 되니까 재우고 하자고 하니까 큰아이가 기분 좋아해요. 한 시간 후쯤에 자더라고요. 그 사이 큰아이가 잘까 봐 걱정했는데 놀이하고 싶어서 참더라고요. 말 안 하고 혼자 놀았어요. 자기는 경찰이고 엄마는 범인이래요. 수갑을 자기 팔이랑 내 팔에 채운 걸 풀어 주더라고요. 반영해 주니까 기분 좋아하더라고요. 조그만 인형, 공룡을 싱크대에 다 넣고 문을 닫고 나중에 큰 공룡으로 '괴물이 나타났다.' 하면서 싹 쓸어 버렸어요. 아기 인형에게 머리 감자고 하면서 '응애응애~ 머리 감자.' 하더라고요. 주사기를 가져다 주사 맞자고 했어요. 나중에는 전화기를 들더니 '여보, 오늘 늦어.' 그리고 '알았어요.' 하고 탁 끊어요(웃음). 마음이 착잡했어요. 저도 아이한테 개입을 많이 해요.

5회 풍선을 불더니 빌려온 거라고 하니까 터질까 봐 놀지를 못하더라고요. 괜찮다고 했더니 풍선을 계속 갖고 놀겠다고 고집했어요. 끝까지 고집하기에 강제로 빼앗았어요(웃음).

6회 처음에 병원놀이를 먼저 시작하고 그다음에 다른 거 가지고 놀고, 보니까 공룡을 주로 많이 갖고 놀고 수갑을 많이 가지고 놀더라고요. 끝나고 나서 '엄마, 너무 재미있다.'라고 하더라고요. 자기한테 수갑을 채우고 할 때, 아빠하고 동생은 거실에 있었거든요. 근데 자기가 방문을 딱 열더라고요. 열면서 동생한테 '이거 너무 재밌다.' 하면서 애길 하고, 동생이 들어오려고 하니까 넌 다음에 하자라고 하면서 문을 딱 닫아버리더라고요(웃음).

우리 아이가 좀 소극적이에요. 좀 힘든 거를 안 하려고 해요. 이 놀이를 하고 나서 달라진 점은 적극성이 좀 생겼어요. 여동생이 굉장히 영특해요. 저는 동생이 너무 예쁘니까 '너무 잘한다.'고 말로 표현을 하니까 큰아이가 기가 죽은 것 같아요. 작은아이를 칭찬하면 작은아이가 한 것처럼 그대로 따라서 해요. 그러면 속상하죠. 근데 이 놀이를 하고 나서 아이가 그러더라고요. 자기 동생하고 자기하고 누가 좋으냐고요. 그래서 '엄마는 둘 다 좋다. 넌 엄마 아들이고 동생은 딸이니까 너무 좋다.' 그랬더니 그렇게 얘기하지 말고 한 사람만 얘기를 하라는 거예요. 그래서 '엄마가 보니까 네가 너무 변해서 니가 좋다.'라고 하니까 만족을 하더라고요.

이 아동은 4회에서는 허용됨을 느끼고 관심받고 있음을 표현하였다. 5회, 6회에서는 관심받고 싶은 욕구와 적개심이 약간 표현되었으며 불안과 친밀감이 나타났다. 또한 눈치 보는 행동도 있었지만 기가 약간 살아났다. 그러나 엄마의 반응이 적절치 못했다.

K 아동의 놀이변화과정

4회 풍선 한 번 불고, 그림 그리고 권총집을 뭐에 쓰는지 궁금해하더라고요. 쓰는 법을 가르쳐 줬더니 너무 신나서 총 꽂아 보고, 그림 그려서 엄마 주고. 천둥 치니까 놀라서 적극적으로 변했어요. 애들이 싸울 때 화내지 않으려고 무척 노력했어요. '너희들 이러면 엄마가 화나지 않겠니?' 그러면서요(웃음).

5회 얘기하고 잘 놀고 조그만 인형을 돌아서서 감추더니 알아맞혀 보라는 거예요. 귓속말로 '어디 있다고 할까?' 하니까 그때부터 애가 이상한 거예요. 엄마가 평상시와 다르니까요. 돌아서서 인형을 감춰 보라고 하고 그림 한 장 그리고, 아이가 잘 놀고 많이 활발해졌어요. 언니한테 너무 많이 눌렸는데 요새는 좀 대들어요. '언니 바보야.' 그러더라고요. 그러니까 큰애가 가만히 있겠어요. 뭐라고 하니까 귀를 막더라고요. 옛날에는 뭐든지 다 양보하고 아이 옷을 사와도 '저건 내년에 내가 입을 거지?' 하더라고요. 뭐든지 언니한테 다 주고 그랬는데 이번에는 덤비더라고요. 한 번은 싸우면서 '엄마가 언니한테 덤비라고 그랬어.' 그러더라고요.

7회 풍선을 불더니 저번처럼 엄마한테 '묶어 주세요.' 해서 묶어 주니까 막 치고 놀다가 이제는 부탁하면서 밖에 있는 친구들하고 놀고 싶은 기분이 들었는지 엄마랑 같이 놀고 싶어 하더라고요. 병원놀이를 하면서 그동안 엄마한테 혼자 해달라는 소릴 한 번도 한 적이 없었는데 딱 꺼내 갖고 '엄마는 환자를 하세요.' 하더니

다 하고 주사 맞고 찰흙놀이를 많이 주물럭주물럭했는데 딱 떼더니 '엄마, 드세요.' 하고 주더라고요. '엄마 이렇게 만들까?' 했어요. 찰흙을 거의 15분 동안이나 만들고 놀았어요. 그리고 다른 반응은 없었어요.

너무 재미있게 놀고 자동차 경주도 시키고 어제는 다양하게 놀이를 했어요. 수갑도 자기 손에다 혼자 차고 혼자 풀었고 엄마가 이걸 열어봐 달라고도 했어요. 어제 놀이세션은 너무 잘 놀고 수용도 많이 하고 그리고 난폭하게 부수고 이러는 건 지금까지 한 번도 안 나타났어요. 놀잇감을 하든 안 하든 정리하려고 하는 건 있어요. 그래서 같이 놀던 친구들이 갑자기 집에 가려고 하니까 말리더라고요. '너희 이거 치우고 가야지.' 그러면서 아이가 '야, 너는 방에서 이제까지 재밌게 놀았잖아.' 그러더라고요. 너 이거 치우고 가라고 해서 밖에서 싸움이 났더라고요. 그래서 골이 나가지고 들어와서 계속 옆에서 쫑알쫑알하는 거예요. '○○이가 너무 나빴어. 어질러 놓고 그냥 가서 내가 치웠어요.' 하길래 제가 너무 착하다고 했는데도 나중에 또 하는 말이 자기는 ○○이에게 전화를 해야 하겠대요. '왜?' 그랬더니 걔들하고 내일부터 안 놀기로 했는데, 내가 지금 사과 전화를 해야 되겠대요.

8회 찰흙을 넓게 펴서 눈이라고 하고 그 위로 동물들이 간대요. 새끼 공룡이 태어났는데 동물들이 보러 가고, 보러 갔는데 못생겼다고 다 그래서 엄마 공룡이 화나서 혼내준대요.

이 아동은 4회에서 엄마의 수용적인 태도에 대해 친밀감이 생기고 그러한 것에 대한 확신으로 인해 자기주장이 생기고, 7회에서는 또래관계에서도 주장적이고 자율성이 생겼으며 적개심 등의 부정적인 감정을 표현하였다. 8회에서도 엄마에 대한 친밀감이 더욱 증가하였으며 또한 부정적인 감정도 표현하였다.

6 모래놀이치료

1) 정의 및 역사

모래놀이치료는 영국의 아동심리치료자인 Margaret Lowenfeld(1935:1979)가 놀이치료의 한 형태로 시작한 심리치료 방법이다. 처음에 Lowenfeld는 놀이의 투사적 기능에 추가해 모래놀이의 촉감을 중요시했다. 모래에 물을 붓고 거기에 모형을 놓게 하여 시작한 것이 바로 그녀의 '세계기법(World Technique)'인데 교육심리학자였던 Ruth Bowyer는 *Lowenfeld World Technique*라는 책을 저술하여 세계기법을 아동에게 적용한 효과를 기술한 바 있다.

스위스에서 Jung의 분석심리학을 공부한 Dora Kalff는 Jung의 권유로 런던에 가서 Lowenfeld에게 공부한 후 Jung의 이론에 기초한 모래놀이치료를 발전시켰다. 그녀는 이미지 만들기 작업이 하나의 치료방법이 될 수 있다는 Jung의 신념을 받아들이고 거기에 Lowenfeld의 세계기법을 접목시켜 새로운 장르의 아동심리치료기법을 발전시켰다고 할 수 있다. Jung은 창조적 행위에 대한 Freud의 해석을 확장하여 창조행위자와 그가 창조한 이미지 사이의 관계성을 심화시켰다. '적극적 상상(active imagination)'이라 불리는 Jung의 기법은 인간의 내면에는 그가 미처 인식하지 못한 감정과 생각으로 충만해 있으며 판타지가 자유롭게 흐르는 것을 관찰하면 미처 인식하지 못했던 감춰진 부분들이 의식될 수 있다고 보는 관점이다. 모래놀이치료에 대한 Kalff의 관점은 이러한 Jung의 개념들을 전제로 한 것이라고 할 수 있다. Kalff(1980)는 내담자들이 놀이하는 모래놀이 공간을 '자유롭고 보호받는 공간(protected space)'이라는 개념을 사용하여 수용적이고 안아 주는 환경의 개념을 제시했다. 그녀의 이러한 접근은 인간정신 안에는 전체성과 치유를 향한 기본적 추동이 있다는 Jung의 가정에 근거하고 있다(Weinrib, 1983). Kalff는 내담자가 모래상자를 꾸미는 모습을 보는 것은 '자기(self)가 출생의 순간부터 정신의 발달과정을 안내하고 있다는 심리적 경험에 대한 동의'라고 하였다(Kalff,

1980). 그녀는 Jung의 개념에 따라, 어떻게 원이 '완벽함의 상징과 완벽한 존재의 상징'으로 나타나는지, 사각형이 어떻게 전체성이 발달할 때 나타나는 형태인지에 주목했다. Kalff는 모래놀이 과정에서 일련의 발달단계들을 발견하였으며 융분석가인 Erich Neumann의 아동심리발달에 대한 개념에서 그녀가 발견한 것들과 유사한 개념들을 발견하고 그의 이론을 접목하여 모래놀이치료 이론을 만들었다. 또한 그녀는 모래놀이가 아동뿐 아니라 성인에게도 적용 가능하며 성인의 모래세계에도 아동과 동일한 발달단계가 존재한다는 것을 발견했다. Kalff의 가르침을 통해 분석적 틀 안에서 모래놀이가 발전되었으며 그런 의미에서 모래놀이치료는 Jung의 '적극적 상상'의 한 가지 형태라고 할 수 있다(Bradway & McCoard, 1997; Stewart, 1990; Weinrib, 1983).

Jung의 이론에 근거한 모래놀이치료에서는 모래상자 바닥을 파란색으로 칠하며 모래상자에서 물을 사용할 수 있다. Kalff는 모래상자의 사이즈를 49.5×72.5×7cm를 사용했고 모래상자를 테이블 위에 올려놓고 사용했다. 또한 자연과 인간세상에 존재하는 모든 것, 즉 세상에 존재하는 상징적, 종족적, 종교적 대상물 등을 포함한 모든 상징 모형들을 선반에 준비하여 내담자가 선택하여 모래상자에 창조적 내용을 만들 수 있게 하였으며 그 외 자연물이나 천, 줄, 종이 등의 물건도 사용하였다. 이러한 모형들은 익숙한 현상에 집단무의식을 연결(투사)하려는 인간의 정신을 표현하도록 하기 위한 것이었다. Kalff를 중심으로 한 모래놀이를 칼피안(Kalffian) 모래놀이치료라고 한다.

오늘날 모래놀이치료는 Jung의 분석심리학을 공부한 사람들뿐 아니라 정신과의사, 심리학자, 사회사업가 등 다양한 분야의 사람들이 단독으로 또는 다른 치료법과 연계하여 사용하는 기법이 되었다. 융분석가였던 Kalff는 언어로 이루어지는 분석을 돕기 위한 이미지 만들기 작업의 일환으로 사용하였으나 현재는 모래놀이치료만으로도 상담을 하며 모래놀이치료의 보조적 방법으로 언어를 사용하는 치료를 병행하기도 하며, 그 반대의 방법으로 사용하기도 한다.

2) 이론적 구성

(1) 치유과정

모래놀이치료의 치유과정은 모래놀이치료의 어떤 장면이 치유를 상징하는 것인가와 연관된 내용이라고 할 수 있다. 이 점에 대해 Kalff는 치유과정에 자기배치(self constellation)가 필수적이라고 보았다. 모래상자에 자기(self)가 출현해야만 그 결과로 건강한 자아(ego)가 발달할 수 있다는 것이다. 자기배치의 결과로 출현한 건강한 자아(ego)는 건강한 인격의 통합을 의미한다고 할 수 있다. 보통 자기는 그림자를 통합하면서 원의 형태로 나타나는 경향이 있다(Mitchell et al., 1994; Kalff, 1980). 치유과정을 상징할 때 등장하는 모래상자의 또 다른 중요한 요소는 종교적 주제, 만다라, 상자중심의 모형배치와 대극의 합일 등이다.

그러나 Kalff에 따르면, 자기(self)가 모래상자에 배치되는 시점은 내담자가 매우 취약해져 있는 상태의 시점이므로 자기가 배치되었다고 안심하고 치료를 종료해서는 안 된다. 그리고 자기의 배치와 새로운 자아의 출현 이후에 변화가 일어난다고 하였다. 즉, 내담자의 언어표현이 많아지고 모래상자에서의 표현이 보다 적극적으로 변화하며 외부세계에서도 독립적이고 유능한 모습을 나타낸다. 그리고 나면 내담자는 언어적으로 그리고 보다 직접적으로 개성화 과정을 표현한다(Mitchell et al., 1994).

Ammann(1991)은 모래상자에 일어나는 변화의 과정을 두 가지로 구분하였다. 첫 번째는 생애초기에 아동 자신의 신경학적, 기질적, 감각적 문제나 양육자의 우울, 정신병리, 부재 등의 문제로 신뢰를 기반으로 한 안정적인 초기관계를 형성하지 못한 경우로, 외부세계와 건강한 관계를 만들어 가지 못해 심각한 문제를 가진 사람들이 모래놀이치료를 통해 인격의 전체성을 이루어 새롭고 건강한 인격을 형성하는 과정이다. Ammann은 이것을 치유과정(healing process)이라고 하였다.

두 번째는 변화과정(transformation process)으로, 비교적 건강한 자아의 발달을 성취하였으나 그 관점이 다소 협소하거나 한쪽으로 치우쳐진 사람들이 보다 넓고 건강한 조망을 얻기 위해 모래놀이치료에서 거치게 되는 변화이다. 이런 사람들은 다소 불안하거나 우울한 문제를 갖고 있으며 모래놀이치료를 통해 한쪽으로 치우친 그림자를 인식하고 남성성과 여성성을 회복하고 자기(self)와의 접촉을 통해 건강한 개성화 과정을 완성해 가는 것이다.

(2) Kalff의 모래놀이치료 단계

Kalff(1980:2003)는 Neumann(1973)의 아동발달이론을 근거로 모래놀이치료 에서 나타나는 치유와 변화과정을 단계화하였다. Neumann의 이론은 아동발달뿐 아니라 성인의 치유와 성장과정의 내적 변화의 원리를 이해할 수 있는 수단이라고 할 수 있다. Neumann은 자기(sellf)가 핵심이라고 보았다.

초기 정신발달 단계
• 모-자녀 단일체 • 어머니와의 관계 • 자기의 배치 이후 자아발달이 이루어짐
자아발달 단계
• 동-식물단계 • 전투단계 • 집단에의 적응단계

출처: Turner(2005).

(3) 초기 정신발달 단계

① 모-자녀 단일체

이 단계의 아동은 자기와 타인에 대한 구분을 갖고 있지 못하다. 아동은 어머니의 무의식을 공유하고 있으며 생후 1년 정도 지속되는 단계라고 할 수 있다. 이 초기 모–자녀관계는 이후의 모든 관계에 기초가 되어 다른 사람과의 정서적 관계의 기본 토대가 된다. 또한 자아(ego)에 대한 인식이 생기기 이전에 존재하는 단계로 자아(ego)발달 이전의 원형적(archetypal) 특성 때문에 아동은 어머니를 자신의 개인적 어머니로 지각하지 않고 대모(great mother), 모신으로 지각한다(Turner 2005; Neumann, 1973). 아직 아동의 자기(self)가 배치되지 않고 어머니 자기(self)의 보호를 받고 있는 아동에게 이러한 원형적 대모(archetypal great mother) 는 아동발달에 필수불가결한 것으로 안전과 확신을 준다고 할 수 있다.

Neumann에 따르면, 아동은 피부경계를 통해 외부세계를 경험하며 음식물을 통해 내면세계를 경험한다. 어머니와의 잦은 피부접촉을 통해 신체를 분리된 자기(self)로 경험하게 된다. 즉 신체 자기가 먼저 발달한다. 아동은 외부세계와 내면세계의 분리가 명확하지 않고 단일체로 경험하기 때문에 정신적인 것도 신체적인 것, 즉 눈에 보이는 것으로 경험한다. 따라서 아동은 세상을 신화적인 것, 판타지적인 것으로 경험한다.

이러한 것들은 생애초기 양육자와의 단일체 경험을 주며 건강한 양육자와의 경험을 통해 자아가 서서히 분리되어 나오게 하는 양육자의 존재가 무엇보다 중요함을 의미한다. 때문에 여러 가지 이유로 단일체 경험 기간 동안의 손상은 심각한 문제를 일으킬 수 있다. 모래상자에 모–자녀 단일체는 어머니와 아기의 쌍이 등장하는 목가적인 장면으로 꾸며진다. 어머니와 아기는 인간일 수도 있고 동물의 쌍으로 나타나기도 한다. 또한 이 단계는 아동이 신체를 통해 외부세계를 경험하고 먹는 것이 중요한 시기이기 때문에 모–자녀 단일체 피규어가 나타나면 모래놀이에도 먹는 것과 관련된 주제들이 함께 나타나는 경향이 있으며 그것이 얼마나 풍부한가 하는 것도 중요한 관건이 된다.

② 개인적 어머니와의 관계

두 번째 단계는 세계어머니(world mother), 즉 대모(great mother)로부터 분리되어 현실에 존재하는 어머니와의 관계를 맺어가는 단계이다. 그 의미는 아동이 어머니의 정신세계로부터 자신의 정신세계로 분리되어 가는 것이며 관계형성에 반드시 필요한 독립된 개체로서 현실에 존재하는 어머니와 관계를 맺어 가는 것이라고 할 수 있다. 서서히 독립해 가는 아동의 정신은 이제 외부세계의 존재를 인식하고 탐색의 즐거움에 빠지게 된다. 이때 아동의 정신은 세상을 양극화하며 처음에는 매우 단순하게 좋은 것과 나쁜 것으로 나누다가 점점 복잡하게 보기 시작한다.

이 단계에서 아동은 걷기 시작하면서 자율성을 한껏 즐기며 세상을 탐색해 나가면서 동시에 새로운 세계에 대한 불확실성 때문에 불안을 느끼고, 이 불안을 나쁜 엄마에게 전가한다. 아동은 점차 성장하면서 세상을 두 개의 쌍으로 대극적인 조직화를 한다. 즉 좋은 것과 나쁜 것, 위와 아래, 앞과 뒤, 위와 아래 등이다.

모래상자에서 이 단계는 모형의 쌍으로 나타난다. 서로 색이 다른 두 대의 자동차가 나란히 놓여 있다든가 하는 식이다. 이 단계에서 경험된 상처나 박탈은 사악하고 자식을 버리는 어머니와 마녀로 나타나는 경향이 있다(Truner, 2005). 또한 대극이 나타난다. 즉 명암, 성장과 죽음·상실, 어떤 것 이면의 어두운 측면이 모래상자에 나타난다는 것은 정신이 그것의 존재를 인식했다는 것을 의미하므로 중요하다.

③ 자기(self)의 배치

3세 무렵이 되면 이전 단계에서 잘 양육된 아동은 이 시기에 정신의 중심에 자기(self)가 배치된다. 이를 Kalff는 자기의 배치라고 불렀고, Neumann은 이를 중심화(centroversion or centering)라고 불렀다. 어머니에 대한 전체성을 경험함으로써 아동의 정신에 전체성의 불꽃이 점화되는 것이다. 이때 아동은 내면에 자기(self)를 통한 완전성을 경험한다. 그러나 아직 자아발달은 이루어지지 않은 시기이다. 이때의 아동은 마치 자신이 세계의 중심인양 행동한다. 자기에 대한 무의식적 경험은 그 자신을 신으로 경험하는 것이다. 이런 경험은 모든 인간발달의 기초가 된다(Neumann, 1973). 이 시기가 손상된 내담자는 모래놀이치료를 통해 중심에 자기배치를 하게 된다. 자기배치는 한 번으로 끝나는 것이 아니고 여러 번 여러 가지 방식을 거쳐 자기에 이르게 된다(Turner, 2005).

(4) 자아발달 단계

① 동-식물단계

Kalff는 초기 의식단계를 동-식물단계라고 명명하였다. 이 단계가 상징적으로 동물과 식물에 비유될 수 있기 때문이다. 그 이유는 이제 막 싹트기 시작한 의식(consciousness)이 처음으로 원시적 세계에 들어가기 때문이다. 무의식의 유로보릭(uroboric)한 바다에서 기원한 심리적 재료들이 물리적인 형태를 갖추기 시작한다고 할 수 있다. 무의식에서 올라온 재료들은 의식화되는 과정 중에 있는 것들로 매우 초보적이고 원시적인 형태의 것이라고 할 수 있다. 이 과정은 본래 태어난 아기가 겪었던 단계라고 할 수 있다. 이 단계는 모래상자에서 숲, 정글, 동물, 식물, 땅 등의 장면으로 묘사된다.

② 전투단계

이 단계는 모래놀이에 나타나는 상징적 이미지가 전투의 특성을 갖고 있다고 해서 전투단계라고 한다. 모래상자 안에 서로 맞은 편에 싸우는 세력을 배치하는 것이 특징적이다. 아동의 정신발달은 모성적인 무의식 에너지에서 분리되어 의식적이고 남성적인 에너지와 동일시하게 된다. 어둡고 하나였던 무의식적 영역으로부터 밝고 의식적인 영역으로 나오면서 두 극 간의 대립적 양상이 나타나게 되는 것이다. 아동은 이런 세력의 등장에 대해 서로 다르다는 것을 인식하게 되는데 이는 자신 안에 이질적으로 느껴지는 심리적 힘이 존재한다는 것을 의식화하는 단계라고 할 수 있다.

③ 집단에의 적응단계

집단에의 적응단계는 자아발달의 마지막 단계인데 이 단계에서 새롭게 발달한 정신의 의식적 특성이 바깥, 현실세계에 적응하는 단계라고 할 수 있다. 이 단계에서 대극들의 통합이 이루어지며 자아는 이 단계에 이르렀음을 스스로 알게 되며 일시적인 휴지기에 들어가 평온을 유지하게 된다. 모래놀이치료에서 이 단계는 일상에 따라 일을 하러 가려고 하는 사람들이 있는 마을이나 동네가 나타난다. 이 모든 과정들은 반복되는 경향이 있다. 심리적 동요나 불편함이 없는 휴지기가 지나고 나면 다시 단계들을 거치게 된다. 아직 무의식에서 알려지지 않은 재료들이 의식화되면서 이미 알려진 것에 추가되며 통합된다.

(5) 상징과 모래놀이치료

모래놀이치료에서 사용되는 모든 재료와 소품들은 상징이라고 할 수 있다. 인간이 경험한 자아와 자기 간의 불균형은 그것을 보상하려는 힘을 일으키고 그 힘은 상징을 통해 의식의 수준에 이르게 된다. 인간의 무의식 속에 있는 힘들은 의식으로 알 수 없지만 상징에 투사된 내용을 통해 무의식 속에 존재하는 재료에 대해 알게 되는 것이다. 그런 의미에서 상징은 의식화되지 못하고 무의식 속에 억압된 내용을 보상하는 기능을 갖고 있다고 할 수 있다. 그런 의미에서 상징은 의식적이기도 하고 무의식적이기도 하다. 눈으로 명확하게 보고 의식할 수 있다는 측면에서는 의식적이지만, 무의식이 그것에 투사한 내용이라는 측면에서 보면 무의식적이라고 할 수 있기 때문이다. 상징은 항상 그것 너머의 어떤 것을 의미한다.

3) 개입의 실제

(1) 모래놀이치료실

모래놀이치료실에 대한 얘기는 매우 실제적인 것이라고 할 수 있다. 일반적으로 흔히 떠올리는 모래놀이치료실에는 모래가 들어 있는 모래상자, 상자용 테이블, 갖가지 종류의 모형들과 그 모형들을 전시하는 진열장이 있다. 또한 물을 사용할 수 있는 시설이 있고, 물을 담는 용기가 있다. 그 외에 치료자의 기록을 위해 카메라를 둔다. 치료자의 이론적 배경에 따라 다른 것이 첨가되기도 한다.

(2) 모래상자

모래상자는 담아 주는 역할을 하는 도구이다. Kalff가 사용한 모래상자는 28.5×19.5×3 inch로 직사각형의 모양을 이룬다. 이 크기를 선호하는 이유는 여러 가지 이유가 있는데 그 첫 번째는 내담자가 한눈에 모래상자 전체를 다 볼 수 있어야 한다는 것이다. Kalff는 내담자가 창조성을 완전히 표현하기에는 좁은 크기라고 하면서 좁기 때문에 내담자가 조절하는 능력, 규칙을 따르는 능력을 얻게 할 수 있다고 보았다. 또 손이 한번에 모두 닿을 수 있는 거리에 있어야 하기 때문이었다. 모래상자 바닥과 벽에는 파란색을 칠하는데 진한 파란색이나 연한 파란색 중 하나를 사용한다. 모래상자의 재질은 나무, 플라스틱 등 여러 가지의 소재를 사용할 수 있으며 물을 넣는 모래상자는 방수처리를 해야 한다.

(3) 모형

모형(miniature)은 치료자의 확장이라고 할 수 있다(Turner, 2005). 모형을 고르는 기준이 분명하게 정해져 있는 것이 아니기 때문에 치료자마다 조금씩 다른 모형들을 수집하게 되므로 개별 치료자의 무의식이 반영된 것이다. 따라서 치료자의 담아줌이 모형을 통해 내담자에게 전달되며 그런 의미에서 치료자와 내담자를 연결시켜 주는 기능을 하는 것은 당연하다고 할 수 있다.

또한 모형은 내담자의 무의식과 의사소통하는 수단이기 때문에 매우 조심스럽게 다루어야 한다.

치료자마다 다르긴 하지만 보편적이고 기본적으로 갖추어져야 할 모형의 목록을 제시하면 다음과 같다(Turner, 2005).

- 사람 : 아기, 어린이, 어른, 다양한 인종의 사람들, 가족, 이방인, 젊은 사람과 나이 든 사람, 여러 가지 일을 하고 있는 사람들, 경찰, 소방관, 구조원
- 집안도구 : 가구, 주방도구, 음식 등

- 건축물 : 집, 타워, 교회, 사원, 가게, 낡은것과 새것, 토속적인 건축물과 외국 건축물
- 자동차 등 탈것 : 육해공 탈것, 구조대, 군용차, 무기, 현대군인, 과거군인, 무장군인 등
- 동물 : 육지동물, 바다동물, 조류, 야생동물, 가축
- 마술적 존재 : 유니콘, 페가수스, 용, 원형적 말(순수한 흰말, 파란 말)
- 마술사 : 마술가, 요정, 마녀, 동화나 만화 등장인물, 영웅, 악인
- 고대생물 : 공룡
- 원형적 모형 : 신화적 모형

  사람–왕, 여왕, 왕자, 공주

  모양–정육면체, 구, 원, 정사각형, 삼각형, 피라미드, 태양, 달, 별

  보석–유리마블, 비즈, 황금체인, 보물상자, 선물
- 그림자와 죽음 모형 : 해골, 묘비, 관, 뼈, 괴물, 어둡고 무서운 모형
- 종교 및 영적 모형 : 여러 가지 전통 모형, 동서양의 사람과 물건
- 자연물 : 바위, 조개, 나무, 목재, 수풀, 꽃, 잡초, 과일, 식물
- 연결하는 모형과 나누는 모형 : 담, 다리, 길, 교통표지, 전화기
- 건축재료 : 타일, 스틱, 점토, 종이, 끈, 풀
- 기타 : 불, 얼음, 풍차, 물레방아, 우물, 풍선, 깃발, 삽

(4) 모래놀이치료자

Kalff(1980)는 모래놀이치료자는 내담자가 모래상자에 자신을 충분히 표현할 수 있도록 자유롭고 보호받는(free and protected) 공간을 만들 책임이 있으며, 이를 위하여 치료자는 두 가지의 목표를 가지고 치료에 임해야 한다고 하였다.

그 첫 번째는 개방적이고 수용적이며 판단적이지 않은 태도를 보임으로써 내담자가 자신을 자유롭게 표현하도록 하는 것이다. 내담자가 안전함을 느낄 때 자유

로운 자기표현을 할 수 있기 때문이다.

두 번째로 치료자는 내담자의 자기표현이 안전하다는 것을 느낄 수 있도록 보호하는 역할을 해야 한다. Weinrib(1983a)은 이러한 개념을 조금 더 구체화하여 자유롭고 보호받는 공간을 물리적인 것과 심리적인 것 두 가지를 모두 포괄하는 개념이라고 하였다. 물리적인 측면에서는 모래상자 자체가 일정한 경계를 가지고 담아 주면서 자유와 보호의 역할을 하며 심리적인 측면에서는 치료자가 내담자를 담아 주고 보호하는 과정을 거치는 것이라고 할 수 있다.

Kalff는 모래놀이치료 과정이 자기(self)의 안내를 받아 이루어지는 매우 무의식적인 과정이므로 내담자가 무의식의 안내를 충분히 받을 수 있도록 촉진적 환경을 만드는 것이 중요하다고 하였다. 모래놀이치료 작업이 자기의 안내를 따르는 과정이라는 관점에서 볼 때 내담자의 치료과정을 존중하고 그것을 지지하는 것이 치료자에게 요구되는 역할이라고 할 수 있다. 그 과정에서 치료자는 내담자가 표현한 무의식의 세계를 의식화해 주는 역할을 하게 되고 그 과정 속에서 내담자는 치료자의 의식화 과정을 통해 점차 내담자 자신의 의식화 과정으로 이어지도록 하는 과정을 거치게 된다. 이와 같이 치료자와 내담자가 함께 공유하는 감정을 Kalff는 '동시적(synchronistic) 순간'이라고 하였으며 직관적으로 치료자와 내담자가 내담자의 내적 경험을 함께하는 것을 의미한다.

4장 놀이치료의 대상아동

1. 품행장애
2. 반항성-도전장애
3. 불안장애
4. 외상성 스트레스장애
5. 신체화장애
6. 우울 아동
7. 강박장애
8. 또래관계장애
9. 반응성 애착장애
10. 선택적 함구증
11. 주의력결핍 과잉행동장애
12. 배설장애
13. 틱장애
14. 부모-자녀관계장애

놀이치료의 대상이 되는 아동을 누구로 할 것인가를 정하는 것, 즉 놀이치료를 필요로 하는 아동의 유형을 결정한다는 것은 쉽지 않은 일이다. 어떤 의미에서 볼 때 모든 아동들이 놀이를 필요로 하는 것처럼 대부분의 아동들은 일상생활이나 발달 면에서 어느 정도 어려움을 가지고 있다고 할 수 있기 때문이다.

아동의 잠재력을 최대화한다는 의미에서 모든 아동들에게 놀이치료가 필요하다고 할 수 있다. 그러나 '문제를 치료한다.'라는 관점에서 본다면 어떤 유형의 문제가 어느 정도 심각한가에 따라 대상아동을 결정하는 것이 사람들이 갖고 있는 보편적인 생각이라고 할 수 있다.

또 한 가지 고려할 것은 몇 살부터의 아동이 놀이치료의 대상이 될 수 있는가 하는 것이다. 연령을 결정하는 한 가지 기준은 아동의 발달단계와 문제에 적합한 놀이방법을 사용할 능력이 치료자에게 있는가 하는 것이며 놀이가 필요 없는 연령의 아동은 없다. 예를 들어 12개월 미만의 영아일지라도 10살이나 5살 아동의 놀이와 달리 영아가 하는 자발적 몸짓, 소리나 물건 응시하기, 신체 자극 즐기기 등 놀이의 특성을 이해하고 그에 적절한 놀이를 할 수 있다면 어린 영아도 놀이치료의 대상이 될 수 있다. 어린 영아일수록 정신과 신체가 분화되어 있지 않기 때문에 모든 증상을 몸으로 표현하게 되므로 영아의 몸짓신호를 이해하는 것이 무엇보다 중요한 놀이치료기술이라고 할 수 있다. 또한 영아기는 양육자와의 유대, 애착관계 형성이 중요한 시기이므로 모-자녀 상호작용에 개입하는 것도 놀이치료의 한 방법이라고 할 수 있다. 이러한 관점은 조기 중재, 조기 개입, 즉 아동의 문제를 조기에 발견할수록 중재적 치료의 가능성이 높아지기 때문이라는 인식에 근거한 것이다.

우리가 일반적으로 생각하는 놀이는 상징화 능력을 필요로 하는데 상징화 능력은 보통 20개월을 전후해서 시작된다고 보기 때문에 3세 정도는 되어야 하며 놀이치료도 상징화 능력의 발달에 따라 결정되어야 한다고 보는 입장이 있을 수 있다(Norton & Norton, 2002). 그러나 놀이를 상징화 능력을 필요로 하는 것으로만 정의한다면 위에서 언급한 바와 같이 아동으로 하여금 많은 가능성을 빼앗는 결과를 초래할 수 있다. 아동이 태어나서 하는 옹알이나 쿠잉과 같은 것을 어떻게 정의할 것인가 하는 것이다. 옹알이나 쿠잉과 같이 신체를 활용한 놀이를 감각운동적 놀이라고 할 수 있는데 감각운동적 놀이가 아동의 발달에 미치는 영향을 생각하면 아동이 3세가 될 때까지 놀이치료를 미루어야 한다는 것은 합리적인 결론이 아니라고 할 수 있다.

여기서는 놀이치료의 대상이 될 수 있는 진단명에 따른 분류를 통해 놀이치료가 필요한 대상아동을 정의해 보도록 하겠다.

1 품행장애

사람이나 물건을 향한 공격행동, 파괴성, 타인의 권리침해, 속이기 등이 이들이 나타내는 주요 증상이다. 이 장애는 치료하기가 쉽지 않지만 그 시작 시기가 매우 이르고(5~7세) 유전적 가능성에 의한 경우가 아니고 증상이 비교적 경미한 경우에는 놀이치료에 잘 반응하는 경향이 있다. 이런 아동들은 부모나 성인의 훈육과 지시를 무시하기 때문에 처벌은 효과가 없으며 부모를 지치게 만든다. 그래서 놀이치료와 더불어 부모상담이나 부모에 대한 지지가 매우 필요하다.

놀이치료가 진행되면 아동은 자신의 행동에 대해 보호와 안전을 강력하게 요구하는 강한 감정을 표출하기 때문에 가정과 학교에서 아동의 행동과 감정을 이해하고 지지해주면서 동시에 확고하고 공감적으로 경계적 제한을 제시하여 지키게 하는 노력이 필요하다. 아동에 따라 이러한 기간이 오래 지속될 수 있기 때문에 놀이치료자, 부모, 학교의 공동 노력이 절대적으로 필요하다.

2 반항성-도전장애

품행장애의 전도증상으로 반항성-도전장애를 나타내는 아동들이 있는 것으로 알려져 있다. 그러나 이 증상을 나타내는 아동들이 모두 품행장애로 이행하는 것은 아니다. 순수한 반항성-도전장애 아동들은 놀이치료에 잘 반응한다. 이 장애를 가진 아동들은 일상적인 생활의 규칙을 방해한다. 화, 언쟁, 반항, 보복적이고 불쾌한 언어를 사용한다. 이런 아동들은 권위적 인물에게 대항하고 보복하려 든다. 교실에서는 큰소리를 치고 집에서는 충동적이다. 또한 언제 그러한 행동을 할지도 예측하기 어렵다.

3 불안장애

1) 과잉불안장애

놀이치료로 가장 효과를 얻는 아동들 가운데 하나가 불안장애이다. 이런 아동들은 항상 무엇인가를 끊임없이 지나치게 걱정한다. 항상 긴장하고 있으며 끊임없는 걱정 때문에 이완하지 못한다.

2) 분리불안장애

분리불안이라는 용어는 이 아동들이 주요 애착대상에게 어떤 불행한 일이 일어날까봐 또는 주요 애착대상과 떨어져 있는 사이 아동 자신에게 어떤 불행한 일이 발생해 주요 애착대상을 만나지 못할 것이 두려워 주요 애착대상과 분리하지 못하는 아동들을 말한다. 전학이나 이사, 동생의 출생, 질병, 가족의 사망 등을 계기로 발생할 수 있으며 이런 아동들은 처음에 놀이치료실에 들어가는 것도 거부하는 행동을 보인다. 또한 양육자 자신에게도 분리불안이 있어 아동과 분리되는 것을 불안해할 수 있으므로 이에 대한 개입이 함께 필요하다.

4 외상성 스트레스장애

요즘은 교통사고, 수해 등의 자연재해, 학대 및 유괴 등이 빈번히 발생하고 있기 때문에 이러한 유형의 문제를 가진 아동의 수가 증가하고 있다. 스트레스는 크게 두 가지 유형으로 나눌 수 있는데 첫 번째는 만성적 스트레스이다. 예를 들면, 습관적으로 신체적 또는 성적 학대가 오랜 시간에 걸쳐 이루어진 경우를 들 수 있다.

두 번째 유형의 스트레스는 급성이다. 교통사고, 지진, 유괴 등과 같이 매우 외상적인(traumatic) 사건과 관련된 스트레스이다. 외상(trauma) 후에 놀이치료가 이루어지면 오래지 않아 아동이 편안함을 되찾고 부모 역시 아동의 그런 모습에 안도하게 되는데 그렇다 하더라도 아동에 대한 치료가 종결되었다고 볼 수 없다.

사건이 외상적일수록 내면의 무의식적인 과거의 기억이나 경험을 자극할 수 있고 아동이 새로운 발달단계에 들어서면서 외상에 대한 새로운 감정과 인지를 가질 수 있기 때문에 그러한 내면적인 것들을 아동이 의식의 표면까지 가지고 와서 작업할 수 있도록 해주어야 하며 때문에 주기적으로 치료가 필요해진다. 그러나 그럴 때마다 처음 외상을 겪을 때만큼 증상이 심각한 것은 아닐 수도 있다.

5 신체화장애

어떤 아동들은 두통이나 복통 등으로 병원 의사에게 갔다가 오랫동안 원인을 찾지 못하고 결국 놀이치료에 의뢰된다. 이런 경우 신체화장애가 시작된 초기의 사건이나 상황 등을 먼저 살피는 것이 중요하다. 또는 그 시작 시기를 알 수 없는 지속적인 스트레스적 환경으로 인해 발병하기도 한다. 놀이치료를 진행하면서 아동은 판타지를 통해 신체화장애의 원인을 찾고 놀이를 통해 문제를 해결한다.

6 우울 아동

우울한 아동들은 우울하거나 슬픈 기분을 가지며 이로 인해 유치원이나 학교 등 처한 환경에서 적응에 어려움을 갖는 경우가 많다. 아동이 지닌 부정적 기분은 주로 위축, 흥미나 의욕의 부족, 감정의 기복, 수면문제 등으로 나타난다. 공격적 행동을 하지 않는 경우에는 교실에서 관심의 대상에서 제외되어 문제가 있는지 잘 드러나지 않을 수도 있다. 언제부터 아동이 가정이나 학교생활에 관심을 잃기 시작했는지 먼저 아는 것이 중요하다. 적응문제를 일으키는 우울 성향과 병적 상태를 동반한 주요 우울증은 구별되어야 한다.

7 강박장애

어떤 행동을 의식(ritual)적으로 해야 하는 아동에게 구조적 틀(structured frame)이 많지 않은 놀이치료실은 당황스러운 것으로 느껴질 수 있으나 시간이 지나면서 아동은 놀이를 통해 은유적으로 강박행동을 표현할 수 있게 되고 놀이치료실의 수용적인 분위기 속에 자유로워질 수 있는 방법을 찾는다.

8 또래관계장애

또래관계에서 소외당하거나 또래관계의 기술이 부족한 아동 또는 또래관계에 관심이 없는 아동이 이에 해당한다. 아동이 소외당하거나 놀림을 당하는 이유에는 여러 가지가 있다. 발달적으로 미숙하거나 또래와의 관계에 적절히 반응하는 기술이 부족하거나 관심을 독차지하려는 경우에 또래들로부터 배척당할 수 있다. 어떤 아동들은 일대일 또래관계는 가능하나 그 이상의 소집단적 관계에서는 어려움을 보이기도 한다. 또한 겉으로는 잘 드러나지 않으나 적절히 자기주장을 하거나 거절하는 것을 하지 못해 내면적으로 또래관계를 어려워할 수도 있으며 또래들의 감정이나 행동의 배경적 이유를 읽지 못해 적절한 반응을 하지 못하는 경우도 이에 해당한다.

9 반응성 애착장애

반응성 애착장애는 영아기부터 양육자와의 지속적인 관계를 통해 애착관계를 형성하지 못해 사회적 상호작용, 언어발달 등에 문제가 생긴 경우이다. 양육자에 대한 교육과 더불어 이 아동들은 조기에 발견해서 집중적이고 감각 운동적인 놀이치료를 실시하면 효과를 얻을 수 있다.

10 선택적 함구증

놀이는 은유적인 것이기 때문에 아동이 반드시 치료 중에 말을 해야만 효과를 가져 올 수 있는 것은 아니다. 여기에 놀이치료의 장점이 있다고 할 수 있다. 때문에 말을 잘하지 못하는 많은 아동들이 유익을 얻을 수 있는데 이 중 한 유형이 선택적 함구증이라고 할 수 있다.

정상적인 언어발달을 보이지만 사람이나 장소에 따라 자동적으로 함구하게 되는 증상을 선택적 함구증이라고 하며 초기 모-자녀관계에 박탈이 있었거나 외상적인 사건이 있었을 가능성이 있다. 놀이는 함구증을 일으킨 사회적인 부적절함이나 수줍음 또는 버려짐의 감정들을 표현할 수 있는 기회를 준다.

11 주의력결핍 과잉행동장애

주의력결핍 과잉행동장애(ADHD)는 부주의, 산만함, 충동성, 과잉행동이 그 주된 특징이며 심한 경우 약물치료를 병행하기도 한다. 정신과적 약물은 모든 주의력결핍 과잉행동장애 아동들에게 다 효과적인 것은 아니며 약물에 반응하는 경우라도 모든 증상이 제거되는 것이 아니기 때문에 아동의 정서적인 면에 대한 고려가 필요하다. 특히 증상으로 인해 가정과 학교장면에서 지속적으로 부정적 피드백을 들으면서 성장하기 때문에 성장하면서 그 후유증으로 우울, 대인관계장애, 불안장애를 갖기 쉽고 매우 낮은 자존감으로 사회적, 대인 관계적 상호작용에 어려움을 겪게 될 가능성이 높다.

따라서 놀이치료를 통해 아동이 자존감을 유지하고 자신에 대한 긍정적 피드백을 가질 수 있도록 도와야 한다. 또한 불안이나 우울로 인한 주의산만의 경우와 혼란스런 가족력으로 인한 주의산만의 경우는 분리하여 진단하여야 하며 반드시 놀이치료가 필요하다.

12 배설장애

1) 유뇨증

소변을 가릴 수 있는 적절한 연령이 되었음에도 불구하고 소변을 옷이나 부적절한 곳에 보는 증상을 말한다. 신체적 이상이 없는 이차적 유뇨증의 경우에는 대소변 훈련과정의 문제, 환경변화, 사고, 부모의 불화, 체벌 등이 원인이 되며 이 경우에는 놀이치료 등의 심리치료가 필요하다. 또한 낮 동안 소변을 참도록 하고 잠자리 전에 수분 섭취를 줄이도록 하는 노력을 병행한다.

2) 유분증

유뇨증과 마찬가지로 적절한 연령이 되었음에도 불구하고 부적절한 곳에 대변을 보는 증상이다. 일반적으로 유뇨증에 비해 부모들의 미성숙한 성격, 가정 파탄, 양육자의 우울증, 가족 간 분리 등 가족 내 병리가 심각할 가능성이 높다. 또한 부모의 질병, 동생의 출생, 질병, 이사 등의 변화가 있을 가능성도 높아 부모에 대한 상담과 더불어 놀이치료를 병행하면 훨씬 효과가 좋을 수 있다.

13 틱장애

틱장애는 신체 일부에 아동이 원치 않는 근육운동이 일어나거나 목소리를 내는 증상을 말한다. 가족력이 없고 스트레스에 의한 일과성 틱장애는 놀이치료에 잘 반응하는 경향이 있다. 스트레스 원인을 없애는 것이 중요하며 틱 증상에 대해 부모가 지적하지 않게 하는 것이 필요하다.

14 부모-자녀관계장애

부모의 양육태도 또는 성격특성과 관련되어 부모-자녀관계의 형태가 결정되며 이로 인해 아동은 다양한 영향을 받을 수 있다. 놀이치료는 이러한 양육태도나 양육방식, 부모와 자녀관계의 문제에 효과적으로 적용할 수 있는 심리치료 방법이다. 부모가 자녀와의 관계에 개입하는 방식은 몇 가지 유형으로 분류할 수 있다(Zero to Three, 1994).

1) 과다개입형

이러한 유형의 부모는 자녀를 자신과 독립된 개체이며 별개의 욕구를 지닌 인격적 존재로 지각하지 못하고 자녀의 욕구나 행동에 지나치게 개입하고 통제하며 발달단계에 적합하지 못한 요구들을 한다. 이런 부모의 아동들은 산만하거나 혼란스러우며 지나치게 복종적이거나 순종적이다. 반면에 반대로 매우 반항적 행동을 보이기도 한다.

2) 과소개입형

이 유형의 부모들은 자녀의 욕구나 표현에 민감하지 못하고 자신의 기분에 따라 자녀를 대하는 경향이 있다. 대체로 우울한 부모들이 많으며 지쳐 있거나 신체적으로 피곤한 상태인 경우가 많아 자녀의 욕구를 지각한다 하더라도 그것을 돌볼 만한 에너지가 없다. 자녀에게 자녀의 발달에 적합하지 않게 과도히 독립적일 것을 요구하거나 스스로 또는 다른 형제가 보살필 것을 기대한다. 이런 부모의 자녀들은 발달적으로 충분히 성장하지 못하며 상호작용을 통한 자극이 부족하고 또래관계에서도 어려움을 겪는 경우가 많다.

3) 불안-긴장형

이 유형의 부모들은 자녀나 주변에서 일어나는 단서들에 지나치게 민감하며 그 단서들을 부정적으로 지각하여 지나치게 염려하고 불안해하는 경향을 보인다. 특히 자녀의 안정, 행동, 장래에 대한 관심과 불안이 커서 자녀들을 지나치게 통제하는 경향이 있다.

또한 적절한 규칙 제시와 훈육 등이 부족하고 아이들의 요구가 부모에게 좌절적인 것으로 받아들여지며 기분에 따라 지나친 죄책감으로 인해 일관성 없이 잘해주었다, 화냈다 하는 등 과잉반응을 보이기도 한다. 아동 역시 부모의 행동과 언어에 매우 민감해서 아동 역시도 과잉적으로 반응하는 경향이 있다. 때문에 이런 아동들은 불안과 관련된 증상을 보이기 쉽다.

4) 분노-적대형

어떤 부모들은 자신의 감정이나 기분을 통제하지 못하고 폭발적으로 화를 낸다. 이런 부모들은 주로 어린 시절에 부모로부터 받은 가혹한 양육으로 인한 분노와 적개심을 해결하지 못한 채 부모가 된 경우가 많다. 이런 부모들은 자녀의 정서적 욕구에 대해서는 둔감하며 아동의 정상적인 요구에 대해 특히 분노와 적대감을 보이는 경향이 있다.

부모들은 자신의 분노와 적대감을 어린 자녀에게 투사하여 마치 자녀가 분노와 적개심을 표현한 것처럼 반응한다. 이런 아동들은 부모의 감정기복을 예측하기 힘들어하기 때문에 상상능력과 추상능력의 발달에 손상을 입기도 한다. 또한 충동적이거나 공격적 행동을 보이기도 하고 경계적이고 회피적인 행동을 보이기도 한다.

5) 학대형

학대적 부모는 자녀에게 신체적, 정서적으로 학대할 수 있으며 특히 언어적 학대를 동반하는 경우가 많다. 특히 언어적 학대는 비난하기, 헐뜯기, 얕잡아보기, 거부하기, 과잉통제하기 등이 특징이며 외부로는 잘 드러나지 않을 수 있다. 이런 부모의 자녀들은 위축되고 경계적인 태도를 보이는 경우도 있고 공격적 행동 등 다양한 행동양상을 보일 수 있다.

6) 복합형

위의 5가지 양육패턴 중 어느 한 가지가 중심적으로 나타날 수 있지만 많은 경우에 중복되어 나타나는 경우가 많다. 때문에 부모-자녀관계를 탐색할 때에는 복합적인 측면을 고려해야 한다.

5장 접수상담과 진단평가

1. 접수상담
2. 사례 개념화

1 접수상담

1) 접수상담 예약

아동과 부모가 상담기관과 처음 접촉하는 것은 전화나 인터넷 등을 통해서이다. 이러한 첫 접촉을 통해 아동과 부모가 필요로 하는 도움을 기관에서 줄 수 있는지를 먼저 판단한다. 기관에서 제공하는 서비스와 아동 및 부모가 필요로 하는 도움이 어느 정도 일치한다고 판단되면 접수상담(intake interview)을 예약하게 된다.

임상장면에서 볼 때 아동상담기관에 부모가 전화하기까지는 결코 쉬운 과정이 아님을 알 수 있다. 최근에는 인터넷의 보급으로 부모들이 아동상담에 관해 접할 수 있는 정보가 비교적 많기는 하지만 그래도 자신의 자녀가 상담을 필요로 한다는 사실을 쉽게 인정하기는 어려운 일이기 때문이다. 그래서 부모들은 전화상담이나 인터넷상담을 통해 자신의 자녀 문제가 심각한 상태여서 상담을 필요로 하는 정도인지 알고 싶어 한다. 전화상담이나 인터넷상담을 전문으로 하는 곳이라면 어느 정도 부모가 필요로 하는 정보를 줄 가능성이 높겠지만 면접상담이 아닌 이러한 상담에는 여러 가지 위험요소가 있다.

첫째는 부모의 구두 보고만으로는 아동의 현재 심각성을 정확히 파악하기 어렵고 부모의 관찰과 판단이 충분한 것인지도 알 수 없으며, 부모의 주관적 판단이 개입될 가능성이 크다는 점이다.

둘째는 부정확하게 수집된 정보를 바탕으로 한 조언이나 정보는 아동에게 적절한 상담치료를 하지 않거나 부적절한 상담을 받게 할 수 있는 원인이 될 수 있다. 때문에 전화상담의 경우 객관적 정보, 즉 성명, 연령, 성별, 증상, 연락처 등을 먼저 수집하고 일정을 잡아 부모가 아동을 데리고 내원하도록 하는 것이 바람직하다. 만약 부모의 보고를 통한 대략의 정보가 기관에서 줄 수 있는 상담서비스와 일치하지 않는다고 판단되면 다른 전문기관에 의뢰한다.

2) 부모면담

서로 약속한 날에 부모와 아동이 방문을 하면 접수상담을 실시할 상담자가 기관과 자신을 간단히 소개하고 어떤 일정으로 접수상담이 진행될 것인가를 간략하게 설명한다. 기관에 따라 접수상담의 순서나 방법이 약간 다를 수 있으나 아동과 부모를 별도로 상담하고 필요한 경우 부모와 아동의 상호작용 패턴이나 분리 시의 반응 등을 보기 위해 부모와 아동을 함께 상담하는 시간을 갖기도 한다.

부모를 상담할 때에는 상담내용에 대해 비밀이 보장된다는 사실을 미리 알려주어야 한다. 보통은 어머니가 아동과 함께 내원하는 경우가 많지만 최근 부모가 함께 오는 경우도 적지 않기 때문에 어머니와 아버지를 별도로 면담하는 시간이 필요하며, 이런 경우에도 부부간에 비밀보장의 원칙이 적용된다는 사실을 알려주어야 한다.

부모를 함께 면담했을 때와 별도로 면담했을 때 얻을 수 있는 정보가 매우 다른 경우도 종종 있다. 비밀보장이 된다는 사실을 알지 못하는 경우에는 비난받거나 부정적으로 보일만한 정보들을 제공하지 않는 경우가 있다.

또한 부모와 자녀 사이의 비밀보장에 대해서도 어느 정도 언급하는 것이 필요하다. 특히 아동이 초등학교 고학년 이상이거나 저학년이라도 인지적으로 우수한 경우, 또는 부모와의 관계에 지나치게 의존적이고 민감한 경우에는 상담자와 부모 사이의 대화내용에 큰 관심을 갖고 그에 따라 반응하는 경향이 있기 때문에 그 또한 부모에게 알려줄 필요가 있다. 물론 아동학대의 발견 등 비밀보장의 책임을 다할 수 없는 경우에 대해서도 사전에 알려주어야 한다.

부모를 면담하면서 상담자는 부모와 아동 중 누구를 내담자로 볼 것인가를 어느 정도 판단하는 노력을 기울여야 한다. 부모가 먼저 자신의 문제를 인정하고 함께 상담의 도움을 받겠다고 자청하는 경우도 있지만 대부분의 경우에는 내적으로는 자신 때문에 자녀에게 문제가 생긴 것은 아닐까 내심 걱정하고 있다고 하더라도 자신이 자녀에게 부정적 영향을 주어 문제가 발생했다는 것을 인정하기 꺼려하며 비난받을까 봐 두려워하기 때문에 이런 부모에게 상담자가 직접적으로 부모의 문제를 지적하면 부모는 상담자에게 적대적으로 대하거나 방어적인 태도를 취하게 된다.

그렇게 되면 부모와 상담자 간에 신뢰의 관계형성이 어렵게 되고 지속적인 상담으로 연결될 가능성이 줄어들며, 상담으로 연결되었다 하더라도 부모의 문제를 포괄적으로 다루기가 어려워질 수 있다. 부모가 그런 성격적 특성을 갖고 있는 사람이라면 공개적으로는 아동을 내담자로 정하고 부모와 상담자가 공동의 노력을 해가는 공동상담자의 잠재적 역할을 부모에게 주는 것이 상담이 유지될 수 있는 방법이라고 할 수 있다.

부모가 먼저 자신의 문제를 인정하고 상담의 도움을 받기 희망하는 경우도 종종 있다. 그러나 그러한 경우에도 접수상담에서 지나치게 부모의 문제를 지적하는 것은 바람직하지 않으며 공감적인 태도를 보이는 것이 무엇보다 중요하다. 아동상담은 부모의 의사결정에 따라 상담의 지속 여부가 결정되는 경우가 대부분이기 때문에 접수상담 시에 부모와 상담자의 관계형성은 그 무엇보다 중요하다고 할 수 있다.

상담자는 부모를 면담하면서 부모에게도 개별적인 상담이 필요한 경우인지 또는 가족 전체가 상담이 필요한 경우인지를 어느 정도 평가해야 한다. 가족의 역기능이나 갈등적 관계, 또는 가족의 분위기로 인해 아동에게 문제가 발생한 경우에는 아동치료뿐 아니라 가족 또는 부부관계에 개입하는 것이 필요하다. 그러한 측면에서 아동상담은 아동에게만 국한된 것이 아니라 매우 포괄적이고 전문성을 요하는 분야라 할 수 있다.

아동을 평가하는 방법과 기본적으로 동일한 방법이 부모 평가에도 적용된다. 즉, 비구조화된 면담을 통해 이루어진 체계적 관찰이 필요하다. 이 관찰 자료는 매우 신뢰할만한 것이기 때문에 면담시간 내내 의사소통을 촉진하는 노력이 필요하다. 처음에 상담자가 부모를 주도하지 않는 것이 중요하다. 처음에 부모를 개인으로 보고 임상장면의 내담자로서 부모를 관찰하며, 두 번째로는 관계에 초점을 맞추어야 한다. 그러기 위해서는 면담시간 내내 따뜻하고 경청적이며 공감적인 태도를 취해야 한다.

(1) 주 호소 문제

부모가 상담기관에 오게 된 이유를 분명히 알 수 있는 질문을 통해 부모의 언급을 이끌어 내야 한다. 부모가 제시하는 모든 문제의 예를 요구하고 학교, 가정, 또래 등 모든 환경에서 문제가 어떻게 나타나는지 탐색한다.

각 문제가 정확히 언제 시작되었는지, 가족의 위기, 사고 등 촉발사건이 있었는지를 알아본다. 모든 발달 영역에 걸쳐 현재의 기능 정도와 촉발사건 이전의 기능 정도에 대해 자세히 알아야 한다. 또한 부모가 인지하지 못하는 가능한 촉발사건도 탐지해 내야 하며 부모와 가족이 아동의 문제에 어떻게 대처해 왔는지 그리고 문제가 아동과 가족의 환경에 얼마나 광범위하게 영향을 미치고 있는지도 알아야 한다. 또한 문제가 무엇인지에 상관없이 성인 및 또래와의 관계, 기분, 정서, 불안, 흥미도 알아야 하는 중요한 부분이다.

이어서 앞으로 어떤 과정을 거쳐 평가가 이루어지는지에 대해 설명해 주고 평가 과정과 관련하여 부모가 동의하지 않는 부분이 있으면 충분히 이야기할 수 있는 시간을 주어야 한다. 이때 부모와 힘겨루기를 피해야 한다.

(2) 발달사 청취

아동의 생물학적, 신체적 영역에 대한 정보뿐 아니라 아동의 심리적 발달에 대한 정보를 얻어야 한다. 아동의 발달과정에 대해 말할 수 있는 부모들의 능력은 부모에 따라 매우 다르기 때문에 적절한 질문을 통해 청취해 나가야 한다. 부모를 통한 발달사 청취에서 반드시 탐색해야 할 부분들을 제시하면 다음과 같다.

● 발달경험의 전체적 패턴

① 초기 조절 패턴(예: 아동이 냉담, 위축, 또는 과민했는지, 환경에 대한 관심 등), 수면, 신체리듬과 사이클 주기, 과대 및 과소한 감각반응, 대근육협응

② 아동이 누구에게 어떠한 돌봄과 보호를 경험했는가?

③ 수유 및 이유(모유, 인공유) 유형, 수면 유형

④ 초기 애착의 적절성, 유형, 강도

⑤ 초기 사람 얼굴 등의 구분능력, 의도적 의사소통 능력

⑥ 초기의 조직화되고, 주장적이고, 근원적인 행동이 연령에 적합하게 있었는가(예: 두 돌경에 아동이 연령에 적합한 게임과 행동을 사용하는 상호작용에 관여할 수 있었는가? 단순히 울기보다 양육자의 손을 끌어다가 자신이 원하는 것을 보여 주었는가? 정서가 긍정적, 부정적 감정을 통합하면서 복잡하고 풍부했는가 또는 극단적인 정서가 지배적이었는가?)

⑦ 2~3세까지 언어, 인칭대명사와 같은 인지능력과 더불어 판타지로 나타나는 표상능력이 있었는가?

⑧ 3~4세 무렵 현실 지남력 및 더 커진 자기보호 능력과 더불어 상징적 구분 능력이 나타났는가? 이러한 능력이 극단적인 반항심이나 충동통제의 결핍과 같은 초기의 마술적 사고나 퇴행적 경향성을 조직화할 수 있었는가?

⑨ 4~6세 무렵 3인 관계까지 관계패턴이 확장되었는가? 호기심과 흥미의 확장(예: 인간신체, 부모의 성 및 관계 차이 등에 대한)이 있었는가? 정서가 공감능력의 확장과 더불어 더 풍부해지고 복잡해졌는가?

⑩ 학령 아동이라면 자기통제와 조절, 도덕성 발달, 학교생활 및 학습 수행, 또래관계와 같은 잠복기 영역으로 진입했는지의 여부

⑪ 형제의 출생, 대소변 훈련, 최초의 분리경험, 의미 있는 분리나 상실(사망, 질병, 이혼 등), 특별한 가족경험(예: 질병, 이사, 직업의 변화 등)

⑫ 양육자와의 관계 : 수동적이고 위축되었는가? 친밀하고 적극적이었는가? 애착이 일관적이었나 불안정했는가?

⑬ 아동이 성장해 가면서 맺은 형제자매관계, 또래관계, 부모와 맺은 관계패턴

⑭ 정서적 질병을 포함한 아동의 주요 질병

⑮ 정서 및 충동통제의 발달

⑯ 신체 및 신체과정에 대한 느낌, 성에 대한 감정과 생각, 성적 경험 등

⑰ 슬픔, 무력감, 포기, 사로잡힘, 자해, 자살에 관한 느낌

⑱ 정신과 약물사용 경험 유무

⑲ 학대, 방임의 경험 유무

⑳ 부모의 부부관계, 조부모를 포함한 확대가족과의 관계

3) 아동면담

아동면담에서 가장 중요한 평가방법은 관찰이며 관찰평가에서 가장 중요하게 고려할 사항은 아동의 발달단계에 따른 적합성을 고려한 관찰과 평가가 이루어져야 한다는 점이다. 예를 들어, 2~3세 아동과 초등학교 저학년 아동의 대·소근육협응, 정서의 깊이, 상호작용방식, 상황조망 능력 등은 매우 현저하게 다르다고 할 수 있으며 또한 개인차가 존재한다. 아동상담 시에 중요하게 관찰해야 하는 부분을 제시하면 다음과 같다.

(1) 대근육협응

대근육협응의 괴상함, 서투름, 떨림과 전체 흐름 그리고 근육틱, 자세, 걸음걸이, 균형의 비정상성 등이 있는지 관찰해야 하며 이는 구조화되지 않은 활동의 과정(예: 연필 쥐는 행동, 계단 오르는 행동, 공던지기와 잡기 등의 행동)이나 검사과정에서 관찰할 수 있다.

(2) 소근육협응

그림 그리는 모습이나 크기가 작은 놀잇감을 다루는 것을 보면 알 수 있다.

(3) 주의집중시간

접수상담시간 동안 주의가 쉽게 분산되고 지속시간이 짧은 것은 주의력결핍 과잉행동장애(ADHD) 외에도 여러 가지 이유가 있을 수 있다. 그 이유에는 피로, 불안, 언어 문제 등이 있을 수 있다. 예를 들어, 주의력결핍 과잉행동장애 아동이라도 구조화된 일대일 장면에서는 주의집중이 이루어진다. 따라서 부모를 비롯한 가능한 많은 환경으로부터 정보를 수집하여 ADHD 진단 여부를 결정해야 한다. 위에서 언급한 것처럼 기타 다양한 조건들, 즉 불안, 강력한 반항, 정신증, 조울증 등도 면담시간에 과잉행동과 부산한 행동을 하게 할 수 있다.

(4) 읽기, 쓰기, 말하기 장애

아동의 학업성취의 어려움을 평가하려면 이전에 어떤 형태로 교육을 받았고 학업성취도가 어떠했는지 등을 세심하게 살펴보아야 한다. 외국에서 살다 오는 사례들이 요즘 증가하고 있기 때문에 언어적 영향을 고려해야 하는 경우가 있으며 이중 언어 문화권에 속한 아동에게는 교육에서 쓰였던 주 언어가 무엇인지 그리고 그 언어로 아동과 부모 사이에 어떤 정도로 의사소통이 이루어졌는지 등을 알아야 한다.

ADHD나 혼란스런 행동이 학업을 방해하고 교실 적응을 어렵게 한다면 학습장애라고 진단할 수는 없지만 학습장애가 있다면 불안정하고 부적응적인 교실행동이 나타날 수 있다. 책읽기는 아동이 무엇에 대한 흥미와 판타지를 가지고 있는지 알 수 있는 정보를 준다.

일반적으로 읽기 수준은 지능과 상관관계가 있기 때문에 적절한 교육기회가 주어졌음에도 불구하고 평균 이하의 읽기 수준을 보인다면 그것의 가장 공통적 원인은 지능이 낮기 때문이라고 할 수 있다.

- 언어 18개월경에 단어를 사용하지 못했거나 30~36개월경에 문장을 사용하지 못했지만 정상적인 옹알이를 한 아동, 지시를 이해하는 아동, 비언어적 단서와 몸짓을 이해할 수 있고 이에 반응하는 아동은 정상적으로 언어가 발달할 가능성이 있다. 그러나 위의 연령에서 지체되었거나 다른 형태의 의사소통 장애가 함께 나타나면 구체적인 평가가 필요하다.

- 지능 지능은 전반적인 어휘, 반응성, 이해 수준과 호기심 같은 부분들을 통해 대략적으로 파악할 수 있다. 지능이 현저히 낮은 경우에는 이러한 평가만으로도 지능 저하를 쉽게 파악할 수 있으나 아동이 어리고 경계선적 지능인 경우에는 보다 세밀한 관찰 평가가 요구된다.

- 기억 아동들의 기억력을 알아보기 위해서는 숫자를 불러 주고 암기하는 방법을 사용해 볼 수 있으며 부모들의 보고를 통해서도 아동의 기억력을 어느 정도 파악할 수 있다. 보통 정상의 8세 아동은 순서대로 5개, 뒤로 3개 정도의 숫자를 기억해 내며 10세의 아동은 앞으로 6개, 뒤로 4개 정도의 숫자를 기억해 낸다. 그러나 빈약한 기억력이 기질적인 뇌기능에서 비롯되었는지 아니면 주의력 부족이나 불안으로 인한 것인지를 판단해야 한다.

- 사고와 지각 아동이 보이는 사고에 대한 평가는 주로 실제 사고 내용과 사고의 형태, 흐름 및 조직이라는 두 개의 주요 차원에서 이루어진다. 사고 내용상의 장애는 평범치 않은 신념(환상) 또는 지각(환각)의 형태로 이루어진다. 그 밖에 발달적으로 부적절한 추론(사건과 사물이 시간이나 공간적으로 서로 인과관계가 있다고 주장하는)이나, 차이와 유사점을 구별하지 못하거나, 적절한 것과 부적절한 것을 구별하지 못하거나, 과도하게 구체적인 것 등을 포함한 신조어와 특이한 논리 등이다.

  사고흐름의 장애는 주로 강박적 느낌과 사고의 흐름이나 사고의 압박과 생각의 지리멸렬 같은 것들이다. 이런 것들은 아동으로 하여금 주관적으로 외계인, 통제상실, 때로는 어떤 두려움 등으로 경험될 수 있다.

- 환각 정신병적 상태, 망상 등으로 인한 환각 외에도 스트레스나 종교 문화적 이유로 환각이 생길 수도 있다. 심각한 스트레스 상태에 있는 어린 아동들과 억압, 투사, 대치의 방어기제를 갖고 있는 어린 아동들도 환각을 나타낼 수 있다. 이런 환각은 판타지와 현실 사이를 일시적으로 구분하지 못하는 퇴행현상의 일부로 나타난다. 지나친 자극이나 학대에 노출된 아동, 부모의 죽음 후 급격한 애도반응, 외상 후 스트레스 장애, 극심한 불안 등도 환각을 일으킬 수 있다.

  아동이 가지고 있는 판타지나 감정, 갈등을 평가하기 위해 놀이 내용, 꿈 내용, 그림 내용 등을 분석하거나 소원 등을 물어볼 수 있다. 인물화 같은 그림 그리기는 판타지 및 감정뿐 아니라 지능 정도도 평가할 수 있는 기능을 갖고 있다.

- 정서 아동을 상담할 때에는 아동이 보여 주는 기분, 정서 범위 그리고 불안, 우울, 냉담, 죄책감 또는 분노와 같은 정서 중 우세한 것이 무엇인지를 세심히 관찰해야 한다. 아동의 언어 내용, 얼굴 표정, 기타 비언어적 단서를 관찰할 뿐 아니라 우울, 자살, 사고나 행동, 불안에 관해 탐색해야 한다.

  우울한 아동들은 “나는 할 수 없어요.”, “나는 그림을 잘 못 그려요.”와 같은 낮은 자존감을 보여 준다. 쉽게 피로를 느끼고, 흥미를 상실한다. 죄책감, 집중력 부족, 수면, 식욕, 근육운동의 문제를 갖고 있을 가능성도 있다.

- 관계 아동의 관계 측면에 대해서도 몇 가지 영역을 탐색해야 한다. 가족 안에서는 어떤 가족구성원들과 살고 있으며 누구와 가장 친하고 누구와 그렇지 않은지 알아야 한다. 또 어떤 구성원들 사이에 갈등이 존재하는지 등도 파악

한다. 또래관계에 대해서는 누구와 친한지 또 누구와 친하지 않은지 등을 탐색하며 왕따나 소외를 당하는 아동이라면 아동 스스로 생각하는 원인이 무엇인지도 알아보아야 한다. 학교에서는 교사와의 관계도 탐색한다.

- 기타 그 외에도 아동이 갖고 있는 성적 지향이나 로맨틱 감정, 공격성 등을 살펴보아야 한다. 공격성과 관련하여, 아동의 성격에 문제가 있는지, 분노의 대상이 누구인지, 어떤 식으로 공격성을 표현하는지, 공격성의 정도가 어느 정도인지, 타인이나 동물들을 잔인하게 다루거나 폭력적인 때가 있는지 등을 탐색한다. 또한 갈등에 대처하는 아동의 방어조직에 대해서도 탐색한다. 불안하거나 화나거나 좌절했을 때의 대처전략을 알아본다. 그뿐만 아니라 아동에게 있는 특별한 재능이나 긍정적 특성, 학업성취, 현실감, 가족의 지지 등 아동이 갖고 있는 긍정적 속성 등도 살펴보아 그것이 아동의 회복에 도움이 되도록 한다.

2 사례 개념화

여러 가지 정보와 관찰 등을 토대로 아동에 대한 진단을 내려야 하는데 이를 사례 개념화라 한다. 사례 개념화를 통해 현재의 문제뿐 아니라 가능한 원인 그리고 장래의 대처전략에 대한 청사진을 얻을 수 있다. 따라서 사례 개념화를 할 때는 신체적 요인, 환경스트레스, 내적 갈등들이 아동 및 가족과 상호작용하는 독특한 방식 등을 통합적으로 보아야 한다.

사례 개념화를 통해 진단명을 넘어 아동에 대한 충분하고 다차원적인 정보를 얻고 적절히 포괄적인 치료계획을 위한 굳건한 기초를 만든다. 사례 개념화는 아동에게 문제를 일으키고 문제를 유지하는 내적·외적 요인들뿐 아니라 더 나아가 아동과 가족의 감정과 적응능력에 초점을 맞추면 치료에 도움을 받을 수 있다. 연령에 따른 관찰범주를 제시한 Greenspan(2003)의 예를 살펴보면 다음과 같다.

1) 발달단계에 따른 진단적 관찰범주

(1) 0~1세 아동

A. 신체기능

신경학적 기능, 감각적 기능, 운동통합 기능, 정신적 · 심리적 기능 및 중추신경계의 통합 수준과 관련 있는 신체적 측면이다.

대·소근육협응, 지각·운동통합, 인지능력의 출현이 어떠한 양상으로 나타나고 있는지를 관찰해야 한다. 예를 들어, 자극을 향해 고개 들기, 물건 잡기, 앉기, 돌아보기, 서기, 걷기 등이 월령에 맞게 이루어지는지 보아야 하며, 분명한 발성이 이루어지고 있고 1세를 지나면서 엄마 등의 형태로 12단어 정도의 단어를 구사할 수 있는지 보아야 한다. 또한 무생물 및 생물에 대한 단순한 원인과 수단, 결과의 관계 등을 이해할 수 있어야 한다. 4개월경에 이르러 내적 감각보다는 사회적 단서에 반응하는 능력이 출현하여 외부세계에 대한 관심이 증가한다. 즉 연령에 적합한 모든 감각적인 것과 관심 있는 것에 시선을 맞출 수 있으며, 잡기, 집중하기 능력이 증진되고 감각 영역에서 복잡한 정보를 처리하는 능력도 월령의 증가와 함께 증진된다.

B. 관계유형

> 이 부분은 특징적인 관계 맺기 또는 관계 맺지 않기(예: 위축, 자폐), 2인 관계, 집단관계 형성 및 나누기 능력, 관계 맺기의 자기중심적 스타일을 말한다.

보호와 편안함에 대한 일반적 욕구, 환경에 대한 여러 감각적 흥미가 고도로 개별화되어 가며, 즐거운 개입, 주 양육자와의 상호작용적이고 애정 어린 관계를 맺을 수 있다.

C. 전반적 기분이나 정서적 분위기

> 아동이 보여 주는 주제뿐 아니라 구체적 정서에 대한 패턴은 다른 범주의 패턴처럼 연령에 따라 분명하게 정의하기는 어렵다.

이 단계의 전반적인 기분이나 정서는 매우 다양해서 내적 상태(예: 배고픔)와 밀접한 연관이 있으며 6개월경이 가까워지면서 사회적 단서(예: '부모가 배고픈 아기를 미소 짓게 할 수 있다.')는 물론 내적인 편안함, 세상과 주 양육자에 대한 흥미와 즐거움이 증가한다.

D. 정서

> 다음 사항을 고려해야 한다.
>
> ① 정서의 범위와 다양성/아동이 보여 주는 정서의 수 : 초기발달단계 동안 정서의 범위는 제한적이고 협소하다. 나중에는 범위가 넓어진다. 또한 정서의 특징적 유형을 관찰해야 한다(분노, 질투, 화, 공감, 사랑).
>
> ② 정서표현의 깊이 : 표현된 정서의 물리적 특성(깊이가 얕은가 아니면 실제적인가 등)
>
> ③ 정서구분 능력 : 특정한 감정상태를 구별해 낼 수 있는 정도
>
> ④ 자극에 대한 정서의 강도 또는 정서조절 능력

이 단계의 아동에게 즐거운 흥분과 불쾌한 투정의 구체적인 정서들은 즐거움, 투정, 염려의 형태로 더욱 분화되며 의존, 즐거움, 주장성, 탐색, 분노, 두려움과 타협하는 몸짓이 나타난다.

이 연령단계 아동의 정서체계는 매우 다양하며 쉽게 상황에 좌우되는 경향이 있다.

E. 불안과 정서

아동이 언어로 두려움을 직접 표현할 수 있는지 또는 놀이를 통해 간접적으로 표현할 수 있는지를 관찰한다. 특히 불안은 놀이나 대화 도중에 주제 전개의 혼란(disruption)으로 관찰될 수 있다. 불안의 수준은 불안에 이른 혼란과 주제 특성에 따라 구별할 수 있다(예 : 신체적 상처를 둘러싼 불안, 또는 상실의 두려움, 세상의 파괴 또는 내적 자기의 파편화와 같은 보다 전체적이고 분화되지 않은 유형의 불안).

이 단계의 불안은 일반적으로 전체적이고 비조직적이다. 파괴 그리고 발달하고 있는 자기 및 세상의 상실과 같은 주제와 연관된 원초적 불안이 지배적이다.

F. 주제표현

주제표현이라는 것은 놀이 등에서 조직화되고 발달에 적합하며 풍부한 주제를 표현하는 능력을 말한다. 관찰해야 할 것은 아동이 성격이 다른 사람과 잘 의사소통하는가, 놀이를 통해 간접적으로 하는가, 아니면 언어를 통해 직접적으로 하는가 등이다.

주제표현을 더욱 세분화시켜 제시하면 다음과 같다.

① 주제표현의 조직화 : 조직화된 사고인가? 또는 파편화된 사고인가?

② 주제발달의 깊이와 풍부함

③ 연령에 적합한가 : 연령에 적합하고 전형적인 주제인가?

④ 주제순서 : 순서는 연령에 따라 다르다.

이 단계에서 분명히 어떤 아동들은 세상에 대한 기본 신뢰감 때문에 시기에 적절하게 그러한 능력을 발달시킨다. 즉, 자신의 내적 통제 능력에 대한 확신, 풍부한 감정전달을 가능하게 하고 자신감을 만족시키는 판타지를 갖고 있으며 이를 직접 또는 놀이 등을 통해서 표현할 수 있다.

반대로 어떤 아동들은 주제표현이 비조직화되어 있다. 또는 매우 제한되어 있고 파편화되어 있으며 충동적이다. 내적 단서와 연관된 행동은 간단한 사회적, 목적적, 인과적 행동의 근거로 발달하며(예: 어머니가 미소 지으면 아기는 어머니로부터 비슷한 반응을 이끌어 내기 위해 손을 뻗는다.) 간단한 상호 호혜적 또는 연속적 행동으로 발달한다. 생후 첫해 말엽으로 갈수록 조직화되고 호혜적인 상호작용 능력은 보다 복잡한 상호작용 고리로 발달한다(예: 손 뻗기, 물건 잡기, 엄마에게 물건 주기). 사회적 상호작용에는 즐거움, 탐색, 투정의 주제들이 포함되기 때문에 유아들에게 더욱 매력적이다.

(2) 1~2세 아동

A. 신체기능

> 신경학적 기능, 감각적 기능, 운동통합 기능, 정신적 · 심리적 기능 및 중추신경계의 통합 수준과 관련 있는 신체적 측면이다.

이 부분은 아동의 연령발달에 대한 대·소근육협응, 지각·운동통합, 인지능력의 출현을 의미한다. 이 단계 아동은 협응이 서툴긴 하지만 걷기, 뛰기, 오르기 등의 행동이 정상발달의 기준이 된다. 소근육협응 능력이 증가한다(예: 긁적거리는 그림을 그릴 수 있다.). 복잡한 행동, 간단한 단어사용 능력이 더욱 성장한다. 많은 사물에 이름을 붙일 수 있고 2개의 단어로 욕구를 표현하는 능력과 더불어 언어능력이 더욱 발달한다. 만 2세에서 3세 초입에 걸쳐 문장을 사용하게 된다. 과거의 것(원래의 것)으로부터 새로운 행동을 발달시키는 능력, 상징적 활동을 위한 능력

(예 : 자기와 타인을 기술하는 단어 사용)이 나타난다. 다양한 집중과 자기조절 능력도 나타나기 시작한다.

B. 관계유형

이 부분은 특징적인 관계 맺기 또는 관계 맺지 않기(예 : 위축, 자폐), 2인 관계, 집단관계 형성 및 나누기 능력, 관계 맺기의 자기중심적 스타일을 말한다.

주 양육자와의 2인 관계가 욕구충족(기본적 독립성)을 준다는 것을 이해한다. 개별성, 자율, 주도성이 출현하기 시작하며 행동수준과 원하는 것을 얻기 위해 냉장고로 가는 걸음마기 아동의 자기조직 능력 사이에 균형이 이루어진다.

C. 전반적 기분이나 정서적 분위기

아동이 보여 주는 주제뿐 아니라 구체적 정서 패턴은 다른 범주의 패턴처럼 연령에 따라 분명하게 정의하기가 어렵다.

이따금 고집을 부리는 행동이 나타난다. 이 단계에서도 욕구 및 양육자와의 분리가 여전히 중요한 이슈이다.

D. 정서

다음 사항을 고려해야 한다.

① 정서의 범위와 다양성/아동이 보여 주는 정서의 수 : 초기발달단계 동안 정서의 범위는 제한적이고 협소하다. 나중에는 범위가 넓어진다. 또한 정서의 특징적 유형을 관찰해야 한다(분노, 질투, 화, 공감, 사랑).

② 정서표현의 깊이 : 표현된 정서의 물리적 특성(깊이가 얕은가 아니면 실제적인가 등)

③ 정서구분 능력 : 특정한 감정상태를 구별해 낼 수 있는 정도

④ 자극에 대한 정서의 강도 또는 정서조절 능력

이 단계의 정서 역시 다양하지만 더욱 조직화되고 오랫동안 안정된다. 안전감, 호기심, 탐색이 정서적 욕구, 매달리는 성향, 두려움, 염려보다 크다. 기본적인 기분이 나타나기 시작한다.

E. 불안과 두려움

> 아동이 언어로 두려움을 직접 표현할 수 있는지 또는 놀이를 통해 간접적으로 표현할 수 있는지를 관찰한다. 특히 불안은 놀이나 대화 도중에 주제 전개의 혼란(disruption)으로 관찰될 수 있다. 불안의 수준은 불안에 이른 혼란과 주제 특성에 따라 구별할 수 있다(예: 신체적 상처를 둘러싼 불안, 또는 상실의 두려움, 세상의 파괴 또는 내적 자기의 파편화와 같은 보다 전체적이고 분화되지 않은 유형의 불안).

정서는 더욱 분화된다. 흥분 어린 탐색, 주장적 즐거움, 발견의 기쁨이 관찰된다. 또한 독립, 주장, 분노, 그리고 자기 제한설정에 대한 보다 복잡한 몸짓타협이 가능하다. 사랑을 조직적으로 보여줄 수 있으며(예: 뛰어와서 안기기, 미소 짓기, 부모에게 뽀뽀하기–모두 함께), 조직화된 고집 피우기(예: '싫어.')와 매달리는 욕구도 나타난다. 발견의 기분, 주도성, 사랑의 표현 방향에 균형이 있어야 한다. 가족과의 편안함, 낯선 이에 대한 염려가 더욱 발달한다. 또한 사랑하는 양육자의 상실과 관련된 불안이 비조직화된 형태로 나타난다.

F. 주제표현

조직화되고 발달에 적합하며 풍부한 주제를 표현하는 능력을 포함한다. 아동이 얼마나 자신의 성격을 다른 사람에게 잘 의사소통 하는가, 놀이를 통해 간접적으로 하는가 아니면 언어를 통해 직접적으로 하는가? 분명히 어떤 아동들은 세상에 대한 기본 신뢰감 때문에 시기에 적절하게 그러한 능력을 발달시킨다. 자신의 내적 통제 능력에 대한 확신, 풍부한 감정전달을 가능케 하고 자신감을 만족시키는 판타지. 반대로 어떤 아동들은 주제표현이 비조직화되어 있다(또는 매우 제한되어 있고 파편화되어 있으며 충동적이다.). 주제표현을 더욱 세분화시켜 제시하면 다음과 같다.

① 주제표현의 조직화 : 조직화된 사고인가? 또는 파편화된 사고인가?
② 주제발달의 깊이와 풍부함
③ 연령에 적합한가 : 연령에 적합하고 전형적인 주제인가?
④ 주제순서 : 순서는 연령에 따라 다르다.

행동의 조직화 능력이 복잡한 인과관계로 발달한다(예: 엄마 손을 붙잡고 냉장고로 끌고 가 엄마에게 먹고 싶은 음식을 보여 준다.). 주도적 행동의 증가뿐 아니라 행동적 수준에서의 주도성과 독창성이 증가한다. 행동적 수준에서 아동은 사랑, 호기심, 탐색과 저항, 분노, 고집, 질투심을 표현한다-모두 조직화된 방식으로 나타난다(예: 조직화된 순서로 아빠에게 달려가 안고 뽀뽀한다. 또는 돌아서서 장난감을 던지고 소리를 지른다.). 두 돌이 가까워지면서 사랑과 분노, 수동성과 적극성의 양극적인 주제들을 통합하는 능력이 나타난다(예: 한 놀이에서 인형이 나빠서 매를 맞고 그런 다음 인형이 안긴다.). 또한 관계와 정서적 주제에서 표상적 또는 상징적 능력이 나타난다.

(3) 2~3세 아동

A. 신체기능

> 신경학적 기능, 감각적 기능, 운동통합 기능, 정신적 · 심리적 기능 및 중추신경계의 통합 수준과 관련 있는 신체적 측면이다.

대근육활동의 협응 측면에서 도움 없이 뛰고 계단을 오르내릴 수 있다. 소근육 협응도 더욱 분화된다(예: 원을 그릴 수 있고, 그릇을 잡을 수 있다.). 간단한 문장, 복잡한 몸짓을 이해할 수 있다. 많은 물건의 이름을 알고, 사건을 설명하기 위해 인칭대명사와 문장을 사용하며 욕구를 알릴 수 있다. 광범위해진 판타지로 증명되는 바와 같이 상징능력이 확장된다(예: 꿈, 두려움, 가장적(pretending) 이야기와 사람들). 집중과 자기조절 능력이 아직 불안정하지만 개선된다.

B. 관계유형

> 이 부분은 특징적인 관계 맺기 또는 관계 맺지 않기(예: 위축, 자폐), 2인 관계, 집단관계 형성 및 나누기 능력, 관계 맺기의 자기중심적 스타일을 말한다.

아직 2인 관계적이고 욕구충족적이긴 하지만 관계는 표상적 또는 상징적 수준으로 조직화된다. 즉 사고, 기억 등의 측면에서 자기와 타인에 대한 지각이 출현한다. 또한 판타지의 사용을 허용한다. 독립과 자율 사이의 균형이 이전보다 짧은 시간에 이루어진다. 힘겨루기와 고집 피우기가 간헐적으로 관계패턴을 지배한다. 지배의 문제는 기본적 독립, 안전의 욕구, 분리의 두려움에까지 계속된다. 힘, 통제, 공격성, 관계의 측면에서 다양한 유형의 즐거운 상호작용이 나타난다. 이제 내적, 정신적 이미지를 사용할 수 있기 때문에 보다 복잡한 상호작용이 가능해진다(예: 복잡한 게임에서 욕구를 나타내기 위해 언어나 인형을 사용한다.).

C. 전반적 기분이나 정서적 분위기

아동이 보여 주는 주제뿐 아니라 구체적 정서에 대한 패턴은 다른 범주의 패턴처럼 연령에 달라 분명하게 정하기 어렵다.

초기에는 상당히 변화무쌍하지만(예: 우울하거나, 혼란스럽거나 안전한 탐색과 함께 우울하거나, 떠들거나, 매달리는 행동이 함께 나타난다.) 지배적이지는 않은 흥분, 고집 피우기, 수동성, 매달리는 능력과 더불어 기본적 안전감과 낙관적이고 조직화된 패턴이 안정되어 간다.

D. 정서

다음 사항을 고려해야 한다.

① 정서의 범위와 다양성/아동이 보여 주는 정서의 수 : 초기발달단계 동안 정서의 범위는 제한적이고 협소하다. 나중에는 범위가 넓어진다. 또한 정서의 특징적 유형을 관찰해야 한다(분노, 질투, 화, 공감, 사랑).

② 정서표현의 깊이 : 표현된 정서의 물리적 특성(깊이가 얕은가 아니면 실제적인가 등)

③ 정서구분 능력 : 특정한 감정상태를 구별해 낼 수 있는 정도

④ 자극에 대한 정서의 강도 또는 정서조절 능력

이제 정서는 더욱 '의미'가 있어진다(표상적 또는 상징적 수준). 초기의 정서체계의 불안정을 경험한 이후(예: 퇴행, 분노와 매달리는 의존) 전언어 및 초기언어 수준에서 표현된 사랑, 불행, 질투, 부러움과 같은 복잡한 정서와 더불어 정서체계가 더욱 조직화된다. 정서체계는 여전히 신체사건(예: 피로, 배고픔)에 의해 쉽게 영향을 받는다. 정서는 아직도 자기중심적 수준에 있다(예: "그 안에 나를 위한 무엇이 있지?").

E. 불안과 두려움

> 아동이 언어로 두려움을 직접 표현할 수 있는지 또는 놀이를 통해 간접적으로 표현할 수 있는지를 관찰한다. 특히 불안은 놀이나 대화 도중에 주제 전개의 혼란(disruption)으로 관찰될 수 있다. 불안의 수준은 불안에 이른 혼란과 주제 특성에 따라 구별할 수 있다(예 : 신체적 상처를 둘러싼 불안, 또는 상실의 두려움, 세상의 파괴 또는 내적 자기의 파편화와 같은 보다 전체적이고 분화되지 않은 유형의 불안).

이 단계에도 안정과 수용의 상실뿐 아니라 사랑하고 의지하는 사람의 상실과 관련된 불안이 여전히 있다. 아직 조직화가 되어 있지는 않지만 불안을 더 잘 인내하고 정신적 이미지(판타지)의 변화를 통해 대처할 수 있게 된다(예: "엄마가 돌아올거야. 엄마는 날 사랑해.")

F. 주제표현

> 이는 조직화되고 발달에 적합하며 풍부한 주제를 표현하는 능력을 포함한다. 아동이 얼마나 자신의 성격을 다른 사람에게 잘 의사소통 하는가, 놀이를 통해 간접적으로 하는가 아니면 언어를 통해 직접적으로 하는가? 분명히 어떤 아동들은 세상에 대한 기본 신뢰감 때문에 시기에 적절하게 그러한 능력을 발달시킨다. 자신의 내적 통제 능력에 대한 확신, 풍부한 감정전달을 가능케 하고 자신감을 만족시키는 판타지. 반대로 어떤 아동들은 주제표현이 비조직화되어 있다(또는 매우 제한되어 있고 파편화되어 있으며 충동적이다.).
> 주제표현을 더욱 세분화시켜 제시하면 다음과 같다.
> ① 주제표현의 조직화 : 조직화된 사고인가? 또는 파편화된 사고인가?
> ② 주제발달의 깊이와 풍부함
> ③ 연령에 적합한가 : 연령에 적합하고 전형적인 주제인가?
> ④ 주제순서 : 순서는 연령에 따라 다르다.

행동의 조직화는 1, 2세 때와 비슷하며 상호작용의 고리가 훨씬 복잡해진다. 언어와 인칭대명사(나, 너 등)의 사용에서 증명되었듯이 상징적 또는 표상적 능력과 언어 및 행동을 통한 판타지의 정교화(예: 아동이 인형을 가지고 놀고 있고 엄마는 다른 인형을 가지고 놀고 있다.)가 나타난다. 조직화된 행동과는 대조적으로 상징적 의사소통은 서로 조화가 잘 안 맞는다. 점차 경험의 정교화가 나타난다–"이거 할래."나 인형을 안아주는 가장(pretending)놀이와 같은 단순한 반복 주제가 힘, 즐거움, 의존, 두려움 등과 관련된 광범위한 주제로 발달하며 이러한 주제들은 점차 복잡해진다(예: 인형을 안고 뽀뽀해 주기). 주제에는 아동이 보고 들은 것의 반복, 새로운 상징능력으로 인한 무생물과 생물의 탐색, 정서적 상호작용을 위한 상징적 방법의 사용이 포함된다. 자기정의의 시도–'통제' 하에 두려는 시도, 힘겨루기, 고집 피우기, 새로운 행동과 사고의 즐거운 발달을 통해–와 "내가 통제하고 있어."의 한 요소이긴 하지만 퇴행적 의존 흥미(예: 안기, 매달리기) 사이에 감정적 동요가 있다. 자기통제와 상징적 수준에서의 제한 및 구조에 대한 반응 능력이 개선된다. 힘의 주제(예: 우주선, 강력한 영웅, 괴물과 괴물에 희생당한 척하는)에 대한 흥미가 3세가 되어 가면서 나타난다.

(4) 3~4세 아동

A. 신체기능

> 이는 신경학적 기능, 감각적 기능, 운동통합 기능, 정신적 · 심리적 기능 및 중추신경계의 통합수준과 관계있는 신체적 측면에 대한 관찰(예: 대 · 소근육협응, 지각 · 운동통합, 인지능력의 출현)을 말한다.

대근육협응이 계속 개선된다. 아동은 뛰고, 점프하고, 정확하게 공을 던질 수 있다. 소근육협응도 계속 개선된다. 아동은 신발끈을 거의 맬 수 있고 원을 그릴 수 있으며 도구를 매우 잘 다룰 수 있다. 두 개 이상의 생각이나 개념의 연결을 이해할 수 있다. '그러나', '왜냐하면' 등과 같은 단어를 사용하여 생각을 연결하면서 완전한 문장으로 말할 수 있으며 요구를 알릴 수 있다. 상징능력이 확장되고(예:

인형을 통한 복잡한 놀이) 현실감각(현실 지남력)이 증가한다. 적절한 맥락과 지지를 통해 집중과 자기조절이 가능해진다.

B. 관계유형

이 부분은 특징적인 관계 맺기 또는 관계 맺지 않기(예: 위축, 자폐), 2인 관계, 집단관계 형성 및 나누기 능력, 관계 맺기의 자기중심적 스타일이다.

2인 관계가 감소하고 3인 이상의 더욱 복잡한 관계패턴(예: 경쟁, 음모, 비밀, 두 사람이 한 사람에 대항함, 질투, 부러움)이 나타남에 따라 내용(언어, 상징적 방법)뿐 아니라 형태에 있어서도 관계패턴이 더욱 복잡해진다. 또래관계 능력도 증진된다. 안전감이 더 커진다. 분리능력과 내면에 '타인'에 대한 느낌을 전달할 수 있는 능력이 4세가 가까워지면서 상대적으로 더 발달한다. 분노와 기타 다른 강력한 감정들이 안전한 분리의 느낌을 손상시키지 않는다. 관계에서의 친밀감 능력(단순히 욕구충족이 아닌)도 더욱 충분히 발달한다.

C. 전반적 기분이나 정서적 분위기

아동이 보여 주는 주제뿐 아니라 구체적 정서에 대한 패턴은 다른 범주의 패턴처럼 연령에 따라 분명하게 정의하기 어렵다.

기분이 더욱 안정되고 복잡한 감정을 조직화할 수 있다. 좌절에 대해 덜 극단적인 반응을 보인다(예: 욕구충족을 연기할 수 있다.). 자기와 세상을 향한 기본적 태도가 조직화된 기분형태로 전달되는데, 이는 심리적, 신체적 자기에 대한 낙관적인 안전감을 나타내는 것이며 가족, 또래, 세상에 대한 흥분과 더불어 호기심 어린 광범위한 흥미를 나타내는 것이다. 불안전감과 고집 피우기가 감소한다.

D. 정서

다음 사항을 고려해야 한다.

① 정서의 범위와 다양성/아동이 보여 주는 정서의 수 : 초기발달단계 동안 정서의 범위는 제한적이고 협소하다. 나중에는 범위가 넓어진다. 또한 정서의 특징적 유형을 관찰해야 한다(분노, 질투, 화, 공감, 사랑).
② 정서표현의 깊이 : 표현된 정서의 물리적 특성(깊이가 얕은가 아니면 실제적인가 등)
③ 정서구분 능력 : 특정한 감정상태를 구별해 낼 수 있는 정도
④ 자극에 대한 정서의 강도 또는 정서조절 능력

이 단계에 이르면 심리적 자기와 신체적 자기에 대한 자긍심과 기쁨이 더욱 증가한다. 또한 힘에 대한 흥미가 증가한다. 수치심과 모욕에 대한 정서가 지배적이고 질투와 부러움의 감정이 증가한다. 출현하고 있는 자기감에 대한 많은 정서적 상태를 보이면서 정서체계가 잘 조직화된다.

E. 불안과 두려움

아동이 언어로 두려움을 직접 표현할 수 있는지 또는 놀이를 통해 간접적으로 표현할 수 있는지를 관찰한다. 특히 불안은 놀이나 대화 도중에 주제 전개의 혼란(disruption)으로 관찰될 수 있다. 불안의 수준은 불안에 이른 혼란과 주제 특성에 따라 구별할 수 있다(예 : 신체적 상처를 둘러싼 불안, 또는 상실의 두려움, 세상의 파괴 또는 내적 자기의 파편화와 같은 보다 전체적이고 분화되지 않은 유형의 불안).

이 단계에서는 사랑하는 사람으로부터 인정의 상실과 신체적 부상에 대한 불안이 이따금 나타나지만 항상 그런 것은 아니다. 강도, 납치, 다치거나 또는 부모가 사라지거나 다칠 것이라는 여러 가지 두려움이 흔하게 일어나지만 아동은 보통 이를 '오직 꿈'이나 '현실이 아닌 것'으로 이해한다.

F. 주제표현

> 조직화되고 발달에 적합하며 풍부한 주제를 표현하는 능력을 포함한다. 아동이 얼마나 자신의 성격을 다른 사람에게 잘 의사소통 하는가, 놀이를 통해 간접적으로 하는가 아니면 언어를 통해 직접적으로 하는가? 분명히 어떤 아동들은 세상에 대한 기본 신뢰감 때문에 시기에 적절하게 그러한 능력을 발달시킨다. 자신의 내적 통제 능력에 대한 확신, 풍부한 감정전달을 가능케 하고 자신감을 만족시키는 판타지. 반대로 어떤 아동들은 주제표현이 비조직화되어 있다(또는 매우 제한되어 있고 파편화되어 있으며 충동적이다.).
> 주제표현을 더욱 세분화시켜 제시하면 다음과 같다.
> ① 주제표현의 조직화 : 조직화된 사고인가? 또는 파편화된 사고인가?
> ② 주제발달의 깊이와 풍부함
> ③ 연령에 적합한가 : 연령에 적합하고 전형적인 주제인가?
> ④ 주제순서 : 순서는 연령에 따라 다르다.

행동적 수준에서의 주제 조직화가 더욱 풍요로워지고 보다 복잡한 방식으로 나타난다. 그러나 상징적 수준에서 복잡한 주제들도 3세 때의 파편화와 비교할 때 더욱 조직화된다(예: 판타지에 대한 조직화된 언어적 정교화가 꿈을 보고할 때도 가능해진다: "괴물이 들어와서 나를 공격하려고 했지만 내가 괴물의 코를 때렸어요.", 상징 놀이에서도 가능해진다: 다양한 괴물들로부터 인형을 보호하기 위해 방어벽 건설하기, 파티하기, 다양한 음식을 만들어 손님 대접하기). 이런 조직화된 주제와 파편화된 주제 사이에 이따금 동요가 있긴 하지만 이는 풍부하고 조직화된 내적 삶이 존재하고 있음을 보여 주는 것이다. 주제의 내용은 내적 판타지의 산물이다. 현실 지남력도 존재한다–"그건 그냥 놀이에요." 하지만 그런 성향은 잠시 판타지에 의해 사라진다. 그런 영역에서 판타지는 오랜 기간 동안 현실을 지배할 수 있다–예를 들어, 잠자는 것에 대한 두려움, 공격성, 즐거움에서 파생된 힘 그리고 신체에 대한 흥미와 두려움의 발견감, 자긍심, 자기 및 타인에 대한 찬양, 수치심에 대한 염려가 지배적인 주제가 된다. 또한 안전, 사랑 상실의 두려움과 분리, 힘 겨루기, 통제에 대한 관심도 존재한다.

(5) 5~6세 아동

A. 신체기능

> 신경학적 기능, 감각적 기능, 운동통합 기능, 정신적 · 심리적 기능 및 중추신경계의 통합 수준과 관계있는 신체적 측면에 대한 관찰(예: 대 · 소근육협응, 지각 · 운동통합, 인지능력의 출현)이다.

보다 정확한 던지기, 리드미컬한 점프, 차기(예: 축구) 등에서 볼 수 있듯이 대근육협응이 더욱 개선된다. 소근육협응도 개선되어 신발끈을 묶고, 글자를 쓰고, 원, 사각형, 삼각형을 그린다. 완전하고 복잡한 문장으로 말할 수 있으며 생각을 제시하는 능력이 나타난다. 여러 가지 생각과 물리적 실제의 여러 측면들 사이에 호혜적인 관계와 반대의 관계를 이해하며, 이를 표현하고, 개념화하기 시작한다(예: 길이에 따라 순서를 짓거나 분노나 욕심의 정도를 이해한다.). 자기조절과 집중능력이 개선되지만 여전히 부모와 관련된 맥락과 지지에 좌우된다.

B. 관계유형

> 이는 특징적인 관계 맺기 또는 관계 맺지 않기(예: 위축, 자폐), 2인 관계, 집단관계 형성 및 나누기 능력, 관계 맺기의 자기중심적 스타일을 말한다.

이 연령에 이르면 아동에게는 음모, 경쟁, 동맹 등의 '드라마' 차원에서 이루어지는 관계처럼 복잡한 3인 방식이 가족생활을 지배한다. 단순한 욕구충족과 2인 관계 패턴은 덜 지배적이 되고, 타인(또래, 교사)과 편안하게 관계하는 능력이 성장한다. 분리와 내적 안전에 대한 능력이 성장한다. 내적으로 '자기'와 '타인'을 전달하는 능력도 발달할 뿐 아니라 양육자와의 분리나 강한 정서에 의해 쉽게 손상되기도 한다.

C. 전반적 기분이나 정서적 분위기

> 아동이 보여 주는 주제뿐 아니라 구체적 정서에 대한 패턴은 다른 범주의 패턴처럼 연령에 따라 분명하게 정의하기는 어렵다.

이 연령에 이르면 기분이 안정적이고 조직화된다. 표현력과 호기심이 특징적으로 나타난다. 정서가 다양하게 나타나지만(예: 두려움, 억압, 달가워하지 않음) 전체적으로 기분이 안정된다.

D. 정서

> 다음 사항을 고려해야 한다.
>
> ① 정서의 범위와 다양성/아동이 보여 주는 정서의 수 : 초기발달단계 동안 정서의 범위는 제한적이고 협소하다. 나중에는 범위가 넓어진다. 또한 정서의 특징적 유형을 관찰해야 한다(분노, 질투, 화, 공감, 사랑).
>
> ② 정서표현의 깊이 : 표현된 정서의 물리적 특성(깊이가 얕은가 아니면 실제적인가 등)
>
> ③ 정서구분 능력 : 특정한 감정상태를 구별해 낼 수 있는 정도
>
> ④ 자극에 대한 정서의 강도 또는 정서조절 능력

이 연령에 이르면 많은 개별 정서들이 비교적 안정적인 패턴을 이루며 나타난다. 정서의 확장, 호기심, 자긍심, 신체자기의 발견과 가족패턴과 연관된 즐거운 흥분이 나타나 수줍음, 부끄러움, 질투심, 두려움, 부러움과 균형을 이루게 되지만 수치심과 모욕감이 여전히 지배적이다. 공감능력과 사랑능력이 발달하지만 경쟁심이나 질투심이 솟아오르면 쉽게 깨어지고 없어진다.

E. 불안과 두려움

> 아동이 언어로 두려움을 직접 표현할 수 있는지 또는 놀이를 통해 간접적으로 표현할 수 있는지를 관찰한다. 특히 불안은 놀이나 대화 도중에 주제 전개의 혼란(disruption)으로 관찰될 수 있다. 불안의 수준은 불안에 이른 혼란과 주제 특성에 따라 구별할 수 있다(예 : 신체적 상처를 둘러싼 불안, 또는 상실의 두려움, 세상의 파괴 또는 내적 자기의 파편화와 같은 보다 전체적이고 분화되지 않은 유형의 불안).

신체부상, 존경, 사랑, 자존감의 상실과 관련된 불안과 공포가 있고 자존감은 극단적으로 높거나 낮을 수 있다. 죄책감이 나타난다.

F. 주제표현

> 이는 조직화되고 발달에 적합하며 풍부한 주제를 표현하는 능력을 말한다. 아동이 얼마나 자신의 성격을 다른 사람에게 잘 의사소통 하는가, 놀이를 통해 간접적으로 하는가 아니면 언어를 통해 직접적으로 하는가? 분명히 어떤 아동들은 세상에 대한 기본 신뢰감 때문에 시기에 적절하게 그러한 능력을 발달시킨다. 자신의 내적 통제 능력에 대한 확신, 풍부한 감정전달을 가능케 하고 자신감을 만족시키는 판타지. 반대로 어떤 아동들은 주제표현이 비조직화되어 있다(또는 매우 제한되어 있고 파편화되어 있으며 충동적이다.). 주제표현을 더욱 세분화시켜 제시하면 다음과 같다.
>
> ① 주제표현의 조직화 : 조직화된 사고인가? 또는 파편화된 사고인가?
>
> ② 주제발달의 깊이와 풍부함
>
> ③ 연령에 적합한가 : 연령에 적합하고 전형적인 주제인가?
>
> ④ 주제순서 : 순서는 연령에 따라 다르다.

이따금 파편화되기는 하지만 풍부하고, 조직화되며, 복잡하고, 상징적인 주제능력이 생긴다. 이를 판타지로 채워버리기는 하지만 현실 지남력이 잘 만들어진다. 예외가 자주 있긴 하지만 공포와 관련한 주제에 대해서는 “그건 진짜가 아니예요.” 식의 반응을 한다. 놀이나 판타지 주제의 내용은 세상의 주요 이슈에 대한 풍부하고 복잡한 흥미를 보여 준다(예: 성별, 공격성, 힘, 호기심, 발견, 도덕성의 출현 등). 사랑, 즐거움, 공격성의 양극성이 나타나야 하며 복잡하고, 풍부한 주제(예: 아동이 사랑스런 마음으로 동생을 처음으로 보살피는 놀이, 나중에 괴물을 공격하게 되고, 그런 다음 보복에 대해 염려하게 된다.)로 통합되어야 한다. 처음으로 관계에서 삼각패턴이 주제표현으로 나타난다–누군가 다른 이가 버려짐을 가정한다. 어떤 사람을 떠나고 싶은 바램, 삼각관계의 '다른' 사람을 제거해 버리는 게임이나 판타지 등 힘과 자신의 몸에 대한 관심 그리고 타인의 몸과 그것을 비교하는 방법에의 몰두로부터 약간의 변화가 일어나 다른 사람과 그들의 신체 그리고 '닫혀진 문 뒤'에서 일어나고 있는 일에 대한 진정한 호기심으로 옮겨 간다. 신체부상에 대한 두려움은 사라진다. 비록 인정의 상실과 분리에 대한 초기의 두려움이 존재하지만, 자존감의 상실에 대한 두려움이 나타나기 시작한다(예: "나는 나빠." 또는 "나는 잘 하는게 없어.")

(6) 7~8세 아동

A. 신체기능

> 신경학적 기능, 감각적 기능, 운동통합 기능, 정신적 · 심리적 기능 및 중추신경계의 통합 수준과 관계있는 신체적 측면에 대한 관찰(예: 대 · 소근육협응, 지각 · 운동통합, 인지능력의 출현)이다.

대근육협응 발달이 더욱 진행된다. 아동은 뛰기, 점프하기, 미끄러지기, 던지기 등 이제 대부분의 활동을 할 수 있다. 글씨를 정교하게 쓰고 그림을 구체적으로 그리는 등 소근육협응도 개선된다. 상호 관련 있는 생각과 개념을 이해하고 의사소통하는데 언어가 더욱 많이 사용된다. 세상에 대한 느낌을 질서정연하게 만들기 위한 논리적 사고뿐 아니라 소망, 욕구, 판타지를 표현하는 데 언어를 사용한다. 대조적인 관계와 호혜적인 관계의 측면에서의 논리적 능력이 발달한다. 자기조절, 규칙 따르기, 집중하기와 같은 능력도 발달한다.

B. 관계유형

> 이 부분은 특징적인 관계 맺기 또는 관계 맺지 않기(예 : 위축, 자폐), 2인 관계, 집단관계 형성 및 나누기 능력, 관계 맺기의 자기중심적 스타일이다.

가족 외부의 관계에 대한 흥미가 생겨나고 타인과 관계 맺는 패턴을 질서 있게 조직화하는 능력이 발달한다. 그러나 여전히 초기 패턴들이 존재한다(예: 힘겨루기, 수동적 무기력, 가족 음모, 경쟁, 삼각관계 등). '친구' 그리고 '가장 친한' 몇 명의 친구와 친밀하게 지내는 능력도 더욱 발달한다.

C. 전반적 기분이나 정서적 분위기

> 아동이 보여 주는 주제뿐 아니라 구체적 정서에 대한 패턴은 다른 범주의 패턴처럼 연령에 따라 분명하게 정의하기 어렵다.

또래집단, 가족, 교사와 같은 성인들의 지각에 기초한 자기, 타인, 그리고 세상에 대한 평가를 통해 안정적이고 조직화된 기분이 나타나고 조직화되고 안정적으로 발달해 간다.

D. 정서

> 다음 사항을 고려해야 한다.
>
> ① 정서의 범위와 다양성/아동이 보여 주는 정서의 수 : 초기발달단계 동안 정서의 범위는 제한적이고 협소하다. 나중에는 범위가 넓어진다. 또한 정서의 특징적 유형을 관찰해야 한다(분노, 질투, 화, 공감, 사랑).
> ② 정서표현의 깊이 : 표현된 정서의 물리적 특성(깊이가 얕은가 아니면 실제적인가 등)
> ③ 정서구분 능력 : 특정한 감정상태를 구별해 낼 수 있는 정도
> ④ 자극에 대한 정서의 강도 또는 정서조절 능력

앞의 단계에서 기술한 확장되고 경쟁적인 정서가 실패와 모욕에 대한 두려움과 균형을 이루어 인정, 성공, 숙달에 대한 즐거움이 나타나고 작용한다. 수많은 정서가 여전히 나타나긴 하지만 구체적 정서들은 덜 변화한다. 자신을 질서 있게 제자리에 있게 하려는 시도와 초기의 확장적이고 경쟁적 정서 사이에 약간의 불안정성이 존재한다. 초기의 부러움, 고집 피우기, 자기중심적 욕구가 광범위하게 반복적으로 나타난다. 다른 사람에 대한 염려, 공감, 심지어 걱정도 증가한다.

E. 불안과 두려움

> 아동이 언어로 두려움을 직접 표현할 수 있는지 또는 놀이를 통해 간접적으로 표현할 수 있는지를 관찰한다. 특히 불안은 놀이나 대화 도중에 주제 전개의 혼란(disruption)으로 관찰될 수 있다. 불안의 수준은 불안에 이른 혼란과 주제 특성에 따라 구별할 수 있다(예 : 신체적 상처를 둘러싼 불안, 또는 상실의 두려움, 세상의 파괴 또는 내적 자기의 파편화와 같은 보다 전체적이고 분화되지 않은 유형의 불안).

이따금 불안이 나타나며 이는 보통은 다음 행동을 위한 단서기능으로 작용하며 판타지의 변화나 의미의 변화를 통해 다루어진다(예: 반동형성). 모욕이나, 수치심, 존중의 상실, 불인정에 대한 두려움이 우세하다(예: "그 애들은 내가 축구를 잘 못한다고 생각해요.", "모든 애들이 나를 미워해요."). 죄책감도 나타나지만 (예:"나는 나빠.") 상황에 좌우된다.

F. 주제표현

조직화되고 발달에 적합하며 풍부한 주제를 표현하는 능력을 포함한다. 아동이 얼마나 자신의 성격을 다른 사람에게 잘 의사소통 하는가, 놀이를 통해 간접적으로 하는가 아니면 언어를 통해 직접적으로 하는가? 분명히 어떤 아동들은 세상에 대한 기본 신뢰감 때문에 시기에 적절하게 그러한 능력을 발달시킨다. 자신의 내적 통제 능력에 대한 확신, 풍부한 감정전달을 가능케 하고 자신감을 만족시키는 판타지. 반대로 어떤 아동들은 주제표현이 비조직화되어 있다(또는 매우 제한되어 있고 파편화되어 있으며 충동적이다.). 주제표현을 더욱 세분화시켜 제시하면 다음과 같다.
① 주제표현의 조직화 : 조직화된 사고인가? 또는 파편화된 사고인가?
② 주제발달의 깊이와 풍부함
③ 연령에 적합한가 : 연령에 적합하고 전형적인 주제인가?
④ 주제순서 : 순서는 연령에 따라 다르다.

5~6세 때에 비해 풍부함과 범위의 측면에서 약간 덜 풍부하고 덜 조직화된 주제발달이 나타나지만 덜 파편화되고 더욱 조직화된 형태로 나타난다. 세상, 삼각관계, 음모, 인간신체, 닫힌 문 뒤에서 일어나는 일 등의 다양한 공격주제(예: 괴물, 공격)에 대한 흥미의 확장은 덜 강조된다. 하지만 그러한 흥미를 더 강조하는 표현이 이루어진다(예: "문 뒤에서 일어나는 일에 관심 없어요. 보게 해주세요. 그러면 내가 관심 없다는 걸 보여줄게요."). 양극성의 관점에서 통제의 주제를 향한 즐거운 추구로부터 약간의 변화가 있으나 여전히 균형이 존재한다. 역할(나는 무엇인가-축구선수 등)에 관심이 더욱 커지고 활동과 주장이 더욱 조절된다(예: 자기를 조절하고 지시를 따른다.). 이따금 수동적 복종이 나타난다. 도덕성의 개념이 나타나지만 아직 안정적이지 못하다. 규칙과 구조에 대한 관심이 나타난다. 또래집단에 대한 흥미가 상대적으로 커지고 가족과 어른에 대한 관심이 약간 감소한다.

(7) 9~10세 아동

A. 신체기능

> 신경학적 기능, 감각적 기능, 운동통합 기능, 정신적 · 심리적 기능 및 중추신경계의 통합 수준과 관계있는 신체적 측면에 대한 관찰(예: 대 · 소근육협응, 지각 · 운동통합, 인지능력의 출현)이다.

더 커진 근육의 힘이 대근육협응을 증진시킨다. 복잡한 활동능력과 더불어 모든 영역에서 점진적인 개선이 계속 이루어진다(예: 야구, 축구, 테니스). 새로운 학습이 더욱 이루어지고 글자를 유창하게 쓰고 물건을 잘 다루는 능력(예: 드라이버 사용)과 더불어 소근육협응도 계속 개선된다. 이제 몇 가지 요소들 사이(예: "내가 이것을 한 이유는 철수가 그것을 했기 때문이고 철수가 그것을 한 이유는 영호가 시켰기 때문이다.")의 감정이나 물리적 현실 그리고 보다 복잡한 반대의 호혜적 관계 측면이 향상된다. 개선을 이해하기 위해 논리가 사용된다. 판타지를 지배하는 논리적 탐색의 경향성, 도덕성의 지속적 발달, 규칙과 순서에 대한 관심의 증가, 자기조절 능력의 증가, 집중능력의 발달이 지속적으로 이루어진다.

B. 관계유형

> 특징적인 관계 맺기 또는 관계 맺지 않기(예: 위축, 자폐), 2인 관계, 집단관계 형성 및 나누기 능력, 관계 맺기의 자기중심적 스타일이다.

또래관계의 중요성과 복잡성이 증가하고 가족관계와 우정이 역할모델을 중심으로 조직화된다(예: 단순화된 성인 스테레오 타입). 가족, 또래, 교사, 기타 성인관계를 통합하고 즐기는 능력이 더 여유로워진다. 약간의 초기단계 영향으로(예: 삼각관계, 힘겨루기, 수동적 조종) 역할모델에 따라 동성 부모와의 특별한 관계가 형성되기도 한다. 동성 및 이성 또래와의 특별한 관계패턴과 함께 청소년기의 초기

관계 형태가 나타난다. 가족, 또래 친구와 장기적으로 관계 맺을 수 있는 능력('가장 친한 친구'를 포함하여)이 생겨난다. 10세 후반이 가까워지면 또래의 영향에 덜 동요하게 된다.

C. 전반적 기분이나 정서적 분위기

> 아동이 보여 주는 주제뿐 아니라 구체적 정서에 대한 패턴은 다른 범주의 패턴처럼 연령에 따라 분명하게 정하기는 어렵다.

좌절, 복잡한 대인관계 등을 다루는 능력에서 알 수 있듯이 현실적 낙관주의 및 호기심의 측면에서 슬픔, 고집 피우기, 수동적 무기력, 위축된 기분의 극복이 간헐적으로만 나타난다(예: 적당한 스트레스 상황에서). 기분의 안정성, 깊이, 조직화가 더욱 진행된다.

D. 정서

> 다음 사항을 고려해야 한다.
> ① 정서의 범위와 다양성/아동이 보여 주는 정서의 수 : 초기발달단계 동안 정서의 범위는 제한적이고 협소하다. 나중에는 범위가 넓어진다. 또한 정서의 특징적 유형을 관찰해야 한다(분노, 질투, 화, 공감, 사랑).
> ② 정서표현의 깊이 : 표현된 정서의 물리적 특성(깊이가 얕은가 아니면 실제적인가 등)
> ③ 정서구분 능력 : 특정한 감정상태를 구별해 낼 수 있는 정도
> ④ 자극에 대한 정서의 강도 또는 정서조절 능력

공감, 사랑, 연민, 나눔의 능력이 잘 발달하며 구체적인 규칙의 상황에서 슬픔과 상식을 견디는 능력이 발달한다. 죄책감과 내면화된 공포가 존재하며 이면에는 욕망, 욕구, 질투심이 있다. 성의 차이를 둘러싼 새로운 정서가 나타나기 시작한다(예: 성적 주제에 대한 흥분과 부끄러움).

E. 불안과 두려움

> 아동이 언어로 두려움을 직접 표현할 수 있는지 또는 놀이를 통해 간접적으로 표현할 수 있는지를 관찰한다. 특히 불안은 놀이나 대화 도중에 주제 전개의 혼란(disruption)으로 관찰될 수 있다. 불안의 수준은 불안에 이른 혼란과 주제 특성에 따라 구별할 수 있다(예 : 신체적 상처를 둘러싼 불안, 또는 상실의 두려움, 세상의 파괴 또는 내적 자기의 파편화와 같은 보다 전체적이고 분화되지 않은 유형의 불안).

내면화된 갈등과 관련된 불안이 일반적으로 잦아든다. 행동의 변화, 사건에 대한 해석 또는 의미와 판타지에서 보다 세련된 변화(예: 합리화)가 일어난다. 존중의 상실, 모욕, 수치심과 관련된 자존감 상실의 두려움이 여전히 존재한다. 자신의 죄책감에 대한 두려움이 더 강해진다(예 :"난 그것을 할 수 없어. 그걸 하는 건 나쁜 거야.").

F. 주제표현

> 조직화되고 발달에 적합하며 풍부한 주제를 표현하는 능력을 포함한다. 아동이 얼마나 자신의 성격을 다른 사람에게 잘 의사소통 하는가, 놀이를 통해 간접적으로 하는가 아니면 언어를 통해 직접적으로 하는가? 분명히 어떤 아동들은 세상에 대한 기본 신뢰감 때문에 시기에 적절하게 그러한 능력을 발달시킨다. 자신의 내적 통제 능력에 대한 확신, 풍부한 감정전달을 가능케 하고 자신감을 만족시키는 판타지. 반대로 어떤 아동들은 주제표현이 비조직화되어 있다(또는 매우 제한되어 있고 파편화되어 있으며 충동적이다.).
> 주제표현을 더욱 세분화시켜 제시하면 다음과 같다.
> ① 주제표현의 조직화 : 조직화된 사고인가? 또는 파편화된 사고인가?
> ② 주제발달의 깊이와 풍부함
> ③ 연령에 적합한가 : 연령에 적합하고 전형적인 주제인가?
> ④ 주제순서 : 순서는 연령에 따라 다르다.

주제능력이 더욱 조직화된다(예: 경찰에게 잡힌 강도에 관한 이야기를 매우 조직적이고 구체적으로 할 수 있다.). 성인 역할을 흉내 내는 축구게임이나 파티이야기가 조직적이고 구체적으로 제시된다. 5~6세 시기의 정서적 풍부함과 복잡성은 통제, 규칙, 조직화 등의 높은 수준의 지배-복종을 둘러싼 주제로 관심이 옮겨간다. '역할'과 '장래에 어떤 사람이 될 것인가.' 그리고 '내가 잘하는 것', '남녀 사이의 차이'에 대한 새로운 관심이 나타난다. 성, 또래 그리고 성인과 얘기하는 것에 관한(예: 낄낄거리는 지저분한 농담) 다양한 관심이 청소년기에 생겨난다. 자존감 및 타인이 보는 자신에 관한 관심도 우세해진다. 내면의 도덕성이 구체적인 흑백논리로 표현되지만 규칙을 깨는 것에 대한 합리화를 쉽게 한다. 사실의 옳고 그름에 관한 커진 관심은 규칙을 둘러싼 합리화 능력을 보다 세련되게 만든다. 그러나 자기통제와 지시를 따르는 능력도 잘 발달한다.

2) 놀이의 주제

아동을 평가할 때 항상 중요하게 고려해야 할 것은 아동이 보여 주는 놀이의 주제이다. 주제를 평가할 때 몇 가지를 고려해야 하는데 특히 Greenspan(2003)은 이를 주제의 조직화, 주제의 풍부함과 깊이 그리고 주제 전개 순서로 분류하였다. 주제를 살필 때는 연령에 적합한가를 무엇보다 중요하게 고려해야 한다. 여기서 주제라는 말은 놀이장면에서 아동이 보여 주는 언어의 내용뿐 아니라 아동이 의사소통하는 모든 방식-놀이, 행동, 그림, 기타 활동을 통한-을 말한다. 주제에 주의를 기울이면 아동이 경험하고 있는 특정한 갈등뿐 아니라 아동의 성격특성에 관해 많은 것을 알 수 있고 아동을 위한 적절한 치료과정을 어떻게 전개해 나가야 할지에 대한 단서도 얻을 수 있다.

(1) 놀이주제의 조직화

주제의 조직화라는 것은 아동이 놀이를 통해 보여 주는 주제들 간의 연관성을 말한다. 어른에게는 사고의 조직화라고 할 수 있는 부분이다. 성인과 아동이 다른 점은 아동에게는 발달단계에 따라 다른 것을 기대해야 한다는 것이다. 3세 아동의 경우 사고의 논리적 연결이 부분적으로 이루어지지 않는 것이 정상이지만 6~8세 아동에게는 주제들 간의 논리적 연결형성을 기대할 수 있다. 아동이 한 발달단계에서 다음 발달단계로 이행하는 과도기적 단계에서는 주제의 조직화 정도를 알아내기가 쉽지 않다. 예를 들면, 오이디푸스 시기에서 잠복기로 넘어가는 경우이다.

주제의 조직화가 충분하지 못한 아동은 한 주제에서 다음 주제로 넘어갈 때 갑작스럽게 전혀 연관성이 없는 주제로 곧장 이행하는 경우가 많다. 예를 들어, 할아버지에 대한 화난 감정을 얘기하다가 갑자기 치료자에게 컴퓨터 게임을 좋아하냐고 묻는다면 주제 연결의 부재에 대한 궁금증을 갖지 않을 수 없다.

어떤 7살 난 여자 아동은 혼자 말없이 아기인형에게 우유를 먹이고 담요에 싸서 유모차에 앉힌 후 텐트 안으로 가지고 들어가 보살피다가 다시 텐트 밖으로 나온다. 그리고 나서 다시 말없이 아기를 데리고 마트에 가서 아기에게 필요한 것들을 산 다음 다시 텐트 안으로 들어가 아기를 보살펴 주었고 그런 다음 다시 텐트에서 나오는 놀이를 반복하였다. 이 아동의 놀이 주제는 주로 양육과 관련된 것이며 아이와 놀기를 거부하고 혼자 놀도록 한 엄마로 인해 혼자 소리 없이 조용히 노는 것에 익숙해졌지만 그럼에도 불구하고 엄마의 관심과 사랑을 필요로 한다는 것을 텐트에 들어가 아기를 돌보는 행동을 통해 보여 주었다. 아기 돌봄과 텐트에 들어가는 행동은 서로 연관된 행동으로, 아동이 놀이로 주제의 조직화 정도를 보여준 사례라고 할 수 있다.

(2) 놀이주제의 풍부함과 깊이

주제발달의 풍부함과 깊이는 아동에게 사고, 정서가 얼마나 풍부하며 성격적인 위축이나 경직 또는 신경증적인 위축이나 경직이 있는지를 평가하는 척도가 된다(Greenspan, 2003). 아동이 들려 주는 이야기가 파편화되었거나 피상적이거나 등장인물의 활동이나 이야기 줄거리에 깊이가 없거나 분노, 주장성, 심지어 공감이나 염려와 같은 인격의 다양한 측면을 둘러싼 것들을 억압한 결과로 인한 안정성 등이 있는지를 찾아내야 한다.

극도로 피상적인 아동들은 단 하나의 주제도 구체화시키지 못한다. 어른처럼 조직적으로 주제를 전개하지는 못하지만 최소한 2~3개 정도의 주제가 놀이에 등장하는데 그렇지 못한 경우라면 발달상에 문제가 심각하다고 할 수 있다. 분노나 적개심, 미움 등을 표현하려고 하다가도 불안이 일어나 더 이상 들어가지 못하기 때문에 주제가 흩어져 버린다. 이런 아동에게는 주제를 통한 깊은 정서표현을 기대하기 어렵다.

오이디푸스 시기는 비교적 쉽게 주제의 풍부함을 관찰할 수 있고 발달단계상 판타지가 가장 방어 없이 풍부하게 표현되는 단계이다. 그러나 잠복기로 들어가면서는 아동의 현실감과 방어로 인해 판타지가 직접적으로 표현되지 않기 때문에 이전 단계에 비해서는 관찰하기가 어려운 측면이 있으나 조금만 더 시간을 갖고 기다린다면 잠복기 아동의 놀이 역시 주제 측면을 관찰할 수 있다. 잠복기 아동들은 판타지 놀이보다는 규칙이 있는 게임이라든가 공놀이라든가 보다 실생활을 반영하는 놀이를 하는 경향이 있다. 특히 이 시기의 아동들은 구체적이고 자세한 규칙 그 자체에 더 관심을 두는 경향이 있다. 이런 비판타지적 놀이는 아동의 활동이나 삶에서 나타나는 아동의 태도를 볼 수 있는 기회를 준다.

(3) 놀이주제의 순서

아동의 놀이에서 놀이주제가 전개되는 순서를 보면 무엇이 아동을 힘들게 하는 문제인지를 알 수 있다. 즉 친밀함이나 분리에 대한 두려움인지, 신체손상에 대한 두려움인지, 형제간 경쟁으로 인한 갈등인지 등등을 알 수 있다. 아동의 핵심문제를 보여 주는 주제가 나타나는 놀이를 하는 아동은 두려움이나 불안을 느끼게 되는데 아동이 두려움이나 불안을 극복하는 정도에 따라 다시 그 주제로 돌아갈 수 있는가 아닌가가 결정된다. 초기에 드러나거나 또는 갑작스럽게 드러난 주제가 주는 두려움이나 불안은 강력한 것일 수 있다. 두려움이나 불안이 압도적인 경우에는 놀이실 밖으로 나가려고 하는 아동도 있다.

6장 놀이치료실과 놀잇감

1. 놀이치료실
2. 놀잇감

놀이치료실과 놀잇감은 아동과 의사소통하고 아동이 자신의 내면 깊은 세계를 판단이나 비난의 위협 없이 안전하게 표현할 수 있는 곳이기 때문에 놀이치료실을 꾸밀 때에 신중해야 한다. 처음 놀이치료실에 들어설 때부터 놀이치료실은 안전하고 따뜻하며 놀고 싶은 곳이어야 한다.

1 놀이치료실

여기에서 놀이치료실은 물리적 공간을 의미한다. 놀이치료실은 아동의 연령, 이론적 접근에 따라 다르게 꾸며질 수 있다. 정신분석적 접근이나 생태학적 접근을 하는 놀이치료자들은 각 아동들에게 놀이상자를 주어 각자의 놀이치료실을 꾸밀 수 있게 한다. 치료놀이나 발달놀이처럼 치료자가 놀이도구로 활용되는 접근에서는 매우 소수의 놀잇감을 도구로 이용한다. 아동중심 놀이치료나 기타의 놀이치료적 접근에서는 많은 놀잇감을 사용하는 경향이 있다.

주로 정서적 어려움을 가진 아동들에게 놀이치료실은 3~4평 정도가 적당하며 발달문제를 가진 아동들에게 5~7평 정도가 적당하다. 또한 집단으로 놀이치료를 실시할 경우에는 7~8평 정도의 놀이치료실이 필요하다. 놀이치료실은 청소가 용이한 재질의 마감재를 사용하여 벽과 바닥을 마무리한다.

우리나라와 같이 바닥에 앉아 놀이를 하는 경우에 바닥은 장판을 마감재로 사용하는 것이 보통이며 걸레청소가 가능한 벽지를 사용한다. 놀이치료실은 밖에서의 소음이 지나쳐 놀이를 방해하거나 안에서의 소리가 밖으로 들려 놀이가 방해받지 않을 정도의 소음 차단이 이루어지는 방이어야 한다. 적당한 놀잇감 진열장을 준비하여 선반 위에 아동이 쉽게 볼 수 있도록 놀잇감들을 진열한다.

소꿉놀이 코너나 가족놀이 코너에는 작은 카펫을 깔아 아늑한 분위기를 만들도록 한다. 상하수도 설비를 할 수 있다면 바람직한데 아동이 물놀이를 할 수 있도록 상하수도 시설이 설비된 싱크대를 설치하면 좋다. 더욱 바람직한 것은 놀이치료실에 작은 화장실이 함께 있어 화장실을 가기 위해 밖으로 나가야 하는 경우에 겪어야 하는 불필요한 경험들을 줄이는 것이다.

그러나 놀이치료실의 물리적 환경보다 더 중요한 것은 아동의 놀이세계를 이해하고 공감해 주는 성인의 존재 여부다(Landreth, 1991; Norton & Norton, 2002). 그러한 존재가 있을 때 아동은 안전을 느끼고 자신의 세계를 열고 바깥세상과 의사소통할 수 있게 된다.

2 놀잇감

놀잇감은 아동이 직접 언어로 표현하지 못하는 세계를 놀이라는 상징을 통해 간접적이고 상징적으로 표현케 하는 수단이라고 할 수 있다. 그렇기 때문에 아동이 놀잇감을 사용하는 의미와 특정상황에서 아동이 놀잇감을 통해 하는 놀이의 의미를 이해하는 것이 곧 아동과 의사소통할 수 있는 방법이라고 할 수 있다. 아무것이나 놀이치료를 위한 놀잇감으로 적합한 것은 아니며 놀잇감 선택에 기준이 존재하며 기준에 따라 놀잇감을 선별해야 한다. Norton과 Norton(2002)이 제시한 놀잇감 선별 기준을 제시하면 다음과 같다.

① 위생적인 놀잇감이어야 한다.
② 관계 지향적인 놀잇감이어야 한다.
③ 아동의 현실세계를 반영한 놀잇감이어야 한다.
④ 투사적 놀잇감이어야 한다.
⑤ 아동을 판타지의 세계로 안내하는 놀잇감이어야 한다.
⑥ 의사결정을 격려하는 놀잇감이어야 한다.
⑦ 아동의 창조성을 자극할 수 있는 놀잇감이어야 한다.

놀이치료 장면에서 놀잇감이 가지는 상징적 의미는 아동에 따라 다양하기 때문에 일률적으로 이해하는 것은 위험할 수 있다. 여기서 제시하는 놀잇감들의 의미와 더불어 아동 개인이 가진 개인적 맥락을 함께 고려하여 이해하는 것이 필요하다.

(1) 비행기

비행기는 탈출의 필요성, 문제로부터의 거리, 탈출의 속도, 긴장으로부터의 자유, 문제를 제거할 때 필요한 안전장치, 가해자로부터의 보호 등을 상징한다. 비행기가 주는 거리감은 아동이 보호받고 있다는 감정을 갖게 할 수 있다.

예를 들어, 트럭을 바닥에 놓고 비행기로 그 위를 날게 하는 아동을 생각해 볼 수 있다. 아동은 트럭 위로 비행기가 날게 하면서 폭탄을 떨어뜨리고 지나간다. 아동은 안전과 거리가 필요할 뿐만 아니라 화를 표현하기 위한 방법으로 비행기를 선택한 것이다. 만약 아동이 직접 사람에게 화를 표현할 수 있다면 다른 형태의 놀이를 할 것이다.

(2) 동물

야생 동물은 공격성, 두려움, 생존, 힘의 주제를 표현한다. 예를 들어, 큰곰, 늑대, 사자, 이가 있는 동물(예: 악어)들은 아동에게 피해를 준 가해자를 상징할 수 있다. 반면에 가축은 보호, 가족, 관계, 순종, 의존 등 개인적인 주제들을 표현한다. 이런 동물들은 인형동물이 사용되었거나 실제 인형동물이 아니고 그림 그리기나 말로 동물이 표현되어도 동일한 상징적 의미를 갖고 있다.

(3) 미술활동

만들기는 또 다른 치료적 은유의 방법이다. 아동이 한 주제를 반복적으로 놀이할 때 비지시적인 방법으로 그림을 그려보게 할 수 있으며 그럼으로써 한쪽으로 기울어진 아동의 놀이주제와 내적 에너지를 다른 방향에서도 찾아볼 수 있게 하는 기회를 주게 된다. 처음에는 주로 사람보다는 동물들을 주인공으로 하는 그림을 그리게 하는 것이 문제로부터 어느 정도 거리를 두게 하여 안전을 느끼게 하는 방법일 수 있다.

(4) 젖병

젖병은 어린 시기로의 퇴행을 상징한다. 즉, 양육과 사랑에 대한 욕구, 아동의 모든 관심이 구강으로 몰리는 첫 번째 발달단계인 구강기, 다른 사람이나 사물에 대한 의존심, 가족 내에서 아기에 대한 관심, 아기를 둘러싼 문제, 새로운 아기의 출생과 그로 인한 경쟁심, 또는 유뇨증의 문제 등을 상징할 수 있다.

젖병은 놀이실에서 가장 많이 사용되는 놀잇감 중 하나로 다양한 방법으로 사용된다. 예를 들어, 아동이 놀이하는 중에 젖병을 들고 빨 수 있다. 이는 외상적 사건이 일어났던 발달단계로 돌아간 것일 수 있다. 심리적 시간으로 돌아가 그때 경험한 외상적 경험들을 다시 만나고 작업하게 된다. 외상의 발달적 단계와 내용은 아동의 놀이에서 혼합되어 나올지도 모른다.

젖병은 남근적 상징일 수도 있다. 예를 들어, 아동들은 모래에 물을 부을 때 남근을 상징하는 젖병으로 물을 부을 수 있다. 또는 심리적 외상사건에 직면할 때 위안을 받고 싶은 욕구를 의사소통하기 위해 젖병을 사용할 수 있다.

(5) 공

공은 놀이치료실에서 가장 기본적인 놀잇감 중 하나이다. 공은 아동이 타인(예: 치료자)과 상호작용할 수 있는 기회를 준다. 또한 치료자와 거리를 두어 안전감을 갖게 하며 아동과 치료자 간에 신뢰를 갖게 한다.

첫 번째 놀이치료 시간에 아동이 공놀이하는 모습을 보면 아동에 대한 중요한 정보를 얻을 수 있다. 즉, 어떤 방식의 의사소통을 치료자에게 기대하는지 알 수 있다. 아동이 치료자와 정면으로 하는 공놀이를 원하는지, 아동이 치료자 손이 아닌 다른 신체 부위를 맞추기 원하는지, 치료자를 두렵게 할 목적으로 공을 거칠게 던진다든지 하는 모든 행동들이 그러한 의미를 갖고 있으며 그것은 아동의 경험과도 관련 있는 태도라고 할 수 있다.

(6) 담요

담요를 사용하는 아동은 퇴행의 의도를 갖고 있다고 할 수 있다. 퇴행을 통해 불안정한 감정이나 경험들을 안전이나 편안한 경험으로 바꾸고 싶어하는 것일 수 있다. 성학대를 받은 아동은 자신의 몸을 보호하려는 상징적 행동으로 담요를 덮을 수도 있다. 그것은 또한 가해자에 의해 희생되지 않기 위해 아동의 상상 속에서 경계를 만들고자 하는 아동의 시도일 수 있다.

(7) 블록

블록은 강한 방어물을 만드는 데 사용된다. 예를 들어, 경계의 역할을 하게 벽을 만들 수 있다. 또한 상상놀이에서 아동을 돕는 구조물로 사용될 수 있으며 다른 사람으로부터 자신을 보호하기 위한 울타리로 사용될 수 있다. 전쟁놀이에서 자신을 보호하기 위한 방법으로 울타리를 세운다. 수많은 규칙을 요구하는 엄격하고 통제적인 성향의 부모에게서 자라나는 자녀들에게 반복되는 블록놀이는 아동의 삶에 존재하는 엄격함을 나타낼 수 있다.

(8) 상자

상자는 다른 사람이 알고 있지 못하는 비밀을 나타내거나 숨기기 위해 사용될 수 있다. 또한 경계를 세우기 위해서 사용할 수 있고, 아동의 감정을 담아두기 위한 곳으로도 사용될 수도 있다. 또는 아동의 갈등을 상징할 수 있다. 아동은 선물을 상징하기 위해 상자를 누군가에게 주는 상상놀이를 할 수 있다. 아동은 또한 그 자신을 상징하기 위해 상자를 사용할 수 있다.

예를 들어, 값비싼 것들을 상자에 넣으면서, “여기엔 다른 사람이 알지 못하는 값진 것이 있어요.”라고 말할 수 있다. 놀이의 맥락을 통해 상자나 그 안의 내용물이 아동에게 의미하는 것을 곧 알 수 있다. 그러나 내용물이 상징하는 것을 아동이 드러내지 않으면 의미가 없을 수도 있지만 열지 않는 행동 자체를 통해 상자는 믿음을 상징할 수 있다.

첫 세션에 상자를 사용한다면 아동이 무엇인가 비밀스러운 의사소통을 하고 싶어하는 것을 의미할 수 있다. 이렇게 간접적으로 표현하는 것은 아직 아동이 치료자에게서 신뢰를 느끼지 못하기 때문에 치료자가 알아주기를 표현하는 것일 수 있다.

그러면서 아동이 현재 상황에 대해 통제권을 가지고 있다는 것을 나타내는 것일 수 있다. 아동은 내용을 알고, 그 자신의 방법으로 비밀을 오픈할 수 있다. 그것은 아동에게 존중, 조절 능력을 회복하게 해준다. 그렇게 함으로써 아동 자신이 감당할 수 있는 속도와 방법으로 아동의 문제를 표현할 수 있게 해주고, 이해할 수 있게 해주는 매우 중요한 놀잇감이다.

(9) 카메라

카메라는 아동에게 구체적인 기억을 줄 수 있다. 상황을 기억하기 위해 카메라로 사진을 찍으면서 놀 수 있다. 아동은 자신이 경험한 것이나 기억을 확인해 볼 수 있는 무엇인가를 원한다. 사진은 그런 면에서 의미가 있다. 사진은 변하지 않는 신뢰를 나타내면서 동시에 변화의 방법으로 사용될 수 있다. 즉, 사진은 어떤 사건에 대해 알게 한다.

(10) 옷

놀이실에서 이용할 수 있는 옷의 종류(예: 의사, 정글 탐험가, 드라큘라, 소방관, 경찰관, 요정, 영웅, 우주비행사, 해적, 로봇, 유령, 군인, 마녀 등)가 중요하다. 그러나 이런 옷들이 모두 있을 수는 없다. 최소한 두 가지의 옷은 있어야 둘 간의 상호작용을 진행시킬 수 있다.

(11) 공룡

공룡은 과거를 나타내는 것으로 아동의 과거 역사를 나타낼 수도 있다. 아동은 놀이 속에서 과거에 일어난 상황을 되풀이한다. 공룡은 매우 강력해 보인다. 공룡은 약탈자이고, 두려움을 불러일으키는 존재이다. 또한 멸종됐기 때문에 죽음을 나타낼 수 있다. 죽음을 두려워하는 아동은 장난감 공룡으로 이런 두려움을 놀이할 수 있다.

공룡은 아동의 내부에서 일어나는 갈등을 이끌어낼 수도 있다. 공룡은 아동의 환경 안에 항시 갈등이 존재하며 그 사실로 인해 투쟁적인 삶을 살아야 한다는 사실을 나타낼 수 있다. 아동은 생활에서 일어나는 실제적인 싸움을 끝내기 위해 공룡을 사용할 수도 있다.

중요한 타인의 죽음을 다루는 아동은 공룡을 다른 놀잇감보다도 자주 선택하는 경향이 있다. 중요한 사람의 상실뿐 아니라 아동의 내적 평화를 상실하는 것에 대한 두려움을 나타내는 것일 수 있다.

(12) 병원놀이

병원놀잇감은 치유와 회복의 기회를 상징한다. 또한 치유의 힘이나 강력한 사람이나 치유를 필요로 하는 고통을 상징할 수 있다. 특히 위기나 외상을 경험한 아동에게 병원놀이는 삶과 죽음을 나타낼 수 있다.

병원놀잇감은 긍정적 변화를 나타내면서 동시에 타인에게 받은 고통이나 침입과 같이 부정적인 것을 나타낼 수 있다. 성학대를 받은 아동에게 의사의 치료는 그것 자체가 학대를 받은 것만큼의 고통을 받게 할 수 있다.

신체 이미지의 주제 또한 의사놀이를 하면서 많이 나타날 수 있다. 예를 들어, 의사는 신체의 다양한 부분에 대해 의견을 줄지도 모른다. 신체증상(예: 두통, 복통 등 다양한 부분의 병)을 지닌 많은 아동들이 병원놀이를 하고 싶어한다. 그런 경우에 병원놀이는 고통을 일으킨 신체 부위에 집중된다. 가장 일반적인 곳이 심장인데, 심장은 아동의 내적 존재를 나타낸다.

- 혈압계 아동이 혈압계로 놀이를 한다면 이는 화, 냉정, 마음의 상태, 내면화된 감정이나 변화의 필요성과 같은 내적 문제를 다루는 것일 수 있다. 온도계도 비슷한 역할을 한다.

- 청진기 청진기는 내적 상태를 평가하기 위해 사용될 수 있다. 내적인 것은 신체 장기의 기능뿐 아니라 감정을 모두 나타낸다. 청진기는 병원놀이 도구에서 가장 광범위하게 사용되는 것 중 하나이다. 그것은 신체의 내적인 부분들을 평가하기 위해 사용되는데(예: 아동의 감정들) 이런 감정들은 타인에게 드러내지 않았거나 알려지지 않은 것일 가능성이 높다. 아동은 치료자에게 감정에 대한 자세한 것들을 알리면서 편하다고 느끼기에 앞서 이런 감정들이 존재한다는 것을 치료자에게 먼저 알리기 위해 이런 놀잇감을 사용한다. 이 놀잇감은 또한 관계 안에서 내적 감정의 이해를 표현한 것일 수 있고, 치료자에게 닫혀 있는 감정을 열기 시작했음을 상징할 수 있다. 사람의 이면에 있는 좋은 점을 알기 위해 아동이 청진기를 사용한다면 그것은 개인에 대한 확신을 상징할 수 있다. 아동은 청진기를 들어서 자신의 가슴에 대고, 심장박동 소리를 듣고, 그다음은 치료자에게도 그렇게 할지 모른다. 치료자의 정서 상태를 알고 싶은 것이다(정말 아동을 이해해 줄 것인지에 대해).

- 주사기 주사기는 고통을 주는 수단으로서 아동들이 많이 사용하는 놀잇감이다. 그것은 아동이 신체적 학대, 강요당함, 두려움이나 꿰뚫어 본다고 느꼈을 때를 나타낸다. 아동이 고통을 가하기 위해 주사를 놓으면서도 "이것은 선생님에게 좋은 거예요."라고 말한다 하더라도, 이런 아동은 유익한 환경을 경험해보지 못했을 가능성이 높다. 그의 기억은 두려움을 일으키는 접촉과 충격인 것이다. 어떤 경우에, 주사는 성적이거나 신체적 학대의 표현일 수 있다.

- 온도계 청진기와 마찬가지로 온도계는 내적 상태를 나타낸다. 그러나 청진기보다 더 많은 정보를 주는 경향이 있다. 예를 들어, 체온이 높으면 일반적으로 아동의 생활에서 많은 정서적 감정(분노, 열광)을 일으키는 사람에 대해 다루는 것이다. 반면, 낮은 체온은 냉정하고, 냉담하고, 경직된 것이다. 이 경우, 아동은 신중하거나 냉담하거나 주저한다. 더불어 온도계는 약점과 장점, 도움의 필요, 위기, 변화의 필요를 나타낼 수 있다.

(13) 인형

아동이 인형으로 상상놀이를 한다면 그것은 아동이 삶에서 경험하고 있는 것 그리고 그 자신 모두를 상징한다. 예를 들어, 인형은 정체성의 문제, 형제간 갈등, 경쟁심, 타인에 대한 친밀감과 부모에 대한 아동의 의존성을 나타낼 수 있다. 퇴행의 수단으로 인형을 사용하기도 한다.

(14) 인형집

인형집은 가족환경을 재연할 수 있다. 아동이 인형집에서 놀이하는 모습을 보면 가족에 대한 아동의 지각, 가족의 상호작용 방법과 가족 간에 전달되는 미묘한 태도에 대한 중요한 정보들을 얻을 수 있다.

(15) 가족인형

가족모형으로 놀이하는 것은 가족이나 상황에서의 힘과 권력에 대한 아동의 지각(즉 누가 힘을 가지고 있고, 그것이 어떻게 사용되는지), 가족 안에서 그것이 어떻게 일어나는지, 의존적이거나 경쟁적인지, 가족관계의 상태뿐 아니라 어떻게 아동과의 관계가 가능한 지, 가족관계 내에서 아동이 안전감을 느끼는지, 아동이 가족 내에서 느끼는 수용이나 거부, 그리고 일반적인 가족의 역동에 대한 정보를 얻을 수 있다. 사람인형으로 놀이하는 것은 다른 사람과의 관계에 대한 아동의 지각을 직접적으로 나타내 준다.

(16) 남자인형

남자인형으로 놀이를 하면서 아빠, 남자형제, 삼촌, 선생님이나 어떤 남성들과의 관계에서 경험하는 것들을 가족관계에서 경험하는 관계 및 감정적 측면에서 다루게 된다.

(17) 여자인형

여자인형으로 놀이하는 것은 엄마, 자매, 숙모, 선생님이나 보모나 어떤 여성과의 문제로써 가족과 관련된 주제들을 다루는 것이다.

(18) 여자아이인형

여자아이인형은 아동 자신, 자매, 보모나 친구를 나타낼 수 있다. 아동은 또한 정체성의 문제, 자기 이미지, 또래관계와 사회적 상호작용을 다루기 위해 이 인형을 사용할 수 있다.

(19) 남자아이인형

남자아이인형은 아동 자신, 형제나 친구를 나타내기 위해 사용될 수 있다. 또한 정체성의 문제, 자기 이미지, 또래관계와 사회적 상호작용을 다루기 위해 이 인형을 사용할 수 있다.

(20) 아기인형

아기인형으로 놀이하는 것은 퇴행이나 양육에 대한 아동의 욕구를 나타낼 수 있다. 그것은 또한 과거와 관련된 문제, 경쟁, 형제간 경쟁 등의 문제를 다루기 위해 사용될 수 있다.

(21) 손전등

손전등으로 놀이하는 것은 탐색, 세밀히 살피거나 관찰의 필요성이나 통제에 대한 아동의 욕구를 나타낼 수 있다. 또는 비밀 엄수, 두려움이나 의존성의 표현일 수 있다.

(22) 게임

구조화되어 있는 게임이라도 게임은 아동에 관한 중요한 정보를 이끌어낼 수 있다. 아동이 생활에서 경험하고 있는 구조화와 통제, 경쟁에 대한 아동의 태도, 아동의 능력 수준, 성공이나 실패에 대한 태도, 아동의 순종 여부, 아동이 게임에서 단순한 규칙에 대해 질문하는지의 여부, 아동이 협조적인지 아닌지의 여부를 설명할 수 있다. 규칙이 변화하는 것이 항상 부정적인 것만은 아니다. 아동이 단지 게임을 다른 방법으로 하기 원해 규칙을 바꾸자고 하는 것일 수도 있다. 게임은 아동의 능력을 반영하기도 한다. 만약 아동이 유능함을 느끼지 못한다면 아동은 게임을 하지 않는 경향이 있다. 게임을 한다고 해도 긴장 때문에 쉽게 포기할 것이다. 이것은 아동의 자기 존중감에 대한 중요한 정보를 주는 것이다.

아동들은 세상을 다루는 방법을 알아내기 위해 게임을 종종 사용한다. 욕구를 표현하기 위해 아동에게 자유가 주어지는 것이 중요하다. 삶이 아동을 속인다고 느끼면 아동도 게임놀이에서 속임수를 사용할 것이다. 왜냐하면 아동이 삶에서 경험한 것이 그것이기 때문이다. 결과적으로 놀이실에서 아동과 의사소통을 하려면 아동의 욕구표현을 허용하고 안전함을 느낄 수 있는 분위기를 만들어야 한다. 모든 게임과 놀잇감의 목표는 욕구를 표현하도록 돕는 것이다.

이기기 위해 믿기지 않을 정도로 게임의 규칙을 쉽게 바꾸어버리는 아동을 볼 수 있다. 이것은 어떤 다른 힘도 느낄 수 없는 곳에서 자신의 세계를 느끼고 자신의 세계를 보여 주는 방법일지 모른다. 반대로 매번 게임에서 치료자를 이기게 해 주는 아동이 있다. 이런 아동은 지나치게 통제적이고 강하며 성인 중심으로 욕구 충족을 시도하는 가족 출신일 가능성이 높다. 즉, 성인, 주변사람을 봐주고 돌보는 관계패턴을 배운 아동들이다. 이런 아동들은 자신이 상처입는 것을 두려워해서 성인의 짜증이나 화에 대해 걱정스러워 하고 자신의 욕구를 억누른다.

(23) 미용용품

아동이 미용용품(예: 빗, 거울, 립스틱 등)으로 놀이한다면 아동은 돌봄이나 양육에 대한 욕구뿐 아니라 자기 이미지와 자기 개념에 대한 태도를 의사소통하는 것이다. 미용용품이 과잉으로 사용된다면 성정체성의 갈등이나 성적 학대의 가능성을 경고하는 것일 수도 있다. 이런 놀잇감들은 자기 이미지의 타당성이나 확인의 사인으로 놀이치료의 마지막 단계에 사용되기도 한다.

(24) 총

총은 아동의 공격성, 화, 적개심, 힘에 대한 욕구, 그리고 자기 삶의 조절을 표현하는 것일 수 있다. 또한 아동이 감정적으로 갖는 충격뿐만 아니라 신체적 고통 모두에 압도되어 있는 것을 의미할 수 있다. 이 고통은 성적이거나 신체적인 학대가 일어났음을 상징할 수도 있다.

총은 보호와 경계의 통로를 제공할 뿐 아니라, 죽음에 대한 아동의 태도에 관한 정보를 줄 수 있다. 어떤 아동들은 치료실에 들어와서 옷과 총의 고리를 묶기도 하는데 이는 보호에 대한 욕구를 나타내는 것이다. 다른 아동들은 죽음처럼 내적 문제를 다루기 위해 죽음을 일으키는 총을 들고 무엇인가를 향해 쏘기도 한다.

많은 부모들은 자녀가 총으로 놀이하는 것에 반대한다. 그러나, 놀이실에서 총이 사용되는 이유를 설명해 준다면 그러한 반대는 없어질 것이다. 아동들이 놀이치료자의 지도감독 하에 총놀이를 한다면 그때의 총놀이는 부모들이 우려하는 폭력과는 다른 의미의 놀이라고 할 수 있다. 놀이치료실에서 치료자는 아동이 총이 상징하는 문제에 맞는 해결책을 찾기 위해 존재하는 것이다. 문제가 놀이를 통해 해결되어 가면서, 아동은 더 이상 총을 필요로 하지 않게 된다.

(25) 열쇠

열쇠는 아동 자신의 보호를 위해 무엇인가를 담아 두고자 하는 욕구를 드러낸다. 일반적으로, 열쇠는 아동이 갖고 있는 어떤 방법의 유지를 나타낸다. 새로운 경험의 개방, 보물이나 비밀을 위해 열쇠를 사용할 수 있다. 다시 말해, 비밀을 드러낼 시기와 그리고 그것에 직면할 시기와 방법을 조절하기 위해 열쇠가 필요하다.

(26) 주방 접시

주방 접시나 부엌기구로 놀이하는 것은 양육에 대해 아동이 갖고 있는 정보를 치료자에게 준다. 아동의 방임 여부도 드러내 줄 수 있다. 이런 형태의 놀이는 아동의 가족 관계에 대한 정보를 주기도 한다. 예를 들어, 누가 요리를 하는지, 음식을 누가 가져오는지, 그리고 식사시간은 어떻게 보내는지 등이다. 음식을 준비하는 과정과 식탁에 음식을 놓는 과정은 정서적인 지지를 의미할 수 있다. 음식을 준비하는 사람은 매우 침착하고, 위안을 주고, 쉽게 상호작용할 수 있는 특성을 지닌 사람일 가능성이 높다.

양육놀이에는 흔히 음식이 포함된다. 아동은 불충분한 양육을 나쁜 음식으로 상징한다(예: 독, 나쁜, 죽은, 불쾌한, 싫은 음식). 아동이 좋은 양육을 받았다면 아동은 긍정적인 방법으로 음식을 언급한다(예: 달콤한, 훌륭한 또는 피자, 핫도그, 햄버거 등과 같이 좋아하는 음식). 아동을 가장 안심시키는 양육적인 놀이 중 하나는 아동이 좋아하는 음식으로 파티를 하는 것이다.

(27) 빛

어떤 아동들은 놀이치료실의 전등을 이용해 놀이를 하기도 한다. 전등을 끄는 것은 밤을 상징할 수 있다. 빛은 힘과 조절을 상징할 수 있다. 만약 아동이 빛을 조절한다면, 아동은 힘을 느낄 수 있다. 때문에 아동이 불을 켜고 끄는 것을 허용하는 것은 의미가 있다. 게다가, 아동들은 들어갈 때와 나올 때 불을 조절해야만 한다.

빛은 또한 아동이 비밀을 다룰 수 있도록 허용한다. 아동이 어둠의 주제를 놀이함으로써 비밀을 반드시 드러내지 않아도 된다. 왜냐하면, 치료자에게 자세한 것을 모두 드러내는 것을 매우 두려워할지도 모르기 때문이다. 이런 유형의 놀이에서 아동의 의식화는 단계적으로 차근차근 이루어질 수 있다. 한꺼번에 많은 의식화가 이루어지면 아동에게 두려움을 줄 수 있다. 아동은 치료자에게 자세한 것을 모두 드러내는 것을 매우 두려워하기 때문에 어둠에 숨길 수 있다. 즉, 아동은 자기 감정의 부인 방법으로 어둠을 사용할 수 있다.

불을 껐을 때는 밤시간을 상징할 수 있으므로 아동이 성학대를 받았다면 불을 끌 것이고 침실에서 놀이할 것이다. 이것은 밤에 일어난 학대를 다루는 아동의 표현이다. 놀이실에서 손전등을 이용하게 하는 것도 의미가 있다. 그것도 비밀스런 사건에 대한 조절과 힘을 나타내기 때문이다.

(28) 마술봉과 수정구슬

마술봉은 아동에게 강력한 기회를 준다. 아동이 도움을 절실히 필요로 한다고 느낀다면 마술봉을 사용해 변화를 시도할 것이다. 이 놀잇감은 아동의 삶에서 미래에 이루고 싶은 목표나 소망을 성취할 수 있도록 허용한다. 일반적으로 아동은 마술봉을 잡아 움직이면서 희망을 말한다.

(29) 유령인형

유령인형은 가해자를 상징할 뿐 아니라, 아동의 분노, 양가감정, 상상, 공격적 성향, 관계에서의 갈등과 보복하고자 하는 욕구를 상징할 수 있다. 그것은 아동의 삶에서 가해자를 상징하거나 어떤 사람에 대해 정체를 알 수 없고 정의할 수 없는 경험으로 아동을 힘들게 한다. 이 사람의 정서적 의미는 일반적으로 부정적이고, 어렵거나 두렵다. 아동은 통제할 수 없음을 느끼며, 그것이 위험하다고 느끼기도 하고 무엇인가 신비하거나, 알려지지 않고, 비밀스럽고, 상상화된 것을 나타내기도 한다.

(30) 악기

모든 종류의 악기들은 자기표현, 의사소통, 창조, 접촉, 내성을 위한 통로를 제공한다. 악기는 조용한 소리, 큰 소리, 여리게, 강하게 등 여러 방법으로 연주될 수 있기 때문에 아동의 분위기와 태도를 나타낼 수 있다. 아동이 투쟁하거나, 화가 났을 때는 악기를 부드럽게 다루지 않을 것이다. 그럴 때는 악기를 세게 치거나 긁거나 두드려서 소음을 만든다. 반대로 아동이 양육과 돌봄을 받는다고 느끼면 아동은 마음을 진정시키는 소리와 함께 부드러운 노래를 부른다. 악기는 언어가 없이도 감정을 표현해 내기 때문에 놀이치료에 의미를 준다.

(31) 물감

아동은 자신의 문제로부터 거리를 두기 위해 물감을 사용하기도 한다. 그림을 그리면서 도전해 보고, 어떤 내용 없이도 자신의 상처를 표현하기도 한다. 그림을 그리는 것은 받아들이기 어려운 욕구, 태도, 자세를 표현하는 수단으로 사용될 수 있다.

(32) 카드

카드는 의외의 방법으로 아동이 사용하기도 한다. 카드는 돈, 조절, 힘, 비밀이나 자발성을 나타낸다. 그것은 또한 치료자와 관계 지향적인 특성을 갖는다. 아동들이 게임을 하는 이유는 힘을 느끼고 싶기 때문에 승리하기 위해서이다. 아동이 치료자와 자신에게 번호가 부여된 카드를 나눠 준다면 아동은 자신이 힘을 가지고 통제한다는 것을 전하는 것이다. 어떤 아동들은 돈 대신 카드를 사용하기도 한다.

치료실에 오는 것에 화가 난 아동들은 전쟁 카드게임을 하기도 한다. 이런 아동들은 관계에서 갈등적 감정에 들어가게 된다. 매우 경쟁적으로 놀이를 하는 아동들은 모든 게임에서 승리에 집착한다.

(33) 퍼펫

퍼펫은 관계에 대한 아동의 지각에 대한 정보를 알기 위해 아동에게 제공할 수 있다. 그것은 또한 불편감을 만들어 내는 아동 내부의 충동을 드러낼 수 있다. 퍼펫에 투사되는 것에 의해, 아동은 자신이 익명의 감각으로 문제를 위장시킬 수 있고, 느낄 수 있다. 퍼펫은 또한 아동의 의사소통 유형에 관한 정보를 치료자에게 준다.

(34) 퍼즐

퍼즐은 아동의 문제해결 기술과 끝내고자 하는 욕구, 통합된 능력과 성취하고자 하는 욕구와 관계하는 정보들을 제공한다. 퍼즐에 대한 아동의 접근은 그의 능력에 대한 자신감의 수준을 보여줄 수 있다. 퍼즐을 완성해 가는 과정에서의 판단은 아동의 문제해결 방법을 보여 준다.

(35) 모래상자

모래는 아동이 자신의 세계로 들어가서 구조화하는 것을 허용한다. 게다가 그것은 세상을 만들 수도 있고, 파괴할 수도 있다. 이런 경우 아동들은 그들의 희망을 표현하고 난 후 희망을 부숴버린다. 모래는 아동의 환경과 공동체(예: 학교, 집이나 이웃)를 어떻게 지각하는지 평가하기 위해 사용되기도 한다. 모래상자에 만든 세계는 개인의 창조물로 독특성을 준다. 그것은 아동의 정서적 세계(생활에서의 변화와 감정들)를 나타낸다.

(36) 상어

상어는 공격성을 상징한다. 아동은 그를 지배하려고 하는 사람으로부터 느끼는 분노를 표현하기 위해 상어를 사용할 수 있고 자신 내면의 공격성을 표현하기 위해 사용할 수도 있다. 그것은 가해자일 수도 있고, 힘을 남용하는 사람일 수도 있다.

(37) 군인

군인은 갈등, 공격성, 힘, 삶과 죽음, 투쟁과 소멸에 대한 두려움을 표현하기 위해 사용된다. 상어와 비슷한 방법으로 사용된다. 또한 실제의 집단이나 집단 감정을 보여주기 위해 사용되기도 한다.

(38) 텐트와 집

아동은 자신의 존재와 타인과의 신체접촉을 조절할 수 있다. 아동에게 숨을 수 있는 공간이 주어지는 것은 매우 중요하다. 만약, 공간이 없다면 놀잇감 진열장을 활용해 작은 공간을 만들어 주어야 한다. 경계가 구분된 공간이 꼭 필요하다. 그곳은 아동이 보호받고, 아무도 들여다볼 수 없는 곳이다. 어떤 아동들은 작은 텐트 안으로 기어들어가서 태내기 때의 자세로 있기도 하며 뚜껑을 덮어달라고 하기도 한다. 담요도 이와 비슷한 기능을 한다. 때로는 아동이 그 공간에서 치료자가 자신을 발견해 주기를 기다리기도 한다. 이것은 대상영속성을 연습하는 것이라고 할 수 있다.

(39) 칼

칼은 공격성을 표현하기 위해 사용되거나 방어, 보호, 힘의 욕구를 상징한다. 그것은 아동에게 문제로부터 약간의 거리를 두게 하고, 특별한 투쟁으로 아동의 좌절을 보여주기도 한다. 칼은 또한 아동이 경험하고 있는 강요(침범)를 상징할 수도 있다. 만약 아동이 신체의 일부가 잘렸다는 놀이를 한다면 그것은 큰 고통을 유발하는 관계에서의 문제를 표현하는 것으로 주목해야 한다.

7장 놀이치료 과정

1. 놀이치료단계
2. 놀이치료 진전에 대한 평가
3. 전이와 역전이

놀이치료 과정은 치료자와 아동 간에 형성된 신뢰관계를 바탕으로 눈에 보이지 않는 내적 과정이 이루어지기 때문에 간단히 요약하여 설명하기 어려운 특성을 갖고 있다. 그런 이유로 학자들에 따라 약간씩 다른 과정이 소개되고 있다. 여기서는 몇 사람의 이론을 제시하여 놀이치료 과정에 대한 이해를 돕고자 한다. 일반적으로 4개의 단계를 거친다고 보는 사람들이 있고(West, 2003; Guerney, 1983; Moustakas, 1964) 5개의 단계를 거친다고 보는 사람도 있다(Norton & Norton, 1997). 그러나 이 단계들이 항상 모두 순서대로 이루어지는 것은 아니며 경우에 따라 그 순서가 바뀔 수도 있다. 즉, 임상장면에서 이 단계들이 항상 분명하게 드러나는 것이 아니고 놀이치료 결과가 만족스러움에도 불구하고 단계들을 구별하기 어려운 경우가 있긴 하지만 이 단계들에 항상 주의를 기울여야 할 필요는 있다. 치료과정은 자동적으로 일어나는 것이 아니며 아동과 상담자 사이에 형성된 치료적 동맹으로 알려진 상담관계에 좌우된다고 할 수 있다. 놀이치료자가 확고한 치료구조를 선정하고 아동의 감정에 일관성 있고 민감하게 반응하고, 아동의 태도를 수용하며, 확고하고 성실한 믿음을 전달하고 아동을 존중할 때 효과를 볼 수 있다. 그리고 무엇보다 중요한 것은 놀이를 통해 아동이 전달하고 표현하고자 하는 것이 무엇인지를 잘 이해할 때 치료적 동맹은 더욱 잘 일어난다.

1 놀이치료단계

1) West의 놀이치료 4단계

West(2002)는 놀이치료의 단계를 4단계로 제시했는데 이 단계들을 간략히 요약하면 다음과 같다.

(1) 1단계

1단계는 목표가 있거나 없는 산만하고 많은 행동이 나타난다. 이때의 행동은 아동의 대표적인 행동이 아닐 수도 있다. 아동은 실제 자신과의 접촉을 잃을 수도 있고 불편함을 느낄 수도 있으며 문제를 일으킨 사람이나 상황을 구별하지 못할 수도 있다. 아동들이 행동표출(acting-out)을 할 때 아동들은 자기 자신을 포함하여 무차별적으로 적개심을 나타낼 수 있으며 놀잇감과 놀이치료자를 공격하는 것으로 적대감을 표현할 수 있다. 불안한 아동들은 모든 사물과 사람을 두려워한다. 이런 아동들은 홀로 있고 싶어하는 행동이 나타나며 모든 것을 해롭게 여긴다. 그런 면에서 아동은 치료에 대한 전이감정을 표현한다고 할 수 있는데, 이는 치료자가 아동을 이해할 수 있는 정보를 주는 것이라고도 할 수 있다. 이 모든 것은 아동과의 라포형성에 기여할 수 있는 방향으로 치료자의 조직화를 필요로 한다.

(2) 2단계

놀이치료자에 대한 신뢰감이 더 생기며 아동들이 놀이치료실에서 수용과 존중을 받는다고 느낄수록 아동들은 사물이나 자신 외의 정확한 인물들에게 분노나 두려움을 더욱 표현할 수 있게 된다. 처음에 이런 폭풍을 겪어 내는 사람은 놀이치료자가 되는데 그 이유는 이런 식으로 충분히 시험할 만큼 아동이 신뢰하기 때문이다.

이 단계에 이르면 아동들은 가정이나 학교에서 자신의 분노를 표현해 볼 용기를 갖는다. 이 단계에서 두려움은 대리인물이나 상황이 아닌 문제를 일으킨 대상에게 향하게 된다. 분노한 아동은 놀잇감을 때리고 형제나 부모에게 표현하기 시작한다. 이때가 매우 중요한 시기인데 그 이유는 부모나 교사 입장에서 볼 때 아동들의 문제가 더 심각해진 것으로 보일 수 있기 때문이며 놀이치료자는 이러한 시기가 불가피하며 오래 지속되지 않을 것임을 알려야 하고 적절한 규칙으로 아동행동과 생활에 경계와 제한을 만들어 줄 수 있도록 도와야 한다.

두려움과 분노의 분출은 강렬하지만 아동들이 그들의 부정적 감정을 표현, 방출하고 치료자에게 이러한 표현을 수용 받음으로써 아동은 불안과 분노를 덜 느끼게 된다. 아동들이 분노의 감정을 더 많이 표출할수록 그리고 치료자가 아동을 더 많이 수용할수록 아동은 내면에 가치 있고 훌륭한 사람이라는 느낌을 갖게 된다.

(3) 3단계

3단계에 이르면 긍정적 감정이 생겨난다. 아동들이 수용 받고, '좋은' 그리고 '가치 있는' 사람이라는 확신을 갖게 되면서 부정적 감정표현이 감소한다. 이 단계는 양가감정이 첨예한 시기이다. 아동들은 동일한 대상에 대해 증오와 사랑을 동시에 느끼며 이는 아동과 대상에게 혼란스럽고 고통스러운 기간이다. 이는 미분화 상태의 감정이 서서히 분화되기 시작하면서 겪는 자연스러운 혼란이라는 점을 이해하는 것이 무엇보다 중요하다. 이런 과정에서 아동들은 그들의 삶에서 중요한 사람들로부터 무엇인가를 요구하면서 사랑과 신뢰의 좋은 감정을 잠정적으로 시험한다. 아동이 자신의 진실한 감정을 표현했을 때 일어날 상황을 신뢰하지 못한다면 공격적 행동이 나타날 수 있다. 아동들은 강력하게 아기인형을 돌보고, 숨 막히게 사랑해 준 다음 변덕스럽게 때려 준다. 이들은 치료자를 발로 차고 그런 다음 잘 해준다. 어떤 것을 달라고 요구하고는 내동댕이쳐 버리거나 갖기 싫다고 한다. 이러한 양가감정은 처음에도 심각할 정도로 강렬하지만 치료적 관계 속에서 반복적인 표현을 통해 그 강도가 약해진다.

아동들은 더욱 적극적으로 또는 무관심하게 치료자를 개입시킨다. 아동이 놀이치료자를 여러 가지 방식으로 사용하며(예 : 어머니, 놀이친구, 노예, 혼란을 수용해 주는 사람) 신뢰와 불신, 독립과 의존 등과 관계된 주제들을 다루지만 더욱 연령에 적합한 관계의 시작이 있으며 어느 정도 관심사를 언어화하고 토의하기 시작한다.

(4) 4단계

긍정적이고 현실적인 감정들이 더욱 강력하게 나타난다. 첫 3단계를 통해 아동은 치료자에게 일관성 있게 그리고 전인적으로 수용 받는다. 따라서 이 시기에 아동은 성인치료자로부터 좋은 부모 이미지를 내사하고 그 결과로 내적으로 긍정적인 자기 이미지를 느끼게 된다. 아동은 자존감의 개화(開花)와 함께 가치 있고 안전함을 느끼며, 분출로부터 이제 타인을 사랑할 수 있는 여유가 생긴다. 모든 사람을 증오하고 혼자 있기만을 원했던 아동이 미움 대상의 한 사람이었던 동생과 모든 사람을 초대하는 파티를 여는 놀이를 한다.

이 단계에서 아동은 현실에 적응하며 타인을 있는 그대로 본다. 또한 불안 없이 자신의 결점과 단점을 더욱 수용할 수 있게 된다. 이 단계는 자신감에 손상을 주지 않고도 놀이치료에서 아동의 구체적인 문제를 다룰 수 있는 시기이다. 물론 이 시기에 이르기까지도 많은 문제들이 계속 다루어져 왔고 개선되어 왔다. 이 시기는 또한 놀이치료로부터 이유할 단계이기도 하다. 아동은 정상적으로 적절한 의사결정을 할 수 있고, 책임감을 받아들이며, 자신의 감정을 갖고 그것에 반응할 수 있게 된다.

2) Norton과 Norton의 놀이치료 5단계

Norton과 Norton(1997)은 놀이치료에서 이루어지는 단계를 5단계로 제시하였다. 아동과 치료자 사이의 관계가 중요하기 때문에 치료과정 중에 일어나는 단계들을 잘 이해하고 각 단계마다 아동과 치료자 관계가 어떻게 연관되는지를 이해하는 것이 중요하다. 각 단계마다 치료자의 적절한 반응이 없다면 각 단계에 도달하는 것은 불가능하며 치료를 방해하게 된다. 이들이 주장한 5단계는 탐색단계, 시험단계, 의존단계, 치료적 성장단계, 종결단계이며, 이중 의존단계와 치료적 성장단계는 치료적 작업단계에 해당한다고 할 수 있다.

(1) 탐색단계

아동이 처음에 놀이치료실에 들어서면 아동은 놀이치료실에서의 치료자 역할뿐 아니라 아동 자신의 역할을 탐색한다. 이 시점에서는 치료자가 무엇인가를 아동에게 제공해야 하는데 그 첫 번째는 아동과 함께 존재하는 것이다. 이 첫 번째는 치료자가 아동에게 관심을 집중함으로써 성취될 수 있다. 치료자가 아동에게 관심을 집중할 때 아동은 놀이실에서 그 순간에 자신이 가장 가치 있는 존재라는 것을 느끼게 된다.

두 번째는 아동의 언어나 행동, 감정표현과 상관없는 무조건적 존중이다(Axline, 1947b). 제한의 범위 안에서는 사실 어떤 행동이나 말도 수용되어야 한다. 이러한 수용을 해주는 것은 아동과의 치료동맹 형성을 위해 아동의 경험을 가치 있게 여겨 주는 것이다. 이런 과정들이 잘 이루어지면 첫 세션에도 아동은 놀이실을 나가고 싶어하지 않게 된다.

〈그림 7-1〉 놀이치료의 치료단계

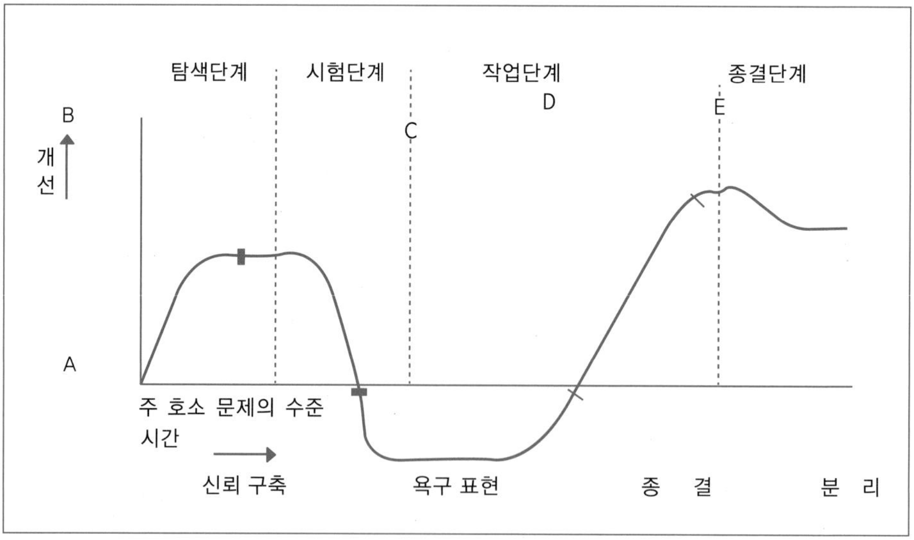

출처: Norton & Norton(2002).

〈그림 7-1〉의 수평선은 현재의 문제를 나타내며(예: 불안, 야뇨증, 도벽 등) 아동이 치료 시에 나타내는 기능수준이다. 곡선은 치료가 진행됨에 따라 현재문제와 관련한 아동의 실제기능을 나타낸다. 물론 아동에 따라 개인차가 있기 때문에 이 단계들은 일반적인 모든 아동들이 동일하게 거치는 것은 아니며 아동에 따른 개인차가 존재한다. 수평선 위로 올라간 선은 아동이 나타내는 행동적, 정서적 면의 개선을 의미한다. 수평선 아래로 선이 내려갔을 때는 그 반대의 경우로서 부적절한 행동 및 그와 연관된 정서를 의미한다. 탐색단계에서 아동의 기능은 일반적으로 빠른 개선을 나타낸다. 이러한 효과는 처음에 아동을 존중하고 수용하는 놀이치료의 분위기 때문에 나타난다.

(2) 시험단계

아동이 이 단계에서 시험하는 것은 다음 시간에도 이러한 존중적 분위기가 계속될 것인가에 대한 시험이라고 할 수 있다. 놀이치료자가 다른 성인들과 다르다는 것을 지각하고 자신의 행동에 대해 어디까지 수용해 주는지를 알고자 하면서 사회적으로 수용될 수 없는 행동에 대해서조차 그 수용 여부를 알고 싶어한다.

〈그림 7-1〉에서 볼 수 있는 바와 같이 이 시기 동안 놀이치료실과 가정에서 아동의 부정적 행동 표출(acting out)이 증가한다. 이때 중요한 것은 부모에게 이러한 단계가 찾아온다는 것을 알려 예측할 수 있도록 도와주는 것이다. 일단 아동의 시험에 치료자가 통과하면 이때부터 치료가 시작된다.

(3) 작업단계(의존단계, 치료적 성장단계)

작업단계는 의존단계와 치료적 성장단계로 구분된다.

- 의존단계 아동이 자신의 고통을 개방할 수 있을 만큼 안전하다고 느끼면 작업단계가 시작된다. 이 시기가 되면 아동은 자신의 심리적 외상, 투쟁, 두려

움을 놀이를 통해 보여 준다. 이때 치료자는 아동에게 일어난 어려운 일들의 목격자 역할을 하게 된다. 아동의 그러한 행동은 아동이 자신의 정서를 통제할 수 없을 때 두려움을 느끼는 상황을 만들어 낸다. 이런 상황이 벌어지면 아동은 놀이를 중단하고 안전을 확인하기 위해 치료자와의 관계를 평가하려 한다. 따라서 치료자는 안전, 안정, 보호를 제공해야 한다. 다시 한번 안전이 보장되면 아동은 다시 놀이로 돌아가며 불안의 수준이 높아질 때마다 확인하는 행동을 반복한다. 이러한 과정을 통해 아동은 마침내 자신의 고통과 외상에 직면할 수 있게 된다(Norton & Norton, 2002; Barlow, Strother, & Landreth, 1985).

- 치료적 성장단계 의존단계에 나타나는 아동의 행동과 놀이는 직면적인 상태로 선이 약간 하강하는 경향을 보인다. 직면이 끝나고 나면 힘과 기능수준이 다시 개선되기 시작한다. 아동은 자신의 정체성을 강하게 느끼게 되며 놀이로만 외형적으로 표현되었던 힘을 내면화하고 자기가치가 높아진다. 내면화된 힘과 자기가치는 기능수준의 향상으로 나타난다.

(4) 종결단계

아동이 자신의 연령에 적합한 통제력, 존엄성, 힘을 얻게 되면 놀이는 성인 삶에 필요한 것들을 연습하는 국면에 들어간다. 그러면서 놀이실에 대한 아동의 흥미가 감소하는데 치료자가 종결을 언급하기 시작해야 하는 때가 바로 이 시기인 것이다. 아동과 치료자 사이에 깊은 신뢰관계가 만들어졌기 때문에 종결은 매우 힘든 과정이 될 수 있다. 종결에 대해 언급하고 나면 아동들은 일시적으로 초기의 주 호소 문제로 약간 퇴행하는 경향을 보이기도 하나 이것은 종결을 늦추려는 무의식적 시도일 뿐 문제가 다시 시작된다는 의미는 아니다.

2 놀이치료 진전에 대한 평가

놀이치료가 효과적으로 이루어져 치료적인 종결이 되도록 하기 위해서는 놀이치료 효과에 대한 평가가 필요하다. 모든 평가가 그렇듯이 평가의 이유와 기준이 있어야 한다. 치료의 진전을 평가할 수 있는 단서 몇 가지를 제시하면 다음과 같다. 이 단서들 중 어느 한 쪽을 치우치게 보여 주는 것은 건강하지 못한 것이며 적절한 균형을 보이는 것이 중요하다.

1) 놀이주제의 지속성

산만한 아동이라도 한 세션 동안 보통 2~3개 정도의 놀이를 정교화시킬 수 있으며 정교화 과정에서 놀이에 들어 있는 주제를 어느 정도 파악할 수 있다. 따라서 지나치게 놀이가 자주 바뀌거나 지속이 안 되어 놀이주제를 이해하기 힘들다면 그런 행동을 유발하는 원인이 무엇인지 찾아야 하며 이러한 속성의 감소는 놀이치료의 진전을 의미한다고 할 수 있다.

2) 자기지시적 놀이

자기지시적 놀이란 확신감을 가지고 아동이 원하는 놀이를 사려 깊게 주도하는 것을 말한다. 자기지시적 놀이를 하는 아동들은 무슨 놀이를 할지, 어떻게 놀이할지, 혼자 놀이할지 아니면 치료자와 함께 놀이할지를 결정하는 데 있어 주저함이 없으며 눈치를 보거나 치료자의 인정을 구하기 위한 목적으로 의견을 구하지 않는다. 물론 지나치게 타인을 신경 쓰지 않고 극단적으로 자기지시적인 아동 역시 그 반대 방향으로의 진전이 필요하다.

3) 공격성

놀이의 내용이나 형태가 빈번하게 공격적이었던 아동의 놀이가 공격성의 측면에서 감소하는 경우도 놀이치료의 진전이라고 할 수 있다. 놀이에서 전혀 또는 지나치게 공격성이 나타나지 않던 아동이 적절한 공격성을 보이는 것도 놀이치료의 진전이라고 할 수 있다.

4) 활동성

활동적 에너지가 넘치는 아동은 세션 내내 높은 강도의 에너지를 보이며 반대의 아동은 놀이하는 내내 활동적 에너지를 느끼기가 어렵다. 지나치게 에너지가 넘치는 아동 중에는 주의력결핍 과잉행동장애(ADHD)의 어려움을 가진 아동이 있으며 지나치게 에너지가 없는 아동은 우울, 의기소침 등의 문제를 갖고 있는 아동일 가능성이 있다.

5) 파괴성

파괴성은 놀이치료실과 놀잇감 등을 얼마나 파괴적으로 사용하는가와 관련된 평가 단서이다. 어떤 아동들은 의도적으로 치료실이나 놀잇감을 망가뜨리기도 한다. 그러나 어떤 아동들은 충동통제나 주의산만 등으로 인해 의도치 않게 놀잇감을 망가뜨리기도 하고 실수로 망가뜨리기도 하기 때문에 그러한 경우에는 파괴성이 높은 아동이라고 분류할 수 없다.

6) 치료실 사용

불안하거나 산만한 아동들 중에는 놀이치료실에 있는 놀잇감이나 자료를 모두 꺼내어 혼란스러운 장면을 만들기도 한다. 이러한 아동들이 정리된 형태로 놀이를 진행해 간다면 그 역시 놀이치료의 진전이라고 할 수 있다. 또한 불안하거나 억제되어 있는 아동들 중에는 자신이 사용한 놀잇감을 열심히 치우면서 어지럽히지 않으려 하는 아동들도 있으며 이들은 치료가 진전되면서 놀이치료실 사용이 자유로워지는 경향을 보인다.

7) 언어화

놀이치료 시간에 아동이 언어로 어느 정도 의사소통하는가 하는 것도 놀이의 진전을 평가할 수 있는 단서가 된다. 선택적 함구증 아동이 말을 하기 시작했다면 그것은 명백한 진전이다. 주의력결핍 과잉행동장애, 불안장애 등을 갖고 있는 아동들은 첫 세션부터 말을 많이 하는 경향이 있을 수 있으므로 언어화의 감소는 놀이의 진전이라고 할 수 있다.

또한 문화적인 것을 고려하는 것도 중요하다. 외향적인 것을 더 건강한 것으로 간주하는 문화에서 말수가 적은 것은 바람직하지 못한 것으로 판단될 수 있기 때문이다. 아동이 속한 가족의 문화 역시 언어화를 어떤 가치를 가지고 보는지의 관점에서 이해될 필요가 있다.

8) 제한설정에 대한 반응

놀이치료자가 제한을 설정해야 하는 상황이 발생해서 제한설정을 했을 경우 아동이 보이는 반응이 치료 진전의 단서가 될 수 있다. 제한설정에 즉각적으로 반응하는 아동이 있는가 하면 반발하고 저항하는 아동들이 있다. 제한설정에 대한 즉각적 반응이 바람직하다.

9) 치료자를 놀이에 개입시키는 정도

아동들이 놀이치료 시간에 치료자를 놀이에 개입시키지 않는 이유에는 여러 가지가 있다. 부모 및 가족과의 경험 때문에 어른들은 아이들의 놀이에 개입하는 것을 좋아하지 않는다고 생각할 수도 있고, 학대의 경험 때문에 성인을 두려운 대상으로 지각할 수도 있으며, 낯선 사람이어서 경계해야 한다고 생각할 수도 있다. 또한 자신을 좋아할지, 어떤 놀이를 하는 아동을 좋아하는 사람들인지 분명하지 않다고 생각해서 치료자를 놀이에 개입시키지 않을 수도 있다. 이런 아동들이 자신의 생각, 느낌, 경험, 감정을 치료자에게 언어로 표현하기 시작하고 치료자를 놀이에 개입시키기 시작했다면 훌륭한 치료의 진전이라고 할 수 있다.

10) 정서표현

아동이 놀이치료 세션 동안 정서를 표현하는지 아니면 표현하지 않는지도 놀이치료 진전의 평가 단서가 된다. 극단적으로 정서를 표현하지 않는 아동의 범주에는 아스퍼거장애나 자폐장애가 포함될 수 있을 것이다. 초반 과정에서 전반적으로 정서를 표현하지 않던 아동이 점차적으로 정서를 표현하기 시작했다면 아동이 진전을 보여 주는 것이다.

우울했거나 불안했던 아동이 점차적으로 미소, 웃기, 만족감 같은 긍정적 정서를 표현하기 시작했다면 그것 역시 치료의 진전이다. 또한 긍정적인 것만 표현해야 하며 그렇지 않으면 사람들에게 거절당하거나 좋아해 주지 않을 것이라는 기대를 갖고 있던 아동들은 긍정적 표현이 줄어드는 것이 치료의 진전일 수 있을 것이다. 마찬가지로 부정적 정서를 더 많이 표현하고 만족감이 부족했던 아동이 긍정적 정서를 더 많이 표현하게 되는 것도 치료의 진전이다.

11) 발달단계에 적합한 놀이

아동이 연령에 적합한 놀이를 하는지 평가하려면 먼저 연령에 적합한 놀이가 무엇인지 이해하고 있어야 한다. 자신의 연령보다 훨씬 어린 연령의 아동들이 주로 하는 놀이를 많이 한다거나 자신보다 훨씬 연령이 많은 아동들이 주로 하는 놀이를 한다면 그것 역시 연령에 적합한 놀이의 방향으로 변화되어야 하는 단서가 된다.

12) 숙달

몸의 대·소근육협응이 연령에 맞게 적절히 발달했다면 연령에 적합한 숙달감을 갖고 놀이할 수 있다. 질병, 장애 등의 이유로 대·소근육협응이 적절하지 않다거나 감각기관 간의 협응이 이루어지지 않던 아동이 점진적으로 협응을 이루어간다면 치료의 진전이라고 할 수 있다. 이처럼 아동의 몸을 사용하거나 특정한 규칙을 가진 게임놀이 등에 익숙해지고 그러한 느낌을 확신감으로 표현한다면 치료의 진전이라고 할 수 있다.

13) 좌절인내

아동이 시도하는 놀이나 동작 또는 게임이 의지대로 되지 않았을 때 아동이 포기하지 않고 반복하거나 성취하려 노력한다면 아동의 좌절인내 능력이 증진되었다고 할 수 있다.

14) 충동조절

충동조절은 아동이 또래 및 관련 성인들과 적절한 관계를 맺고 발달에 적합한 발달과업들을 이루어가는데 필수적 요소이다. 세션이 진행되면서 충동조절이 증진된다면 이 역시도 치료의 진전이라고 할 수 있다.

West(2002)도 유사하게 4가지 놀이치료 진전의 평가기준을 제시하였다.

① 치료단계를 거치는 아동의 과정에 대한 이해, 그리고 아동과 놀이치료자의 관계에 대한 이해
② 주요 놀이주제의 과정과 내용에 대한 분석
③ 아동이 놀이세션에 투여한 에너지, 아동의 나이가 충분하다면 아동 자신의 삶의 과정에 대한 평가
④ 보호자, 교사 등 아동을 놀이치료에 의뢰한 사람들의 아동 평가

아동의 놀이치료를 의뢰하게 만든 문제, 문제를 주장한 사람 등을 놀이치료 초기에 목록화하는 것이 필요하며, 치료자는 변화에 주목하면서 주기적으로 일어나

고 있는 일에 대한 모든 사람들의 지각을 평가한다. 평가를 위한 체크 리스트를 제시하면 다음과 같다.

① 처음에 아동이 놀이치료에 의뢰되었을 때 의뢰한 사람을 중심으로 문제 목록을 작성한다.
② 아동의 연령이 충분하다면 아동 스스로가 생각하는 문제 목록을 만들게 할 수도 있다.
③ 치료를 진행하면서 다음의 측면들과 관련하여 치료자 스스로 얼마나 알고 있는지 확인한다.
- 치료동맹
- 치료단계
- 놀이의 내용과 주제가 어느 정도 해결에 이르렀는가?

④ 아동을 의뢰한 사람이나 기타 관련된 사람들에게 아동의 삶에서 일어나고 있는 일 그리고 아동의 문제에 대한 그들의 견해를 주기적으로 체크한다.
⑤ 가정, 학교, 기타 중요한 영역에 대해 아동이 보고하는 것을 확인한다.
⑥ 종결 시기를 결정한다.

3 전이와 역전이

1) 전이-역전이의 개념

치료적 관계는 일종의 독특한 '투사(projection)'와 관련된 것이라고 할 수 있다. 투사는 개인의 주관적인 정신적 요소를 외부 대상(대상으로서의 사람)에게 무의식적으로 옮기는 것, 즉 '전이(transference)'하는 것으로 정의할 수 있다. 즉 투사는 전의식적, 비자발적, 비지각적, 비의도적으로 발생하며 관계에 항상 존재하는 역동이라고 할 수 있다. 다른 말로 하면, 투사하는 사람은 투사내용이 자신의 내적인 것인지 아니면 자신 밖의 외부에 존재하는 것, 즉 객체에게 존재하는 것인지를 구분하지 못한다는 의미다. 치료장면에서 전이(transference)는 내담자가 치료자에게 하는 투사이고, '역전이(counter-transference)'는 반대로 치료자가 내담자에게 하는 투사라고 구분할 수 있다.

본래 전이와 역전이는 정신분석 전통에서 나온 매우 전문적이고도 중요한 개념이다. 보통 무의식에 해당하는 전이는 과거의 한 상황이나 사람에게 생긴 사고, 감정, 행동을 현재의 어떤 상황이나 사람에게 '옮기는' 것이다. 예를 들어, 단 과자를 먹는 것으로 부모에게 야단을 맞았던 아동은 놀이치료자에게서 부모를 연상시키는 어떤 것에 자극받아 놀이치료실의 장난감 과자 쪽으로 가면서 야단맞을지도 모른다는 불안을 느낄 수 있다. 놀이치료 중 기대하지 않았던 어떤 것에 직면했을 때는 전이에 대해 생각해 보아야 한다.

O'Conner(1991)는 다음과 같은 경우가 아동들이 전이를 나타내는 대표적인 경우라고 하였다.

① 치료자에게 기대하지 않은 역할을 주면서 부모에 대한 경험을 반복할 때
② 놀이치료자를 전지전능한 존재로 지각할 때
③ 놀이치료자가 아동을 구해주거나 박해할 것이라고 기대할 때

이런 전이를 포함한 모든 전이 판타지는 무의식적으로 발생하며 사실이 아닌 판타지로서 아동이 현실을 수용하고 실제 가용한 관계 즉 부모 또는 가족과의 관계 속에서 현실적 한계를 감안하고 실현할 때 벗어날 수 있다.

전통적인 전이의 개념은 치료자와 내담자가 만난 이후에 시작되는 것으로 알려져 있지만 Klein(1975:1932)은 치료시작 이전부터 형성된 내담자의 대상관계 때문에 치료시작 전부터 이미 치료나 치료자에 대해서도 어떤 전이감정을 갖고 치료실

에 처음 들어오게 된다고 보았다. 따라서 치료자는 치료자가 어떤 의도적인 관계를 아동과 맺으려고 먼저 시도하기보다 전체 아동 및 가족 평가, 아동의 관계 평가 등을 통해 아동이 기존의 부모 및 기타 사람들과의 관계를 통해 형성한 전이적 요소가 무엇인지 확인하고 그것이 아동발달에 긍정적인지 부정적인지를 평가함으로써 아동에게 긍정적인 방향에서 전이적 관계가 맺어질 수 있도록 해야 한다.

역전이는 치료자가 과거경험에서 치료 상황으로 가져온 감정, 생각, 행동을 말한다. 치료자 자신의 개인적 감정의 잔재를 확인해야 한다. 예를 들어, 부모인물과 언쟁해서는 안된다고 배웠지만 놀이치료 중에는 상징적 '어머니'와 언쟁하는 것이 치료적으로 유익할 수 있다. 따라서 치료 작업을 방해하는 치료자 자신의 부모 및 기타 금기를 극복해야 하며 치료자 자신의 분석을 통해 극복해야 한다.

또한 놀이치료자는 아동의 단어와 목소리가 다른 아동을 연상시킬 수 있으며, 주의하지 않으면 현재 놀이치료 중인 아동에게 적절치 않은 반응을 하게 된다는 것을 알아야 한다. 치료자는 다른 사람을 연상하는 이유를 찾아내야 한다. 치료자에게 아직 해결되지 않은 어떤 것이 아동과 연결되어 있는 것이다. 역전이를 확인하고 경계하기 위해서는 슈퍼비전이 반드시 필요하다.

Klein은 역전이를 다른 관점에서 개념화했는데 투사적 동일시(projective indentification)가 그것이다. 상담장면에서 치료자가 경험하는 감정은 내담자가 치료자에게 투사한 내담자의 감정을 투사적으로 동일시함으로써 마치 치료자 자신의 감정으로 느끼는 것인데 그러한 관점에서 치료자는 자신의 내면에서 올라오는 감정들에 주목함으로써 내담자에 대한 이해를 높일 수 있다.

2) 치료자의 자기 이해

놀이치료에서 전이-역전이의 문제는 단순하면서 동시에 복잡한 것이다. 아동과의 전이-역전이관계는 경험상 주로 치료자와 내담아동이 경험한 부모-자녀관계의 투사인 경우가 대부분이다. 그러나 치료적 관계를 복잡하게 만드는 것은 바로 치료자와 아동의 보호자와의 관계 때문이다. 극소수의 경우를 제외하고 아동이 놀이치료를 거부하는 경우는 거의 없지만 놀이치료가 중단되는 대부분의 이유는 부모 또는 보호자 때문이다. 부모나 보호자는 공식적인 내담자가 아니지만 내담아동에 관한 대부분의 의사결정을 하는 사람이기 때문에 치료의 존속 여부가 그들에 의해 결정된다. 부모나 보호자가 아동의 놀이치료를 중단하는 이유에는 여러 가지가 있지만 경제적인 것이나 물리적인 것 외에 대부분은 부모가 치료자에 대해 갖게 되는 어떤 투사감정 때문인 경우이다. 즉 부모의 치료자에 대한 전이감정 때문에 치료가 중단되는 것이다.

때로 놀이치료자도 감정적으로 아동의 편이 되어 부모를 나쁘게 지각하고 무의식적으로 부모에게 대항하는 태도를 갖게 될 수도 있고 때로는 부모와 무의식적으로 한편이 되어 아동을 고쳐 놓고자 하는 또 다른 부모역할을 할 수도 있다. 그런 이유에서 놀이치료를 아동과의 작업이라고만 생각한다면 놀이치료의 관계가 매우 어렵고 복잡하게 느껴질 수밖에 없을 것이다.

따라서 놀이치료자에게는 이 모든 부분을 다룰 수 있는 훈련이 필요하다. 이 훈련의 가장 중요한 부분은 치료자 자신의 관계 및 감정패턴, 어린 시절 관계경험을 이해하고 그러한 것들이 현재의 관계에 미치는 영향에 대해 이해하고 대처하는 것이다. 치료자 자신의 태도와 의식적, 무의식적 감정이 다른 사람들과의 관계에서 어떻게 작용하는지 알 때 부모들의 전이패턴을 이해하고 그것에 적절하게 대처할 수 있게 된다. 또한 부모가 자녀와 맺는 관계패턴을 이해하기 위해서라도 치료자 자신의 역전이와 부모의 전이감정이 어떤 상호작용 패턴을 만들어 내는지 이해하는 것이 필요하다. 부모가 자녀와 맺고 있는 부정적 관계패턴 즉 아동을 치료에 데려올 수밖에 없게 만든 부모의 관계패턴을 무의식적으로 치료자가 아동과의 관계에서 반복하지 않기 위해서이다.

그러기 위해서는 치료자 자신도 교육분석 같은 자기 이해 작업을 하는 것이 필요하다. 그렇다 하더라도 모든 역전이 문제를 다 해결할 수는 없다. 하지만 모르고 대처하는 것과 알고 대처하는 것은 결과에 큰 차이를 가져온다.

3) 전이-역전이의 단서

전이-역전이로 해석할 수 있는 몇 가지의 예를 제시하면 다음과 같다(장미경, 2017; Weinberg, 2014). 이 예들은 아동과의 관계뿐 아니라 내담아동의 부모와의 관계에서도 발생할 수 있는 것들이다.

- 상대에 대한 이상화
- 치료자가 이해하지 못할 수 있을 것이라는 의구심
- 치료자로서 잘하고 있지 못하다는 치료자의 의구심
- 내담자 또는 가족이 치료과정에 충실할 것인지 또는 심층 내면에 들어갈 위험을 감수할 준비가 되어 있는지에 대한 의구심
- 내담자 또는 보호자가 상담약속을 지키지 않음
- 지각
- 치료자가 상담 약속을 잊어버림
- 거리 두기, 거리감
- 과잉개입, 과잉보호
- 내담자가 감정적일 때 편안하게 해주려 하거나 그 상태에서 구해주려는 끊임없는 노력
- 논쟁, 방어, 또는 동정적인 성향
- 신체의 긴장감
- 졸림
- 상상에 빠짐, 주의산만
- 긁기
- 목의 통증 같은 신체적 불편감
- 내담아동이 부모에게 부당한 대우를 받고 있을 것이라는 판타지
- 성적 판타지를 포함한 여러 가지 판타지

☑ 8장 놀이의 의미 해석

1. 싸움놀이
2. 취소놀이
3. 공주놀이
4. 게임놀이
5. 반복놀이

놀이치료자들조차 아동놀이가 치료적이라고 생각하면서도 놀이의 의미를 깊게 생각하지 않는 경우가 많다. 그 이유는 놀이의 의미보다는 놀이 자체가 치유를 가져온다고 생각하는 경향이 있기 때문이다. 놀이 자체가 치유적이긴 하지만 모든 아동들이 동일한 놀이를 하거나 동일한 순서에 따라 놀이를 하는 것이 아니고 아동들의 놀이에는 그들이 일상에서 경험했거나 심리적으로 느끼고 있는 것을 표현하고 있다는 강한 인상을 주기 때문에 각각의 아동들이 보여 주는 놀이의 의미를 치료자가 이해하는 것이 필요하다. 예를 들어, 어떤 아동들은 요리하는 놀이를 하면서 치료자에게 치료자가 좋아하는 음식을 해주겠다며 좋아하는 요리가 무엇인지 물어본다. 이 아동은 요리하는 것에 관심이 많은 아동이어서 그런 놀이를 한다고 가정할 수도 있지만 이 아동은 자신의 음식놀이에 치료자를 개입시켰다. 음식이 모성적, 돌봄적, 양육적인 것을 상징한다고 가정하면 이 아동은 모성적, 돌봄적, 양육적 관심을 치료자에게 보여 주려 하는 것이라고 가정할 수 있다. 즉 아동 자신에게 필요한 것은 모성적 돌봄과 양육임을 치료자와 의사소통하고자 하는 것이다. 다만 이때 아동은 무조건적 돌봄과 양육을 기대하지 못하고 어른을 기쁘게 해줄 수 있는 행위를 통해 모성적 돌봄과 양육을 받으려 하는 행동패턴 또는 관계패턴을 발달시켰다. 이는 긍정적 방식이 아니기 때문에 치료자는 아동의 애씀이 아니어도 존재 자체로 돌봄과 양육을 받을 수 있다는 것을 알게 하는 교정적 관계 경험을 제공해야 한다.

이런 아동들은 어린 시절부터 부모나 주 양육자의 여러 가지 심리적, 환경적 어려움으로 인해 정서적 측면에서 적절한 양육과 돌봄을 받지 못하고 아동이 부모화되어 양육자 또는 부모의 정서적 상태를 돌보고 관심 받을 수 있는 방법과 기회를 찾는 삶을 살았을 가능성이 크다. 이런 경험에 익숙한 아동은 성인을 비롯한 타인을 만족시키지 못할 때 낮은 자존감, 열등감, 버려짐의 감정 등을 경험할 가능성이 크다. 또한 더 심각한 경우에는 자신과 타인의 진정한 감정을 잘 모르는 사람이 될 수 있다.

따라서 놀이치료자는 아동의 주 호소 문제, 환경, 부모와 또래의 관계를 비롯한 관계경험 등을 고려해 아동놀이의 의미를 이해할 필요가 있다.

여기서는 놀이치료실에서 나타날 수 있는 대표적인 놀이장면의 예를 몇 가지 제시하고 그것이 갖는 의미를 살펴보고자 한다.

1 싸움놀이

다양한 상황과 설정을 통해 싸움놀이가 이루어질 수 있다. 예를 들어, 아동은 두 사람 간, 두 편 간 또는 거대한 뱀과 악어가 군인들과 싸우는 장면을 놀이할 수 있다. '이 싸움은 어떤 의미를 가진 놀이일까?' 또는 '뱀과 악어는 어떤 의미이고 군인들은 어떤 의미일까?'를 놀이치료자로서 궁금해하지 않을 수 없다. 그리고 더 근본적으로 왜 많은 아동들이 싸움놀이를 하는지 궁금해하지 않을 수 없다. 성인뿐 아니라 아동들도 살면서 여러 가지 크고 작은 갈등 상황 또는 갈등적 감정을 경험할 수 있다. 갈등적이라는 것은 받아들이고 수용하기 어려운 요소가 있다는 것이다. 이런 요소들은 그것이 아동의 삶에 미치는 부정적 영향의 심각성에 따라 작고 사소한 싸움으로 놀이화되거나 거대한 존재 또는 힘과의 싸움으로 나타날 수 있다. 그런 의미에서 싸움은 아동이 삶에 존재하는 부정적 힘에 대항하고 통합적으로 해결하려는 노력이라고 할 수 있다. 따라서 충분히 싸움놀이가 여러 차례 반복되는 것이 필요하다. 실제로 놀이치료 임상에서 이런 놀이는 무수히 반복되는 경향이 있다. 반복될 때마다 아동은 조금씩 치유를 향해 나아간다. 이것은 성인상담에서 동일한 주체에 대한 이야기가 반복되는 것과 동일한 이유이다. 거대한 뱀과 악어는 예를 들어, 자녀를 늘 통제하고 자신이 원하는 대로 하려는 어머니나 아버지를 상징할 수 있고 그런 패턴이 내재화되어 아동의 심리 속에 존재하는 거대한 통제욕구의 표현일 수 있다. 아동은 이 힘에 대항하기 위해 온갖 종류의 군인, 기사 등을 데려다 싸울 수 있다. 싸우지 않는다면 아동은 힘에 사로잡혀 완전히 무력한 존재로 살아가거나 은둔형 외톨이가 되어 세상과 단절하거나 영원히 벗어나기 위해 성장하면서 자살을 선택할 수 있다.

또 이 거대한 힘은 학교에서의 왕따 등의 부적응 문제 때문에 아동이 겪고 있는 소외와 불안, 낮은 자존심의 상징일 수 있다. 아동은 이런 거대한 부정적 심리로부터 사회적으로 생존하기 위해 그것의 거대한 힘과 싸우고 있는 것일 수 있다.

흥미로운 것은 그 힘이 사람이나 가축 등의 모습으로 놀이화될 수도 있지만 그렇지 않고 뱀이나 악어 같은 매우 원초적인 동물의 형태로 상징화될 수 있다는 것이다. 그 존재가 뱀, 악어, 공룡 등처럼 원초적이라면 아동이 경험하고 있는 갈등적 상황이나 경험이 아동이 이유를 의식하지 못한 채 혼란 속에서 지속되고 있음을 의미할 수 있다. 그러면서도 그 힘은 막강하다.

2 취소놀이

많은 아동들은 어떤 놀이나 행동을 하고 그것을 취소하는 행동을 한다. 공룡이 집을 공격했지만 곧 놀잇감을 한쪽으로 치워버리면서 그런 일이 없었던 것처럼 취소해 버린다. 어떤 사람들이나 동물들이 사이좋은 모습으로 나타나지만 그것은 오래 지속되지 않고 싸움장면으로 바뀐다. 또 치료자에게 수용적 태도를 보이지만 오래가지 못하고 공격적 태도나 행동을 보인다. 이것들은 모두 자신이 한 놀이행동은 취소해 버리는 것이라고 할 수 있다. 그러면 긍정적 놀이행동을 지속하지 못하는 이유는 무엇일까? 그 이유에는 여러 가지가 있다. 주 양육자와 물리적으로 불규칙하게 아동과 시간을 보냈거나 물리적으로는 계속 주 양육자가 아동과 함께 있었지만 우울증 같은 심리적 어려움, 신체적 질병, 관계 갈등 같이 양육자의 주의를 분산시키는 상황에 지속적으로 노출되면 아동은 자신에게 좋고 편안한 상황이 언제 없어질지 모른다는 불안을 갖게 되고 시간이 지나면서 다른 사람에게도 그런 패턴을 기대할 수 있다. 그래서 치료자가 휴가를 다녀오거나 개인적 이유로 치료를 쉬게 되면 아동은 자신에게 수용적이었던 치료자 또는 좋았던 놀이 상황이 지속되지 않았고 또 앞으로도 그런 상황이 다시 발생할 수 있다는 불안을 느끼게 된다. 따라서 이런 놀이패턴을 보이는 아동들에게 놀이치료자는 변함없음과 꾸준함, 일관성 있는 태도와 물리적 존재성을 오랫동안 보여줄 필요가 있다. 즉 그런 상황이 아동이 건강한 발달상의 분리/개별화 과정을 견뎌낼 수 있을 때까지 지속될 필요가 있다.

3 공주놀이

많은 아동들이 놀이치료 시간에 공주놀이를 한다. 공주놀이의 의미는 공주가 어떤 존재인가를 인식하는 것에서부터 이해될 수 있다. 공주는 왕의 딸로 존귀하게 여겨지는 존재이다. 공주놀이를 통해 아동은 존귀하고 사랑받는 것을 놀이하는 것이다. 그렇다면 공주가 되어 존귀한 사랑을 필요로 하는 이유는 그만큼 사랑을 받지 못하고 박탈당했을 가능성을 의미한다. 따라서 이런 놀이의 의미를 이해하기 위해서 아동에게 이러한 경험이 있었는지 이해하는 것이 필요하다. 신데렐라 이야기에서도 이러한 주제가 나타난다. 모든 인간은 존귀하고 사랑받을 만한 가치가 있는 존재로 태어나지만 환경의 어려움은 신데렐라처럼 인간을 보잘것없는 존재로 만들어 버리기도 한다. 그러나 인간의 본성 안에 들어 있는 치유의 힘은 요정, 쥐 마부, 호박 마차, 왕자 등으로 이미지화되어 '보잘 것 없는' 박탈당한 존재를 공주 또는 왕비로 만들어 준다. 공주놀이는 바로 아동의 이러한 심리내적 노력의 상징이라고 할 수 있다.

4 게임놀이

또한 많은 아동들이 치료자와 공던지기 놀이 등 단순한 신체놀이부터 보다 복잡한 보드게임에 이르기까지 여러 가지 게임놀이를 한다. 게임놀이 역시 여러 가지 의미를 갖고 있다. 게임놀이는 원초적 동물이나 존재와의 싸움, 거칠고 공격적인 싸움, 두렵고 무서운 존재와의 싸움을 경험하고 갈등의 강도가 어느 정도 약화되었을 때 사회적이고 즐겁고 통제 가능한 방식의 싸움을 의미할 때가 있다. 이때도 게임놀이가 반복될 수 있다. 물론 이 반복과정에서 아동은 숙달감을 함께 느끼게 된다.

어떤 아동들은 외상과 관련된 놀이를 하고 그것과 관련된 두려움, 공포, 불안 등의 부정적 감정을 느끼고 난 후 그런 감정을 숙달하고 또한 그런 감정을 표현한 후에도 치료자의 수용적 태도는 변함이 없다는 것을 확인하기 위해 한동안 게임놀이를 하기도 한다. 따라서 놀이 방법도 중요하지만 치료자가 아동과 게임을 하면서 존재하는 것이 더 중요하다. 아동이 원하는 것은 치료자의 존재이기 때문이다. 게임을 통해 순서 지키기, 졌을 때 감정 조절하기, 대화하기 등의 기술발달을 성취할 수 있다.

물론 아동의 인지발달 단계나 정서조절 능력에 따라 게임놀이의 인지 또는 숙달 수준은 달라질 수 있다. 이 두 가지 면에서 불안을 느끼는 아동은 수준이 낮은 게임을 선택하거나 게임이 아닌 양육놀이로 돌아갈 수 있다. 따라서 놀이치료자는 게임놀이 상호작용에서 아동의 인지수준이나 정서조절 능력을 고려해 게임이 이루어질 수 있도록 해야 한다.

5 반복놀이

경험이 적은 놀이치료자들은 아동이 비슷한 놀이를 반복할 때 놀이치료의 과정이 정체되었다거나 무엇인가 잘못되고 있다고 생각할 수 있다. 인간의 성장과 회복과정은 점진적이고 무수한 반복에 의해 이루어진다는 것을 임상장면과 아직 잘 연결시키지 못하기 때문이다. 성인상담과 비교하면 이런 반복과정이 필요한 이유를 이해할 수 있다. 성인들도 상담에서 동일한 또는 비슷한 주제를 셀 수 없이 반복적으로 이야기한다. 흥미롭게도 그런 반복과정 동안 내담자의 삶에 변화가 일어난다. 이러한 원리는 아동들에게도 마찬가지로 적용된다. 어떤 아동들은 게임놀이를 또 어떤 아동들은 싸움놀이를 무수히 반복한다. 반복될 때마다 아동은 조금씩 치유를 향해 나아간다.

다음은 50개월 된 남자 아동의 접수상담 시간을 기록한 축어록의 일부이다. 어떤 일이 있었는지 언어로 자세히 설명한 아동의 어머니와 달리 아동은 자신과 부모에게 있었던 일을 놀이를 통해 구체적으로 표현하고 있다. 이 아동은 부모의 폭력적 싸움 장면에 노출되었고 그 이후로 아버지로부터 폭력을 당하고 있는 어머니를 구출하기 위해 소방관, 경찰관 또는 구급대원이 되어야 한다는 판타지를 갖게 되었다. 아버지의 폭행을 피해 어머니가 아동과 함께 있던 방의 문을 잠그고 안 열어주자 아버지가 열라고 소리를 지르고 문을 두드리다가 결국 부수고 들어가 어머니를 폭행했다. 아동은 어머니가 문을 열었으면 아버지가 어머니를 폭행하지 않았을 것이고 병원에 갈 일도 없었을 것이라고 인지적으로 추론했다. 그러다 보니 고장 난 문, 고장 난 자동차 등에 대해 매우 민감해졌다. 또한 자기중심적으로 생각하는 인지발달 단계의 특성상 자신이 부모 말을 안 들어서 부모가 싸운 것이며 따라서 부모 사이의 폭력을 중단시켜야 한다는 강박관념도 갖게 되었다. 또한 강박적으로 청결한 어머니가 아동이 소변이 마렵기 전에 미리미리 소변을 보게 하는 대소변 훈련을 시킨 이유로 아동은 스스로 소변 마렵다는 말을 전혀 하지 않는 습관이 있다.

아동 접수상담 축어록

CT18	구급대원 아저씨랑 소방관 아저씨랑 경찰관 아저씨 그릴래요!
T160	그중에 한 명만 그려야 되는데, 한 명만!
CT19	하나 그릴게요! 경찰 아저씨.
T161	경찰 좋아~!
CT20	사람은 어떻게 그려요?
T162	글쎄, 너 그리고 싶은 대로.
CT21	음~
T163	음~
CT22	또 뭐해요?
T164	음~ 또 뭐할 거냐고?
CT23	이렇게… 색칠… 색칠하고 나면 또 뭐해요?
T165	그다음에 놀아야지.
CT24	그건 뭐에요?
T166	아, 그거? 이거 뭐지?
CT25	사람!
T167	사람 맞아 경찰 아저씨. 경찰 아저씨야.
CT26	네. 여기.
CT31	네~ 뭐 가지고 올까요?
T173	너 갖고 놀고 싶은 거 아무거나~!
CT32	음~ 군인차까지 있잖아.
T174	그래.
CT33	나도 이거 안 하고, 잠깐만.
T175	아~ 군인차는 안 할 거야?
CT34	삑삑~
CT35	흐흐흐 으으음~
T177	뭘 가져올까 생각 중인가 봐.
CT36	볼게요.
T178	응~
CT37	음~
T179	음?
CT38	으으음~~ 뭐지?
T180	뭐지?

CT39	크크크크 응?
T181	응?
CT40	으응~? 이게 뭐야? 빠진 거에요?(자동차의 문이 비스듬히 열려 있는 것을 그렇게 표현함)
T182	어떤 거?
CT41	이거.
T183	진짜 빠졌나 봐. 뚜껑이 빠졌나 봐?
CT42	맞아!
T184	오~ 빠졌네. 진짜~ 다시 끼워야 되나?
CT43	네!
T185	오~
CT44	끼워 봐요!
T186	어!
CT45	그런데 끼워질까? 끼워진다.
T187	아~ 그렇게 끼우는 거야. 오 됐다!
CT46	이렇게 끼워야 하는데. 고장 났나 봐.
T188	고장 났나 보다.
CT47	그럼 안 되면….
T189	다른 거 할 거야?
CT48	뿌익뿌익~
T190	어어어 무슨 소리지?
CT49	쓰으읍하~
T191	무슨 소리지?
CT50	잠깐만요.
T192	알겠어. 너 오줌 마려워?(소변 마려운 사람처럼 계속 몸을 움직였으나 소변 마렵다고 하지 않음)
CT51	아니.
T193	아니야? 음….
CT52	어떡하지?
T194	아~ 그거 가지고 놀 거야?
CT53	비행기!
T195	응!
CT54	아니. 어떤 거 놀아?

T196	응?
CT55	로켓 비행기!
T197	로켓 비행기~ 오!
CT56	아니네.
T198	아니야? 그거 가지고 안 놀 거야?
CT57	이거 아냐.
T199	응.
CT58	오예!!
T200	오! 아~ 뭔가 발견!
CT59	흐흐흐흐~
T201	기분이 좋아?
CT60	흐흐, 하하하하(다시 비행기를 날리는 동작)
T202	하하하하~ 에잇, 다시 비행기!
CT61	슈욱~
T203	오~ 슈욱~ 날고 있습니다. 비행기가!
CT62	슈우~
T204	슈웅~
CT63	착륙!
T205	착륙~ 다시 착륙~!
CT64	이제 다른 거 가지고.
T206	이제 다른 거 가지고 놀 거야?
CT65	음?
T207	음음?
CT66	소방차!
T208	소방차?
CT67	아니.
T209	아니?
CT68	소방차인가? 소방차인가? 아이고.
T210	아이고, 그것도 소방차야?
CT69	어, 이거 소방차~!
T211	어.
CT70	에용 에용 에용 에용~
T212	소방차가 지나가네~ 휘잉~!
CT71	응?

T213	으응?
CT72	아니.
T214	아니 아니?
CT73	버스가 왔어.
T215	아!
CT74	크다!
T216	크다, 커!
CT75	왜 문이 안 열려?
T217	글쎄, 왜 문이 안 열리지?
CT76	어, 바퀴도 안 되네.
T218	바퀴도 안 움직여?
CT77	그럼 고장 났나 보다.
T219	고장 났나 보다.
CT78	그럼, 이거 엄청 많아.
T220	어!
CT79	버스.
T221	버스다, 버스.
CT80	어? 문도 열린다!
T222	오~ 이번엔 문도 열려.
CT81	네!
T223	응!
CT82	쒸이이이이익~~ 부우우우우우웅 끽!
T224	부우우우우웅 끽이익~!
CT83	이번엔!
T225	응~ 이번엔?
CT84	소방차!
T226	소방차!
CT85	차~ 흐흐~
T227	다른 소방차?
CT86	이건 뭐에요, 이건 무슨 소방차에요?
T228	글쎄, 무슨 소방차지? 좀 작게 생겼는데.
CT87	옛날엔, 옛날 소방차인가?
T229	옛날 소방차야? 아아~!
CT88	이거는 소방기구고~!
T230	어!

CT89	우우웅~
T231	오오~
CT90	에에에에에엥에엥에에엥~
T232	오, 옛날 소방차!
CT91	아닌데, 이거 소방차 아냐.
T233	아~ 선생님이 잘 못 봤네.
CT92	이번엔!
T234	이번에?
CT93	흐흐흐히히~
T235	흐흐~
CT94	흐흐흐~
T236	으응?
CT95	흐흐흐흐흐~ 오 크다.
T237	오~ 크다 커!
CT96	크다.
T238	응~
CT97	삐뽀 삐뽀~!
T239	삐뽀 삐보~!
CT98	문이 안 열리네~
T240	문이 안 열려?
CT99	바퀴는 잘 돼.
T241	바퀴는 잘 나가.
CT100	아이고! 아이고~!
T242	아이고~~ 왜!
CT101	이거~!
T243	아이고, 아이고.
CT102	흐흐~
T244	하하~
CT103	흐흐 기차다, 기차!
T245	기차!
CT104	트레인이다. 트레인!
T246	트레인이야?
CT105	아이쿠, 고장 났네, 이거!
T247	트레인이 고장 났어?

CT106	어~ 이거 조금 고장 났어!
T248	진짜?
CT107	네!
T249	오 진짜?
CT108	그쵸, 여기?
T250	오~! 두 칸이네 트레인이!
CT109	문 또 열리는데 고장 났네!
T251	문 열리는데 고장 났어?
CT110	고장 났나 보다, 이거 원래.
T252	그래?
CT111	네. 나는 뭐 가지고 놀지?
T253	이번에는 뭐 가지고 놀까?
CT112	나는, 나는 어~ 나는!
T254	응?
CT113	삑삑 아이고, 이상해.
T255	어? 어디서 떨어진 거지?
CT114	아?
T256	아하, 아~ 네가 안 한 거야. 네가 잘못 한 거 아냐.
CT115	맞아, 원래 있었어!
T257	맞아~ 원래 그랬어, 맞아~(망가진 이유가 자신 때문이 아니라는 말에 매우 기뻐하며 원래 그랬다는 말을 다시 강조함)
CT116	히히~!
T258	흐흐~ 소방차다~!
CT117	위이이이이이잉이이~!
T259	호오호오오오~!
CT118	에에에에에에에에에에엥 끼이이이익! 어? 이거 원래 그랬어.
T260	원래 그랬어? 어~ 네가 망가뜨렸다고 할까봐, 걱정했나 봐?
CT119	응, 이건 안 망가졌어.
T261	어어~ 그건 안 망가졌어?
CT120	맞아.

9장 치료자 반응

1. 놀이치료 과정에 따른 치료자 반응
2. 치료자의 반응 수준

아동에게는 본질적으로 회복과 변화를 위한 타고난 능력이 있다고 믿어지며 그러한 능력을 믿고 아동상담을 하지만 치료자가 아동에게 보여 주는 반응과 태도는 치료효과에 결정적인 영향을 주는 것이 사실이다. 치료자의 반응은 치료자가 어떤 이론적 오리엔테이션을 가지고 있는가에 따라 달라지는 경향이 있다. 어떤 이론가들은 아동상담에는 해석 작업이 아무런 도움이 되지 않는다고 보고 아동의 일상생활에서 일어나는 사건이나 외부환경의 영향을 설명하려고 노력한다. 행동주의적 입장을 지지하는 이론가나 치료자들은 행동적인 조작이나 아동의 언어적 반응에 대한 치료자의 언어적 반응을 강조한다. 아동중심적 입장을 따르는 치료자들은 무의식적 내용에 대한 해석이나 행동주의적 행동조성보다는 아동과의 관계형성, 아동의 감정에 대한 공감, 존중 등을 강조한다. 그런가 하면 정신역동적 입장을 취하는 상담자들은 아동의 발달단계에 적합한 해석적 노력이 효과적이라고 본다. 어떤 입장이 더 타당한가보다는 아동의 특성에 따라 치료자의 절충적인 노력이 필요하다고 할 수 있다.

무엇보다 아동에게는 자신의 세계를 충분히 표현할 수 있는 언어적 능력이 제한되어 있기 때문에 놀이라는 상징적 매체가 필요한 것이며 그러한 상징적 매체를 통해 의사소통할 수 있는 치료자의 능력이 무엇보다 요구된다. 또한 그것이 놀이치료를 단순한 놀이와 구별되게 하는 매우 중요한 부분이라고 할 수 있다. 놀이를 통해 아동이 의사소통하는 세계를 경험한 치료자라면 아동과의 놀이를 함부로 생각할 수 없으며 경이로움과 존중심을 갖게 될 것이다.

또한 아동치료자의 치료적 반응은 부모나 교사 혹은 일반성인과는 구별되어야 한다. 어떤 점에서 구별되어야 하는지는 여러 측면에서 말할 수 있지만 많은 점에서 분명히 다르다.

첫 번째는 놀이와 같은 은유적 방식을 통해 아동과 의사소통할 수 있는 능력이다. 그러려면 아동의 놀이세계를 이해하고 아동의 놀이세계가 담고 있는 아동의 정서, 감정 등을 이해할 수 있어야 한다.

두 번째는 인간의 정신세계에 대한 이해이다. 인간에게는 겉으로 드러난 세계뿐 아니라 무의식을 비롯한 내면세계가 있다는 것과 의식적 세계와 무의식적 세계 간의 상호작용과 그 영향을 이해해야 한다.

세 번째는 발달단계에 따른 아동발달의 다양한 측면을 이해해야 한다. 특히 부모 및 가족과의 관계가 아동에게 미칠 수 있는 영향들을 이해할 수 있어야 한다. 치료자의 이론적 접근에 따라 반응방식이 다를 수 있으나 공감과 이해라는 기본적 원리는 공통된 특성이라 할 수 있다. Norton & Norton(2002)이 제시한 놀이치료의 과정에 따른 치료자 반응을 살펴보면 다음과 같다.

1 놀이치료 과정에 따른 치료자 반응

1) 탐색단계

이 단계에서 필요한 치료자의 반응은 아동의 존재와 활동을 인정하는 것이다. 치료자의 이러한 반응은 치료자가 늘 아동과 함께 있을 것이며 아동이 하는 행동을 수용하고 아동이 놀이를 주도해 가도록 하겠다는 내용을 전달하는 것이다. 탐색단계는 일반적으로 2세션 정도 이어지며, 이때의 보편적인 치료자의 반응은 "무슨 놀이를 해야 할지를 알기 위해 놀잇감들을 둘러보고 있구나?"이다. 또한 아동이 치료실과 치료자에 대해 보이는 반응과 태도를 통해 아동의 문제상태나 관계양식 및 반응패턴 등의 아동특성을 탐색하고 이해해야 한다.

2) 시험단계

탐색단계를 통해 놀이치료실이 어떤 곳인지를 알게 되고 어느 정도 익숙해지면 아동은 치료자를 시험하는 단계에 들어간다. 아동은 치료자가 다른 성인들과는 달리 수용적이며 공감적이라는 사실을 알고 치료자가 어느 수준까지 아동이나 아동의 행동을 수용하는지 알고자 한다. 따라서 이 단계에서 수용 가능한 행동과 그렇지 않은 행동을 구별하고 수용할 수 없는 행동에 대한 제한설정이 따르게 되는데, 이는 아동의 감정표현을 촉진하고 감정을 수용하면서도 아동이 격한 감정에 압도되지 않도록 아동을 보호하는 것이 주된 목적이라고 할 수 있다. 이러한 과정을 통해 아동은 놀이치료자가 믿을만한 사람이며 어떤 행동이 수용되고 어떤 행동이 수용되지 않는지를 알게 됨으로써 자신의 행동이 미치는 결과들을 예측할 수 있게 된다. 이러한 예측은 아동으로 하여금 더욱 놀이치료자를 신뢰하게 만드는 요인이 된다. 이때 주로 치료자가 하는 반응은 "네가 화났다는 것을 충분히 알겠다. 하지만 화 때문에 물건을 망가뜨릴 수는 없다."이다. 모든 제한은 확고해야 하지만 그러면서도 동시에 수용적이고 지지적이며 보호적인 제한설정이어야 한다.

치료자가 아동을 보호하려고 한다는 점을 아동이 아는 것이 매우 중요하다. 이는 아동이 놀이치료의 과정을 통해 표현하기 힘든 외상으로 인한 감정들을 표현할 때 아동이 두려움을 극복하고 내면 깊은 곳을 표현하게 하는 안전하고 보호받는 환경을 만들어주기 때문이다.

3) 작업단계

아동과 치료자가 작업단계(의존단계와 치료적 성숙단계)에 이르면 두 사람 사이에 개방적이고 원활한 의사소통이 이루어진다. 이 단계는 놀이치료 단계 중 가장 긴 시간을 필요로 하는 단계로, 그 기간은 아동문제의 심각성과 만성 정도에 따라 달라진다. 경우에 따라서는 치료자가 비록 아동놀이의 모든 의식적, 무의식적 측면들을 다 이해하지 못하더라도 놀이를 통해 은유적으로 이루어지는 내용들을 은유적으로 읽어 주고 공감해줌으로써 아동은 이해와 지지를 받게 된다.

예를 들어, 두 공룡이 서로 죽고 죽이면서 싸울 때 그것은 아동 내면의 사랑과 증오 간의 싸움일 수도 있고, 아동이 겪고 있는 환경적인 문제를 의미하는 것일 수도 있지만 치료자는 '두 대상이 서로에게 화가 나 있으며 그래서 싸운다.'고 은유적으로 표현해줌으로써 아동의 작업을 인정하고 그것에 의미를 부여하는 작업을 할 수 있다.

4) 종결단계

종결단계에 이르면 아동은 치료자의 수용적 행동을 모방하며 놀이에 대한 흥미가 급속히 줄어드는 것을 볼 수 있다. 그렇다고 해도 종결은 매우 힘들고 중요한 과정이기 때문에 신중하게 그리고 시간을 들여 진행해야 한다. 아동이 관계의 단절을 수용할 수 있도록 종결과정은 약 6세션 정도가 소요된다(West, 2002; Thompson & Rudolph, 1983). 함께 놀이할 시간이 앞으로 몇 번 남았는지를 매 세션마다 알려주고 종결하는 것에 대한 감정을 나눌 수 있도록 해야 한다.

2 치료자의 반응수준

치료자 반응에서 두 번째로 고려해야 할 부분은 치료자 반응의 깊이 수준이다. 성인상담과 마찬가지로 치료적 동맹과 신뢰가 구축되기 이전에는 아동상담에서도 해석, 직면, 통찰과 같은 작업은 매우 힘든 작업이기 때문에 관계의 깊이 수준에 따라 치료적 반응의 수준도 달리해야 한다. 여기서는 Norton & Norton(2002)이 분류한 치료적 반응수준을 제시하기로 하겠다.

1) 관찰반응

놀이치료 만남의 초기 반응들은 주로 관찰한 것에 대한 반응들로 이루어지는 경향이 있다. 예를 들어, "이 방에 무엇이 있는지 살펴보고 있구나."와 같은 반응들이다.

2) 놀이를 통한 의사소통반응

놀이는 성인상담과 구별되는 아동상담의 독특한 특성으로서 의사소통의 매체라고 할 수 있다. 따라서 아동이 놀이를 통해 자신의 세계를 소통한다면 치료자 역시 놀이를 통해 이에 반응할 수 있어야 한다. 예를 들어, 아동이 "배에 탄 사람들이 바다에 빠질까 봐 구명조끼랑 오리발을 신었어요."라고 말한다면 치료자는 "그 사람들이 바다에 빠질까 봐 무서워하고 있구나. 그런데 바다에 빠지면 그 사람들에게 무슨 일이 벌어질까 궁금하다."라고 반응함으로써 반응은 놀이와 놀잇감에 하였지만 메시지는 아동에게 전달하였다.

3) 관계반응

아동들은 놀이치료자가 다른 성인과 다르다는 것을 깨닫고 좋아하지만 치료자와의 관계가 일시적으로 끝날까 봐 염려하기도 한다. 이러한 염려와 관련된 감정은 아동이 직접 언어로 표현하기도 하지만 놀이를 통해 은유적으로 표현하기도 한다. 예를 들어, 치료자와 언제까지 만날 수 있을지 걱정하는 아동은 치료자와 함께 위험한 여행을 준비하는 놀이를 하기도 한다. 이럴 때 치료자는 "우리가 천천히 함께 여행하면 안전할 거야."라고 말해줌으로써 관계의 성격을 정의해 줄 수 있다.

4) 공감반응

아동과 치료자 사이의 관계에 무엇보다 중요한 것은 치료자의 공감적 반응이다. 공감적 반응을 할 때 중요하게 고려할 것은 언어적인 공감반응이 아동에게 미치는 영향이다. 언어적 공감반응이 이루어질 때는 그러한 언어적 반응이 아동의 놀이 흐름이나 놀이를 통한 연상을 방해하지 말아야 하며 정서적 연상보다 인지적 연상으로 흐르지 않도록 해야 한다. 이러한 이유로 경우에 따라서는 놀이를 통해 은유적으로 반응을 해야 하기도 한다.

아동이 겪은 이전의 고통스런 경험에 대해 치료자로부터 새로운 반응을 얻을 때 아동은 변화한다. 같은 이유로 가급적이면 질문보다는 공감적인 반응이 필요하다. 질문도 아동의 정서적 연상을 방해할 수 있다.

West(2002)는 Brady와 Friedrich(1982)의 분류를 인용하여 치료자의 치료적 반응기술을 4가지 수준으로 나누어 제시하였다.

(1) 수준 I : 경청과 집중하기(attending)

- 치료자는 치료내용과 아동에게 집중한다.
- 아동이 원하는 것을 치료자와 함께 나눌 시간과 공간을 제공한다.
- 아동이 말하고 행동하는 내용의 개인적이고 구체적인 의미에 주목한다.
- 비언어적 단서에 주목한다.
- 아동이 말하고 행동하는 것뿐 아니라 감정을 다룬다.
- 언어와 신체언어 사이의 불일치에 주목한다.
- 여기 지금에 집중한다.
- 치료자 자신의 감정을 경청한다.
- 아동의 느낌을 치료자 자신이 이해하고 있는지 확인한다.
- 아동과 함께한다. 아동이 준비되지 않은 새로운 재료나 주제를 치료자가 내놓지 않는다.

(2) 수준 II

- 아동이 자신의 감정과 행동을 표현할 수 있도록 하는 단계이다.
- 이 단계에서 치료자는 다음과 같은 기술들을 사용할 수 있다.
  - 반영하기
  - 의역하기
  - 요약하기

- 확장하기 : 아동이 하고 있는 것이나 느끼는 것을 확장할 수 있도록 하는 반응
- 가급적 필요할 때만 직면을 사용하기 : 직면하기는 아동의 언어, 놀이, 감정, 비언어적 단서 사이에 불일치가 있을 때 사용할 수 있다.

(3) 수준Ⅲ : 일차적 공감

- 치료자는 제삼자적 해석을 통해 아동의 놀이에 담겨 있는 깊은 내용에 반응한다.
- 아동이 놀이를 주도하게 한다.
- 치료자는 아동에 대해 비난이나 비판 없는 이해를 반영해 준다.
- 치료자는 충고나 지나친 질문, 위로 등의 반응을 피한다.
- 아동의 경험을 일반화하지 않는다(예: "그때는 누구나 다 그런 거야.").

(4) 수준Ⅳ : 직접적 해석

수준Ⅳ에서는 직접적인 해석이 이루어지는데 해석은 신중하게 이루어져야 하며 치료자가 보고 느끼고 추론한 것에 근거해야 한다. 또한 치료자가 직접적인 해석에 대한 훈련이 되어 있어야 한다.

해석은 치료자가 아동의 세계를 이해하고 있다는 것을 직관적이고 구체적이며 정확하게 공감해 주는 것이라고 할 수 있으며, 치료자가 여러 세션에 걸쳐 집중해 온 정보가 있을 때 가능하다(Davis, 1990; West, 2002; Egan, 1982).

10장 제한설정

1. 제한설정의 치료적 의의
2. 제한설정의 과정

1 제한설정의 치료적 의의

놀이치료에서 구조화해야 하는 중요한 것 중의 하나가 제한설정이다. 제한설정은 아동으로 하여금 사회적으로 용납되는 행동에 대해 알게 하고, 치료자가 아동의 안전을 우선시한다는 것을 아동으로 하여금 알게 하며, 아동이 대인관계에 필요한 책임감을 배우게 하고 또한 일관성 있는 경계를 경험하게 한다는 측면에서 치료적이라고 할 수 있다.

부모가 어린 자녀를 양육할 때도 반드시 하게 되는 것이 제한설정이며 이는 아동으로 하여금 자신의 감정과 행동을 조절하고 사회적 상황에 맞추도록 하여 아동의 조절능력을 키우게 한다. 또한 이는 인간에게 예측가능성의 감정은 과도한 불안 없이 자신감 있게 살아가도록 하는데 밑바탕이 되며 어린 시절부터의 제한설정은 바로 이런 예측가능성에 확신을 갖게 하는 역할을 한다. 아동에게 자신의 신체, 행동, 감정, 관계를 조절하는 능력은 사회적으로 생존해 나가는 데 반드시 필요한 것으로 이것이 성취되지 않으면 충동조절장애, 반사회적 행동, 주의력결핍 과잉행동장애(ADHD) 등과 같은 문제를 갖게 할 위험도 있다. 이때 무엇보다 중요한 것은 제한설정과 적절한 수용이 함께 이루어져야 한다는 것이다. 물론 수용할 것은 아동의 존재와 아동의 감정에 대한 것이며 바람직하지 않은 행동에 대한 수용은 아니다.

아동들이 놀이치료를 받으러 오는 이유는 아동의 수만큼이나 다양하다. 어떤 아동들은 무엇이든 잘해야 한다는 부담감으로 늘 긴장하고 못할 것을 염려하여 지레짐작으로 미리 포기하기도 한다. 이런 아동들은 놀이치료실에서도 자신이 잘할 것을 기대한다는 생각 때문에 긴장하고 잘하려 노력하다가 지치고 에너지가 소진되어 정해진 시간이 안 되었음에도 불구하고 밖으로 나가려 하거나 놀이치료실에 오지 않으려 할 수도 있다. 행동조절이 잘 안 되는 아동들은 역시 놀이치료실에서도 놀잇감을 망가뜨리거나 규칙을 지키지 않기도 한다.

어떤 문제로 놀이치료실에 왔든지 간에 치료자와 놀이치료실은 아동에게 낯선 사람이고 낯선 장소이기 때문에 아동은 놀이치료실이 어떤 곳인지 그리고 놀이치료자가 어떤 사람인지 알기 위해, 어떤 행동이 허용되고 안 되는지를 알기 위해 시험하는 행동을 하게 된다. 그러나 치료자의 따뜻하고 수용적이고 일관성 있는 반응을 통해 아동은 서서히 신뢰를 느끼게 되고 자신의 깊은 내면을 통해 작업하기 시작한다. 깊은 내면을 작업할 때에도 아동들은 격한 감정을 느끼기도 하고 두려움이나 불안 때문에 충동적으로 규칙을 어기는 행동을 하기도 하지만 치료자의 일관성이 있는 제한 그리고 제한에도 불구하고 보복이 없으며 변함없는 치료자의 수용적 태도로 인해 여전히 신뢰와 안전감을 느끼고 자신의 내면세계 탐색을 계속하게 된다.

제한설정에는 직접적인 제한설정과 간접적인 제한설정이 있다. 직접적인 제한설정은 허락되지 않는 행동이 있다는 것을 아동에게 알리는 것이다. 예를 들어, "창문은 공을 던지는 곳이 아니다.", "놀이실에 있는 놀잇감들을 일부러 망가뜨려서는 안 된다." 등이다. 간접적인 제한설정은 보다 미묘한 것으로 치료자의 반응에 따라 달라질 수 있다. 예를 들어, 치료자가 아동의 행동보다 아동의 언어에 적극적으로 반응한다면 아동은 말수가 많아질 것이다. 즉, 치료자의 반응이 긍정적 또는 부정적 강화의 기능을 하는 경우를 말한다.

제한설정은 아동뿐 아니라 놀이치료자의 안전을 위해서도 필요하다. 치료자를 다치게 하거나 불안하게 한다면 치료자 자신도 안전하지 않을뿐더러 방해 없는 집중과 공감을 아동에게 할 수 없게 된다. 이와 같이 제한설정의 필요성이 여러 가지 이유에서 크고 중요함에도 불구하고 제한설정은 치료자들이 매우 어려워하는 부분이라고 할 수 있다. 때문에 제한설정을 둘러싸고 충분한 훈련과 노력이 필요하다는 점을 강조하고 싶다.

2 제한설정의 과정

제한설정 과정은 치료자가 지나친 불안 없이 적절한 제한을 실시할 수 있도록 하기 위한 지침서이지만 무엇보다 아동이 제한을 어기려고 하는 동기를 파악하고 그것을 읽어 주는 것이 중요하다는 것과 제한설정 과정에서 치료자가 감정적으로 동요하지 않는 것이 중요하다는 것을 기억하고 구체적인 제한설정 절차를 실행하는 것이 치료적이라고 할 수 있다.

Axline(1947:1969)은 아동과 치료자의 안전을 위해 제한을 3개의 범주로 나누었다. 그 첫 번째는 절대적 제한이다. 절대적 제한은 상황에 따라 변하지 않는 불변의 제한으로 주로 안전과 관련된 것이다.

① 아동은 아동 자신을 다치게 해서는 안 된다.
② 아동은 치료자를 다치게 해서는 안 된다.

두 번째 제한은 임상적 제한으로 놀이치료실 환경과 관련된 제한이다.

① 모든 놀잇감은 놀이실에서만 가지고 놀이할 수 있다.
② 시간이 끝나기 전에는 놀이실을 나갈 수 없다. 화장실을 가야 하는 경우와 같이 긴급한 경우에는 물론 예외이다.
③ 놀이가 끝나면 반드시 놀이실을 나가야 한다.

세 번째 규칙은 상황적 제한으로 경우에 따라 달라질 수 있는 제한이다. 아동의 특성에 따라 추가적인 제한이 필요한 경우가 있고 예외적으로 제한을 하지 않아야 하는 경우도 있다. 예를 들어, 놀이치료실의 놀잇감을 망가뜨려서는 안 되지만 폭력적인 환경에서 왔거나 주의산만이나 과잉행동을 하는 아동들이 놀잇감을 거칠게 다루고 결과적으로 놀잇감이 망가지는 경우에는 놀잇감이 망가진 것에 대한 제한은 불필요하다. 그러나 반항 등의 이유로 고의로 놀잇감을 망가뜨리는 경우에는 제한이 필요하다.

대표적인 아동중심 놀이치료자 가운데 한 사람인 Landreth(1991)는 놀이치료의 제한설정의 근거를 몇 가지로 제시했다.

① 제한은 아동의 신체적 안전과 정서적 안전을 보호한다.
② 제한은 치료자의 정서적 편안함을 도모하고 아동에 대한 치료자의 수용을 증진한다.
③ 제한은 아동의 의사결정, 자기통제, 자기책임을 촉진한다.
④ 제한은 놀이치료가 현실에서의 현재와 여기 그리고 지금(here and now)에 기초하게 한다.
⑤ 제한은 놀이치료실 환경을 일관되게 한다.
⑥ 제한은 치료자와 아동 사이에 전문적이고, 윤리적이며, 사회적으로 수용 가능한 관계를 갖게 한다.
⑦ 제한은 놀잇감과 놀이치료실 환경을 보호한다.

또한 Landreth는 제한설정의 절차를 4단계로 나누어서 제시하였다.

첫째, 아동의 감정을 공감한다. 아동이 놀이치료실에서 허용되지 않는 행동을 하고 싶어 할 때 그런 행동을 하고 싶어 하는 감정과 욕구 자체는 인정하고 공감해 주어야 한다(예: “창문에 공을 던지고 싶구나.”). 아동의 행동은 제한하더라도 욕구와 감정에 대해 공감을 받았기 때문에 아동이 거절감을 느끼지 않게 된다.

둘째, 제한이 있다는 것을 알린다. 즉, 놀이치료실에서 허용되지 않는 행동이 있다는 것을 알린다. 제한을 알릴 때에는 구체적이고 정확하게 해서 무엇이 안 되는 행동이고 무엇이 가능한 행동인지를 알게 해주어야 한다(예: 창문에는 공을 던질 수 없으며 공을 던지고 싶다면 벽이나 바닥에 던질 수 있다.). 첫 번째와 두 번째 절차는 바꾸어 할 수도 있다. 공감을 하기도 전에 공을 창문으로 던지려 한다면 제한이 있다는 것을 먼저 알려야 한다.

셋째, 다른 대안을 알려준다. 무엇보다 중요한 것은 행동에 대한 통제만 존재하는 것이 아니라 그것을 대신할 수 있는 대안이 존재한다는 것을 알리는 것이다. 그렇게 함으로써 아동을 제한했지만 아동의 욕구를 대체하여 충족할 수 있는 방법을 알려 준다. 아동이 자신의 욕구를 사회적으로 바람직한 방법으로 충족할 수 있는 방법을 찾게 한다.

넷째, 위와 같이 3단계를 거쳤음에도 불구하고 어떤 아동들은 자신의 욕구를 자신의 방법으로 실현하려는 의지를 계속 보인다. 그러한 경우에는 위와 같은 과정을 2~3번 더 반복한다. 그랬음에도 불구하고 놀이치료실에서 허용되지 않는 행동을 계속 한다면 그때에는 두 가지의 대처방법을 사용할 수 있다. 첫 번째는 제한을 지키지 않으면 놀이치료실에 계속 있을 수 없다는 것을 알리는 것이다. 한 번의 기회를 더 남겨 두고 이러한 경고를 하여 아동이 계속 놀이치료실에 있을 것인지 아니면 밖으로 나갈 것인지를 선택하게 한다. 밖으로 나가기를 아동이 선택한다면 더 이상 그 세션에는 놀이치료실에 남아 있을 수 없다. 그러나 특정한 놀잇감을 망가뜨리는 행동과 같은 제한의 경우에는 그 놀잇감을 더 이상 가지고 놀 수 없는 것을 마지막 선택행동으로 하게 한다.

모든 제한설정 과정은 치료자 자신의 동요와 감정적 혼란 없이 공감적이면서도 확고하게 이루어져야 아동에게 치료적인 효과를 가져올 수 있다는 점을 기억하는 것이 중요하다.

11장 부모상담

1. 놀이치료에서 부모참여 동기화시키기
2. 부모의 상담 참여 동기화 과정

놀이치료에서 부모상담은 아동문제의 완화 또는 개선을 위해 반드시 필요한 부분이면서 동시에 놀이치료자가 가장 하기 어려운 부분이라는 인상을 주는 작업이다. 그 이유는 부모가 자녀를 놀이치료에 데려올 때 여러 가지 복잡한 감정과 생각을 갖고 오기 때문이다. 많은 부모들은 자녀를 놀이치료자에게 데려오면 부모 자신의 노력과 힘든 일은 없이 자녀의 문제가 자동으로 고쳐질 것으로 기대한다. 그러나 그것이 그렇지 않다는 것은 누구나 상식적으로 추론할 수 있는 것이다. 아이가 감기에 걸렸을 때도 의사에게 데려가는 것만으로는 자녀의 감기를 낫게 할 수 없다. 부모가 집에서 자녀를 위해 약을 규칙적으로 먹이고, 위생적인 환경을 제공하고, 양질의 음식을 먹여야 하는 등 부모가 해야 하는 일들을 했을 때 자녀가 질병으로부터 치유될 수 있다.

자녀 문제의 치유를 위해 부모상담은 두 가지로 진행될 수 있다. 첫 번째는 부모 자신의 우울, 불안, 관계문제 같은 어려움 자체를 완화 또는 개선하기 위한 부모 개인상담 또는 부부상담을 진행하는 것이다. 이러한 상담은 궁극적으로 상담의 긍정적 효과가 자녀 또는 부모-자녀의 관계에 긍정적 영향을 미치기 때문에 부모상담이라는 명칭을 사용하지만 엄밀한 의미에서 부모가 되어 있는 개인에 대한 상담이라고 할 수 있다. 이러한 경우 부모상담 시에 상담의 목표가 무엇인지 명확히 하는 것이 필요하다. 자녀를 돕기 위한 보조적 수단으로서의 상담이 아니라 부모 개인을 위한 상담임을 첫 세션의 구조화 시간에 분명히 하는 것이 필요하다. 그렇지 않으면 부모들은 자신에게 왜 상담이 필요한지 또는 왜 예상보다 긴 시간이 소요되는지 이해하기 힘들어 한다. 더 나아가 비용문제에 대해 힘들어하여 상담이 중도에 중단될 수 있다. 많은 상담자들조차 이 부분을 혼동하기 때문에 막연한 방향으로 부모상담이 흘러갈 수 있다.

두 번째는 부모가 자녀를 돕도록 하기 위해 자녀와의 의사소통 방법, 놀이방법, 자녀의 발달 이해하기 등에 대해 상담을 하는 것이다. 교육적 의미가 포함된 부모상담 접근이라고 할 수 있다. 여기서 언급하고 있는 부모상담은 이 두 번째 접근에 해당한다. 그러나 이러한 교육적 의미가 있는 접근 역시 상담의 기본 기법과 공감의 원칙이 적용된다.

구체적이고 분명한 부모상담의 틀을 만드는 것이 중요한데 구조가 분명하고 구체적일수록 부모들이 치료자나 치료에 방어적 반응을 덜 보이며 치료과정에 더욱 협조적이 되기 때문이다(Kottman & Ashby, 1999).

1 놀이치료에서 부모참여 동기화시키기

놀이치료에서 잘 이루어진 부모상담은 아동 놀이치료의 결과를 극대화한다는 것을 대부분의 놀이치료자들은 알고 있지만 깊고 구체적인 부모상담이 이루어지지 못한 채 접수상담 시간과 몇 번의 만남으로 부모상담이 국한되는 경우도 종종 있다. 그러나 효과적인 부모상담은 부모로 하여금 왜 자녀에게 놀이치료가 필요한지, 놀이치료는 어떤 방식으로 이루어지는지, 치료의 효과는 어떻게 나타나는지, 놀이치료가 어떤 과정을 거쳐 효과를 얻게 되는지 등에 대해 잘 이해시킬 수 있는 기회가 된다. 특히 잘 이루어진 부모상담은 부모에게 희망과 인내심 그리고 의지할 자원이 되어 주기 때문에 소기의 효과를 내기도 전에 놀이치료가 중단되는 것을 막을 수 있다.

또한 대부분의 놀이치료자들이 놀이치료에서 부모상담이 중요하다는 것을 알고 있지만 정확히 어떻게 부모상담에 접근을 해야 하는지 모르거나 부모상담 접근방법에 대해 확신이 없는 상담자들이 많다. 특히 초보 놀이치료자일수록 이러한 혼란을 겪는다. 때문에 놀이치료자들이 슈퍼비전 시간에 가장 많이 슈퍼비전을 받고 싶어하는 부분이 바로 부모상담이기도 하다. 특히 아동중심 놀이치료의 훈련배경을 갖고 있는 치료자들은 아동과의 관계형성에 중요성을 둔다는 느낌을 스스로 갖고 있기 때문에 부모와의 관계는 어떻게 형성하고 유지하는지 더 혼란스러워할 수 있다. 물론 아동중심 놀이치료 접근이 부모상담과 충돌되는 것은 아니다.

놀이치료에서 아동과 신뢰를 형성하고 공감적인 관계를 만드는 것이 치료의 원칙인 것처럼 부모상담의 경우에도 부모와 신뢰의 관계를 형성하는 것이 가장 기본적으로 필요한 과정이다. 신뢰를 기반으로 한 안정적인 관계는 내담자와 그 가족으로 하여금 자신의 어려움과 해결책을 발견하고 스스로 해결해 가도록 하기 때문이다.

여기에서는 부모의 상담 참여 동기화 과정에 대해 설명하겠다.

2 부모의 상담 참여 동기화 과정

- 부모와 신뢰의 관계형성 또는 라포 형성하기

부모와 신뢰할 수 있는 관계형성을 하는 가장 기본적이고 중요한 방법은 부모가 자녀를 위해 현재까지 기울여 온 노력과 수고를 존중하고 공감하며 경청하는 것이다. 부모역할은 스트레스가 많은 일이다. 따라서 치료자가 부모에게 공감, 수용, 진솔함을 가지고 의사소통을 한다면 부모는 자신들의 노력과 어려움이 이해받았다는 공감을 느끼고 치료자를 신뢰하게 될 것이다.

- 부모에게 아동에 관해 배우기

부모와 신뢰할 수 있는 관계를 형성하기 위해 가장 먼저 해야 할 일은 부모가 자녀에 대해 이야기하는 것에 경청하는 자세를 보여 주는 것이다. 이러한 과정을 통해 자녀의 문제에 대한 부모의 지각 즉 무엇을 문제라고 생각하는지, 부모가 갖고 있는 세계관, 부모와 자녀가 속해 있는 환경과 문화에 대한 이해를 얻게 된다. 많은 부모들이 자녀의 문제가 부모의 잘못 때문일지도 모른다는 불안과 걱정을 가지고 놀이치료자에게 오기 때문에 부모의 문제보다는 자녀문제에 더 초점을 맞추고 이야기를 경청하는 것이 부모의 불안과 염려를 덜어 주며, 특히 놀이치료 과정

초기에 상담에 대한 저항을 줄일 수 있다. 그러나 치료자는 이 과정에서 끊임없이 부모 자신의 이슈로 인해 부모가 자녀에게 미친 영향에 대해 탐색해야 한다.

McGuire와 McGuire(2001)는 이 과정을 '질문하기-반응하기-공감하기' 사이클로 설명했다. 이는 치료자가 주 호소 문제나 제반 관련 사항을 '질문'하고, 부모가 '반응'으로써 대답하기, 그리고 부모의 반응에 대해 치료자가 '공감'하기 등이다. 이렇게 하는 이유는 부모를 치료자가 이해하며 부모의 언급이 타당하다는 느낌을 주기 위해서이다. 이러한 사이클은 부모로 하여금 감정을 안전하게 표현할 수 있게 하고 생각을 명료화할 수 있게 하며 궁극적으로는 치료목표를 이해하고 동의하게 한다. 특히 첫 세션에서는 성공적이지 못한 것도 있었지만 현재까지 부모들이 기울여온 노력을 격려하고 힘든 상황 가운데서도 자녀를 그만큼 양육하려고 했던 노력을 정당화해 주어 부모의 강점을 부각시켜 주는 것이 무엇보다 중요하다.

- 놀이치료의 목표 설명

왜 놀이를 치료의 방법으로 사용하는지 그리고 놀이치료가 무엇을 치료목표로 하는지 명확히 하면 부모들이 정확히 놀이치료가 무엇을 목표로 하는지 알게 되며 치료에서 무엇을 기대할 수 있고 또 기대할 수 없는지의 경계를 부모가 정할 수 있게 된다. 이 부분을 명확히 하지 않으면 많은 부모들은 자녀를 놀이치료에 데려왔던 처음의 이유가 개선되거나 사라졌음에도 불구하고 놀이치료의 목표가 무엇이었는지 미처 인지하지 못한 채 자녀가 공부 잘할 수 있는 방법을 놀이치료자에게 묻는 시간으로 변질시키기도 한다. 즉 놀이치료자가 만능의 문제해결사인 것으로 착각하게 될 가능성이 있고 이 상태는 결국 부모가 놀이치료자에게 실망하면서 놀이치료를 떠나게 만드는 원인이 될 수 있다.

그러나 놀이치료의 목표를 지나치게 구체적이고 세부적으로 설정하는 것이 갖고 있는 단점도 있기 때문에 균형을 맞추는 것이 필요하다. 목표가 지나치게 세부적이고 구체적이면 놀이치료자가 놀이치료 시간에 목표라는 틀을 통해 아동을 보고 목표에 맞추어 아동의 행동을 변화시키고자 하는 지시적인 태도를 갖게 될 가능성이 높아질 수 있다. 이러한 놀이치료자의 태도는 목표에 대해 부모가 갖고 있는 기대를 놀이치료자가 무의식적으로 가져다 아동에게 투사할 가능성이 있기 때문이다. 특히 놀이치료자 가운데 부모와 동일시를 많이 하거나 어린 시절 부모와의 관계 이슈가 충분히 해소되지 않은 치료자의 경우 이러한 상황이 더 쉽게 발생할 수 있다. 이런 치료자들은 부모의 기대에 맞추거나 좋은 자녀가 되고자 하는 무의식적 기대를 스스로 갖고 있을 가능성이 높기 때문이다.

- 아동이 속한 가족과 환경의 문화 이해하기

우리 사회도 최근 다문화에 속하는 가정과 자녀들이 늘어나고 있기 때문에 놀이치료의 목표설정에서도 문화적 다양성을 반영하는 노력이 필요하다. 예를 들면, 문화에 따라 자녀의 훈육방식에 대한 기준이 다르며 독립과 의존에 대한 기준이 다르다. 또한 복종, 순종, 허용의 기준이 다르며 부모와 자녀의 경계와 거리에 대한 기준도 다르다. 따라서 치료자가 속한 문화의 자녀양육 및 부모자녀관계 기준을 강요한다면 치료목표에 대해 부모가 동의하기 어렵고 외적으로 동의한다 하더라도 놀이치료가 지속되기 어려운 문제를 안게 된다.

- 놀이치료자의 역할 설명하기

이 부분은 주로 부모가 볼 수 없는 놀이치료실에서 이루어지는 역할이기 때문에 부모에게 설명하기 쉽지 않은 부분이다. 그러나 이 부분에 대한 소통이 이루어지지 않는다면 부모는 자녀를 통해 무슨 일이 안에서 일어나고 있는지 알아보게 할 수도 있고 놀이치료실 문 앞에 귀를 대고 있게 만들 수도 있다. 따라서 놀이가 왜 필요하며, 놀이시간에 치료자는 무엇을 하며, 그것이 치료효과를 위해 왜 필요한지를 설명해 주어야 한다.

- 놀이치료 구조 설명하기

이 부분에서는 치료자의 이론적 배경과 치료과정에 대해 간단히 설명이 이루어진다. 또한 상담비용, 예상되는 대략의 세션 수와 한 세션의 시간 길이, 양육자의 참여 정도, 부모상담의 횟수와 방법 등에 대한 정보를 제공한다.

● 지속적으로 부모상담 제공하기

지속적인 부모상담은 두 가지의 형태로 제공될 수 있다. 첫 번째는 놀이치료 매 세션 후에 짧은 시간 동안 부모상담을 제공하는 것이고 두 번째는 4~5세션마다 약 1시간 정도의 부모상담을 제공하는 것이다. 어떤 치료자들은 다른 대안이 없을 때 부모상담을 20분, 아동상담을 30분 정도 하기도 한다. 그러나 부모상담의 횟수와 시간은 아동의 문제와 부모가 처한 상황에 따라 달라질 수 있다.

부모상담은 어떤 경우에라도 강력한 치료자-부모 치료동맹을 조성하고 유지하게 하며, 부모와 치료자가 공동의 목표를 향해 노력하게 하고, 아동발달, 자녀양육 기술, 자원 활용 등에 대해 부모를 교육할 수 있는 기회가 된다. 놀이치료를 시작하면 대부분의 아동들이 퇴행기간을 거치면서 문제가 더 악화되는 듯한 기간을 보낸다. 부모는 비용과 시간을 투자했는데 자녀의 상태가 나빠지는 것을 보면서 놀이치료를 중단할 가능성이 있기 때문에 사전에 이러한 과정을 거치면서 아동들이 개선된다는 것을 알려주고 또 그 기간이 막상 왔을 때도 다시 부모를 교육하는 것도 필요하다.

또한 지속적인 부모상담 시간에 치료자가 주의해야 할 것은 이 시간에도 비밀보장의 원칙이 적용되기 때문에 아동과의 놀이치료 시간에 있었던 구체적인 상황이나 아동의 행동에 대해 부모에게 자세히 알려서는 안 된다는 것이다. 만약 치료자가 부모에게 말한다는 사실을 아동이 안다면 아동은 더 이상 있는 그대로 표현하거나 놀이하려 하지 않을 것이다. 그러나 부모는 놀이치료의 비용을 지불하는 사람이기 때문에 그리고 아동의 부모이기 때문에 놀이치료 내용에 대해 알고자 하는 것은 자연스런 것이고 한편으로 권리라고 할 수 있으므로 개략적인 아동의 진전 과정 정도를 알려주는 것이 바람직하다.

부모상담 시간마다 놀이치료자는 부모의 경험과 노력을 격려하고 공감과 돌봄적 태도로 반응하며 교육함으로써 더욱 강력한 부모-치료자 간 동맹이 유지될 수 있도록 한다.

또한 매시간마다 부모에게 아동의 진전이나 개선 상태를 질문한다면 부모도 지나치게 개선이나 진전에 중심을 맞추게 되므로 그러지 않도록 주의해야 한다. '얼마나 또는 어떻게 아동이 좋아졌는가?'에 대한 질문보다 '어떻게 지냈나?', '어떻게 생활 했나?' 등의 어조로 시작하는 것이 바람직하다. 그러한 과정에서 치료자는 물론 내담아동의 목표달성이 어느 정도 이루어지고 있는지 세심히 평가해야 한다. 또한 아동의 학교생활이나 또래관계에 대해서도 정보를 구함으로써 아동의 개선 상태를 평가한다.

많은 부모들은 완벽주의적 기대를 자녀에게 하는 경향이 있다. 즉 부모가 자녀에게 원치 않는 부정적 행동이 완벽하게 사라질 것을 기대한다는 것이다. 때문에 자녀가 얼마만큼 개선되었는지 인식하지 못하는 경우도 많기 때문에 부모에게 처음 놀이치료에 왔을 때와 비교해 얼마만큼의 변화가 있었는지 인식하게 도와주는 것도 필요하다.

● 법적 이슈와 관련된 동의 구하기

놀이치료는 여러 가지 법적 문제와도 관련이 있다. 놀이치료 과정에서 알게 된 사적인 정보나 상담 내용을 당사자 및 보호자의 동의 없이 외부로 발설해서는 안 되는 법적 비밀유지의 의무가 있다. 그러나 동시에 놀이치료자는 아동복지법에 따라 아동학대나 방임 또는 그 가능성을 발견했을 때 신고해야 할 의무가 있는 신고의무자이며 위반했을 때 처벌이 뒤따른다. 또한 자살이나 타살 또는 폭력의 가능성이 있을 때도 이를 신고해야 하는 의무를 갖고 있다. 따라서 부모나 법적 보호자와 상담에 대한 계약을 할 때 서면으로 치료자의 비밀유지의 의무, 비밀유지 예외 조항을 명시하여 부모에게 서명을 받는 것이 치료자와 내담자를 보호할 수 있는 방법이다.

☑ 12장 놀이치료의 종료

1. 종료의 결정
2. 종결과정
3. 부적절한 종결
4. 마지막 세션
5. 환경의 조정

놀이치료의 마지막 단계는 종료단계이다. 이 단계에서 나타나는 아동의 놀이는 주로 실생활과 관련된 것으로 아동이 현실세계로 돌아갈 준비가 되었음을 의미한다. 이 단계에 이르면 아동들은 놀이치료실에 대한 흥미를 잃고 현실세계에 존재하는 친구와의 놀이 같은 현실세계에서의 놀이를 더 즐기게 된다. 아동은 놀이치료를 하는 동안 자신이 당한 고통이나 슬픔, 외상 등을 다루고 스스로에게 힘을 부여하면서 아동에게 부정적 영향을 주었던 사건들에 대한 상징적 매듭을 지어 왔기 때문에 종료과정은 매우 중요한 의식(ritual)이라고 할 수 있다. 또한 치료자에 대해서도 애착대상으로서의 전이관계를 맺어 왔기 때문에 종결이 어려울 수도 있다.

무엇보다 중요한 것은 놀이치료에 의뢰된 아동의 주 호소 문제의 해결이지만 증상 그 자체의 제거보다는 증상을 일으킨 원인적 문제나 상황의 개선 또는 그와 관련된 더 깊은 내면적 문제의 해결을 반드시 고려해야 한다. 종결과정이 적절히 이루어지면 지금까지 이루어져 온 놀이치료의 효과들을 더욱 증진하고 공고히 할 수 있는 기회가 된다. 그러나 종료과정이 적절한 시점에서 적절히 이루어지지 않으면 아동은 치유과정을 자연스럽게 끝맺지 못하고 다시 한 번 버림받음과 상실의 고통을 겪게 될 수도 있다.

종료과정이 잘 이루어진다 하더라도 종료는 아동에게 매우 민감하고도 어려운 일이라고 할 수 있기 때문에 신중하고 세심하게 이루어져야 한다. 특히 아동과 치료자는 놀이치료 과정 동안 깊은 신뢰관계를 맺어 왔고 치료자로 하여금 아동의 정서적 욕구와 보호를 제공하게 허용했기 때문에 이러한 관계의 종료는 매우 의미 있는 것이라고 할 수 있다. 아동은 단순히 치료장면을 떠나는 것으로 치료를 종료하는 것이 아니라 아동 안에 내면화된 좋은 보호자 또는 양육자의 이미지를 가지고 떠난다. 그런 의미에서 종료에 대한 치료자 자신의 감정에 대해서도 세심한 관찰과 탐색이 필요하다.

1 종료의 결정

종료과정이 시작되기 전 그러니까 아동이 문제를 해결하고 발달적으로 적합한 단계로 도약하는 때에 이미 종료의 단서가 나타나기 시작한다고 할 수 있다. 아동은 내면적인 고통으로부터 벗어나 내용과 유형 면에서 발달에 적합한 상호 작용적 놀이를 하게 되며 또한 치료자와도 원활한 상호작용을 시도한다. 더욱 자발적으로 놀이를 하게 되고 의무적인 모습에서 놀이를 창조적으로 즐기는 모습을 나타낸다. 또한 아동은 놀이에 대한 열정과 흥미로 인해 놀이치료실에 오래도록 다니고 싶다는 표현을 하기도 한다. 이럴 때는 아동의 바람을 읽어줌과 동시에 비공식적으로 놀이치료실에 오는 기간에 제한이 있다는 것을 알리는 것이 필요하다.

놀이치료의 종결이 필요한 경우들을 제시하면 다음과 같다(West, 2002).

① 아동의 주 호소 문제의 개선
② 아동의 기분이 개선됨
③ 가정과 학교에서의 적응
④ 가족배경에 대한 현실적 이해
⑤ 다른 상담자나 다른 상담 프로그램으로 의뢰가 필요한 경우
⑥ 놀이치료가 도움이 안 될 때
⑦ 양육자가 놀이치료를 원치 않을 때

종료를 결정하게 되는 경우는 아동이 놀이치료를 받게 된 주된 문제가 해결되었을 때이다. 부모 입장에서는 주 호소 문제가 해결되면 놀이치료를 종결해야 한다는 생각을 쉽게 할 수 있는데, 경우에 따라서는 발견되지 않은 또 다른 문제가 나타날 수 있고 주 호소 문제는 해결되었지만 아동이 감정적으로 놀이치료를 종결할 마음의 준비를 하지 못한 경우에는 적절한 종결시기라고 할 수 없다. 아동의 부정

적 기분이 개선되고 또한 종결에 대해 마음의 준비가 되었을 때도 역시 종결을 고려해야 할 상황이다. 또한 아동이 속한 가족이 지닌 현실적인 문제나 상황들을 이해하고 극복하게 된 경우, 적응된 학교생활을 보일 때도 종결을 고려할 시기라고 할 수 있다. 주 호소 문제가 해결되었어도 이러한 다른 문제들이 해결되지 않았을 수도 있다. 주 호소 문제가 아직 해결되지 않았거나 그 외 중요한 부분들이 만족할만한 상황이 아닌데도 불구하고 부모를 비롯한 보호자들이 더 이상 놀이치료를 원치 않거나 놀이치료를 계속할 만한 상황이 아닌 경우에도 종결을 해야 하는 상황이 발생하기도 한다.

2 종결과정

종결을 결정할 때 무엇보다 중요한 것은 아동의 의견을 묻는 것이다. 놀이치료가 정상적으로 잘 이루어진 경우에는 아동의 의견을 물어 종결과정에 아동이 능동적으로 참여할 수 있도록 해야 한다. 즉 아동에게 얼마 동안 놀이치료에 더 오고 싶은지를 물어야 한다. 아동마다 더 오고 싶은 기간이 다르지만 대체로 계속 오고 싶어 한다. 아동이 더 올 수 있는 세션 수가 결정되면 그다음부터는 세션마다 아동이 종결할 수 있도록 마음의 준비를 시켜야 한다. 또한 최소한 2주나 3주, 한 달 정도의 간격을 종결세션 사이에 두는 것도 필요하며 몇 달 후에 추후세션을 하는 것도 유용하다.

이러한 기간과 간격은 아동마다 다르다. 놀이치료실에 올 때마다 몇 세션이 남았으며 몇 번을 더 만날 수 있는지 등에 대해 이야기해야 한다. 어린 아동의 경우에는 눈으로 볼 수 있는 그림이나 차트 등을 만들어 색칠하거나 스티커를 붙여나가는 것도 시각적으로 아동의 종결을 도울 수 있는 방법 중 하나이다. 또한 놀이치료 과정 중에 아동에게 의미 있었던 상징적 놀잇감을 종결 때 선물로 주는 것도 종결을 시각화할 수 있는 방법 중 하나이며 사진을 찍어 나누어 가져 관계의 이미지를 남기는 것도 좋은 방법이다. 종결 때는 파티를 해서 아동과의 분리를 기념하기도 한다.

반드시 종결에 대한 아동의 감정이 다루어져야 한다. 종결에 대한 감정을 다루는 과정에서 아동은 자신이 처음에 놀이치료를 시작했을 때와 비교해 종결을 다루는 시점에서의 자신이 매우 다르다는 것과 스스로에 대한 유능감을 인식하게 되며 앞으로 어떤 긍정적인 방식으로 자신이 살아가야 하는지를 스스로 이해하게 된다.

이런 과정에 대해 부모에게도 아동이 어떤 과정을 거치고 있는지를 알려야 한다. 놀이치료의 종결은 아동이 마음에 어떤 확고한 애착대상의 이미지를 만들고 그 이미지로 인해 물리적 분리를 견딜 수 있게 되었음을 의미한다. 아동은 더 이상 실제 치료자를 보아야만 치료자와의 간격을 메울 수 있는 것은 아니다. 또한 언제든지 치료자를 만날 수 있고 접촉이 닿아 있다는 것을 아동이 알고 종결하는 것이 중요하다.

이러한 종결과정이 정상적으로 잘 진행되면 종결과정 자체가 아동에게 매우 치유적인 기회가 된다. 종결이 아동에게 피해를 주지 않으려면 다음과 같은 점들을 고려해야 한다(West, 2002).

① 이전에 외상적인 상실이나 분리를 경험했던 아동들에게는 특별히 신중한 종결을 해야 한다.
② 아동과 애착관계를 맺은 치료자 쪽에서는 분리 자체가 아동에게 상처를 입힐까봐 걱정할 수 있는데 놀이치료자가 스스로 애착대상자와의 분리를 성공적으로 할 수 있는 능력이 있다면 또 놀이치료가 잘 진행되었다면 애착관계는 외상적 경험을 가져오는 것이 아니라 아동으로 하여금 애착형성 능력을 갖게 하고 애착대상과 분리할 수 있는 능력을 갖게 한다.
③ 놀이치료자 스스로 아동과의 이별을 두려워하여 무의식적으로라도 종결시기를 늦추려 해서는 안 된다.

적절한 시기에 또는 적절한 방법으로 종결이 이루어지지 않으면 이전에 애착대상을 외상적으로 상실했거나 분리경험을 갖고 있는 아동들에게는 또 한 번의 상실경험을 주게 된다. 이러한 일이 발생하지 않도록 하는 것이 중요하며 이러한 경험을 갖고 있는 아동의 보호자들에게 이와 같은 아동의 상황을 잘 이해시키는 일이 중요하다.

그런데 놀이치료의 종결은 어떤 의미에서는 아동보다 치료자에게 더 어려운 일일 수도 있다. 아동이 삶의 여정에서 힘든 시기를 보낼 때 도움을 주고 아동의 세계를 이해하는 역할을 하던 치료자가 이제 더 이상 필요 없는 존재로 여겨지는 것은 치료자에게 매우 힘든 경험이라고 할 수 있다. 또한 치료자에게 아동과의 이별이 치료자에게 있었던 상실경험을 연상시키는 것이 될 수도 있다. 물론 치료자들은 자신들이 갖고 있는 이러한 문제를 가능한 한 해결한 사람들이어야 한다.

3 부적절한 종결

놀이치료의 종결이 항상 적절하게 이루어지는 것만은 아니다. 불행히도 놀이치료의 지속과 종결 여부는 아동의 부모나 보호자가 하게 되기 때문에 원치 않는 부적절한 종결을 해야만 하기도 한다. 아직 종결할 준비가 되지 않은 상태에 부모에 의해 강제로 놀이치료를 그만두어야 했던 한 아동은 치료자에게 절대 작별인사를 하지 않겠다고 우겼다. 작별인사는 다시는 만나지 않는다는 뜻이기 때문에 작별인사를 하지 않겠다고 했으며 자신이 어른이 되었을 때 엄마 없이 혼자 치료자 선생님을 만나러 오겠다고 했다.

이와 같이 아동에게 부적절한 종결을 해야만 하는 상황일 때는 최소한 두 번의 종결세션은 해야 한다. 불행히도 그것마저 허락되지 않는 경우가 있을 수 있지만 처음에 아동이 치료자와 신뢰관계를 맺는데 최소한 두 세션이 걸렸기 때문이다

(West, 2002).

이때 중요한 것은 아동 자신의 잘못으로 인해 종결이 이루어진다는 느낌을 갖게 해서는 안 된다는 것이다. 때문에 반드시 종결하는 이유에 대해 아동에게 설명하여 아동이 버려짐이나 거부, 상실 또는 수용되지 못하는 것으로 자신을 인식하지 않도록 하는 것이 필요하다.

또 어떤 경우에는 사전에 예고 없이 종결이 이루어진다. 이런 경우에는 아동에게 종결을 준비시킬 최소한의 두 세션마저 허락되지 않았기 때문에 아동에게 상처가 될 수 있는 종결이라고 할 수 있다. 이런 경우에는 부모에게 이러한 종결이 아동에게 미칠 수 있는 부정적 영향에 대해 강력하게 설명하고 최소한 한 세션만이라도 종결세션을 가질 수 있도록 해야 하며 전화로라도 아동과 시간을 가져 아동이 종결을 다룰 수 있도록 도와야 한다.

특히 아동이 자신의 고통스러운 경험이나 감정들을 드러내고 보여준 뒤에 갑작스런 종결이 일어나면 아동은 자신의 그러한 감정이 치료자가 자신을 버리게 했다고 지각할 수도 있다. 그러한 경우에는 특히나 종결의 이유에 대해 민감하게 설명해 주어야 한다.

4 마지막 세션

마침내 마지막 세션에 이르면 어떤 아동들은 마지막 세션임을 언급하기도 하고 어떤 아동들은 아무런 언급을 하지 않기도 한다. 중요한 것은 이것이 마지막 세션임을 인정하고 마지막 세션에 대한 감정을 서로 나누며 어떤 과정을 거쳐 왔는지 이야기를 나누는 것이 필요하다.

추후세션이 예정되어 있는 경우에는 만날 계획에 대해 얘기하고 그렇지 않다 하더라도 언제든지 다시 만날 수 있음을 알려주어야 한다. 또한 파티를 열어 아동이 놀이치료를 통해 성취한 것을 축하한다. 또한 아동이 얼마나 소중하고 중요한 존재인지를 반드시 알려 주어야 한다.

5 환경의 조정

놀이치료를 통해 아동의 주 호소 문제가 해결되었다 하더라도 아동이 처한 환경이 아동에게 해를 줄 수 있는 상태를 지속하고 있는 경우가 있다. 학대적인 가정, 부모의 잘못된 양육방식, 부모 간의 갈등, 호의적이지 않은 학교환경, 또래문제 등이 남아있을 때 부모에게 성인상담, 가족치료 등을 권할 수 있다.

학교문제의 경우에는 교사와의 접촉을 통해 학교환경의 변화를 조성하고 아동이 학교에서 잘 적응할 수 있는 조치들을 취하게 할 수 있다. 또한 아동을 집단놀이치료나 집단상담에 의뢰하여 또래관계에 필요한 사회적 기술들을 배우게 하는 것이 필요하다. 집단놀이치료나 상담에 아동을 의뢰하는 경우에는 아동이 개별놀이치료를 통해 경험하고 개선한 것들을 사회적인 관계장면에 통합할 수 있는 기회를 주기 때문에 사회적인 문제가 있다고 하여 처음부터 집단장면에 아동을 배치하는 것은 부적절하고 비효과적일 수 있다.

13장 놀이치료에서 치료자-내담자 관계

1. 치료자의 놀이에 대한 태도(치료자-놀이 관계)
2. 치료자의 놀이에 대한 역전이적 태도

정신분석적 이론의 배경을 가지고 놀이치료를 했던 A. Freud는 아동은 아직 어리기 때문에 전이가 발달하지 않아 놀이치료 과정에서 전이적 측면을 고려할 필요가 없다고 했지만 놀이치료 경험에 의하면 아동들은 놀이치료 장면에서 치료자에게 다양한 태도와 감정을 보여 준다. 예를 들면, 어떤 아동들은 한 시간 내내 치료자에게 등을 돌리고 앉아 놀이를 하기도 하고 어떤 아동은 끊임없이 치료자에게 허락을 구하며 또 어떤 아동들은 첫 시간부터 잘 아는 곳에 온 것처럼 낯선 곳에 대한 반응을 보이지 않는 경우가 있다.

치료자 역시 내담아동과 그 부모 및 가족에게 다양한 감정과 태도를 가질 수 있다. 감정과 태도를 갖지 않는 관계란 존재하지 않기 때문에 그러한 현상은 너무도 당연한 것이다. 어떤 형태로든 감정과 태도를 갖게 되며 무감정 역시도 관계 속의 상대방에 대해 갖는 감정 없음이라는 감정이라고 말할 수 있다.

여기서는 놀이치료 장면에서 치료자와 아동 그리고 치료자와 부모 사이에 존재할 수 있는 감정과 태도 측면에서의 대표적인 몇 가지 전이-역전이 유형에 대해 소개하도록 하겠다.

1 치료자의 놀이에 대한 태도(치료자-놀이 관계)

이러한 관계 유형들은 실제로 치료자-내담자의 관계 현실에서 치료자들이 의도적으로 하는 역할이기도 하지만 치료자에 따라서는 무의식적으로 그리고 과도하게 떠맡게 된다면 치료자가 개선하려고 하는 부정적인 부모-자녀의 관계를 강화시킬 수도 있고, 아동문제의 개선을 방해할 수도 있으며, 치료자의 문제적 관계패턴에 내담아동이나 그 가족을 무의식적으로 끌어들여 치료자의 욕구를 무의식적으로 만족시키는 역할을 하게 할 수도 있다.

따라서 놀이치료자는 아동과의 관계뿐 아니라 부모와의 관계에서 민감하게 자신의 감정, 태도, 관계패턴 등을 성찰하고 의식하려 노력하여 놀이치료자의 수고와 애씀이 내담자의 복지와 치유를 위해 활용될 수 있도록 해야 한다.

그렇게 하기 위해 치료자 자신을 위한 교육분석 및 끊임없는 내면 작업이 필요하다. 다른 말로 하면 치료자는 자신의 전인격을 활용하여 내담자를 만나고 관계를 유지하려는 노력을 해야 한다는 의미이다. 내담자의 어려움은 치료자의 기술과 지식만으로는 개선되지 않는다. 지식과 기술은 치료자가 내담자와의 관계를 가능한 객관적으로 보고 내담자와 진정한 관계를 맺으려 할 때 그 효과를 통합적으로 발휘하게 된다. 하지만 많은 치료자들이 이 사실을 종종 잊는다.

1) 치료자-아동 관계

(1) (무의식적인) 부모-자녀 관계

아동이 어리기 때문에 치료자와 아동의 관계는 어느 정도 부모가 자녀와 맺는 관계의 성격을 띨 수 있다. 아동 역시도 부분적으로 부모에게 기대되는 관계를 치료자에게 기대하기도 한다. 또한 부모-자녀관계에서 부족 또는 결핍되거나 왜곡된 관계를 보완하거나 교정하는 역할을 하게 된다. 그러나 치료자와 내담아동의 관계는 부모-자녀관계의 반복이 아니다. 시간적으로도 놀이치료자는 짧은 시간 동안 아동을 만나기 때문에 부모와 같은 관계패턴은 부적절하다. 일주일에 한 시간만 부모역할을 한다는 것은 논리 자체가 성립하지 않기 때문이다. 이는 감기에 걸렸을 때 병원에 가서 의사에게 치료라는 돌봄을 받는다고 해서 우리가 의사와의 관계를 부모-자녀관계의 재연이라 생각하지 않는 것과 같은 맥락이라고 할 수 있다. 부모와의 관계 또는 부모의 돌봄에 문제가 생겼을 때 놀이치료자는 그것을 교정하는 역할을 할 따름이다. 부모는 자녀가 일정 연령이 될 때까지 거의 무조건적, 무한한 돌봄을 베풀지만 놀이치료자는 그럴 수 없는 그리고 그래서도 안되는 현실 및 관계조건 속에 있다.

그러나 많은 놀이치료자들이 내담아동을 부모와 같은 심정으로 돌보고 보살피려 하며 부모의 돌봄을 문제가 많은 것으로 간주한다. 아동은 이에 대해 무의식적으로 치료자의 경계 없음에 대해 반응하며 매회 세션이 끝나는 것에 대해 버림받음으로 경험할 수 있다. 또한 무의식적으로 지나치게 부모-자녀관계를 가정하는 것은 부모와의 불필요한 무의식적 경쟁적 관계를 자극하여 아동에게 불리한 상황을 초래하거나 놀이치료가 중단되게 할 수 있다.

부분적으로 아동의 관계경험을 교정하고 보완한다는 측면에서 상징적 부모-자녀관계를 가정할 수도 있으나 이 역시 아동이 또는 치료자가 부모와의 관계경험을 서로에게 투사한다는 의미에 불과하므로 치료자 입장에서 그러한 투사적, 상징적 관계의 의미를 이해하고 그것이 각 내담아동 및 그 부모와의 관계에서 어떻게 작용하는지 이해하는 것이 필요하다.

위에서 언급한 바와 같이, 아동뿐 아니라 치료자의 과거 부모-자녀관계가 내담아동 또는 그 부모와의 관계에 대한 투사일 수 있음을 이해해야 하며, 그것이 부정적일 때 무의식적인 관계패턴에 빠지지 않도록 노력해야 한다.

(2) 보호자-희생자 관계

이 관계패턴 역시 의식적 또는 무의식적으로 발생할 수 있으며 치료자의 관계, 부모-자녀의 경험에서 비롯되었을 가능성이 높다. 치료자의 어린 시절의 관계패턴이 부정적이어서 피해의식을 갖고 있고 그것을 아동에게 투사하며 아동이 소외되거나 거절당하거나 적절한 보호를 받고 있지 못하다는 감정패턴을 동일시하게 할 수 있다. 또한 그 결과로 아동에 대해 과잉보호적인 태도를 취할 수도 있다.

그러한 경우 치료자가 돌봄을 전적으로 나쁜 것으로 보고 긍정적으로 강화해서 아동에게 유익이 될 수 있는 부분을 간과하게 만든다. 그런 무의식적 관계패턴은 그것이 언어로 표현되지 않는다 하더라도 부모는 늘 비난받을 것이라는 불안이나 불편감을 느낄 수 있다. 또는 지지받지 못한다고 느낄 수 있다.

부모의 이런 감정과 태도는 놀이치료의 때 이른 종결을 가져 올 수도 있고 부모의 협력을 이끌어 낼 수 없게 될 수도 있으며 부모의 강점을 아동을 위해 치료에 활용하지 못하는 상황을 초래할 수 있다.

(3) 경쟁적 관계

성인 놀이치료자와 내담아동과의 관계가 경쟁적일 수 있다는 것은 이해하기 어려운 것으로 보일 수 있다. 그러나 놀이치료 임상장면에서 많은 치료자들이 내담아동과 경쟁적으로 게임놀이를 하는 것을 발견할 수 있다. 많은 치료자들이 이기고 싶은 충동을 느꼈으며 아동과 놀이에 몰입하면서 동시에 전체적이고 객관적으로 상황을 보는 자아의 기능을 순간적으로 상실한 채 아동과 눈도 맞추지 않고 게임에 몰입했다는 보고를 한다.

이러한 현상은 아마도 치료자가 경쟁적 상황에서 성장했기 때문일 것이다. 이런 상황은 내담자와 공감할 수 없는 상황이 되기 때문에 매우 치료적이지 못하다. 따라서 치료자는 가능한 모든 순간에서의 감정과 태도를 민감하게 의식할 수 있는 노력과 훈련을 해야 한다.

(4) 대변자 관계

많은 놀이치료자들이 아동이 치료자를 좋아하기를 기대한다. 즉 아동과의 관계에서 아동이 놀이치료자와 긍정적 전이관계를 형성하기를 기대한다. 긍정적 관계는 물론 치료관계가 형성, 유지되게 하는 중요한 요소이며 내담자와 문제가 되는 현실에서의 부정적 관계를 다루기 위해 그것을 치료 상황에 투사할 때 그 상황을 견디게 해주는 매우 중요한 요소이다. 그러나 치료자의 자기애적 이슈가 충분히 해결되지 않은 경우 치료자를 좋아하는 아동의 감정을 무의식적으로 자기충족감을 위해 이용하고 그 관계를 치료를 위해 객관적으로 사용할 수 없게 된다. 예를 들어, 이 관계를 잃지 않기 위해 아동이 휴대폰을 갖고 싶으나 부모가 허락하지 않거나 부모에게 요구하지 못할 때 아동의 요구에 의해 부모에게 아동 대신 요구하는 역할을 하게 된다.

그러나 놀이치료자가 목표로 하는 것은 부모와 자녀 사이의 부정적인 의사소통방식을 개선하고 부모와 아동이 현실적 경계와 한계를 구분하게 하는 것이므로 치료자가 부모와 아동 사이에서 메신저 역할을 하는 것은 놀이치료자의 역할이 무엇인지 모른다는 것을 의미한다.

(5) 아동을 배재시키는 관계

놀이치료자들 중에는 아동과의 놀이는 부차적인 것이며 부모와의 관계가 중요한 측면이라고 생각하는 치료자들이 있다. 그러한 치료자들은 놀이치료 시간에 있었던 모든 일을 부모에게 보고하고 부모만을 변화시키려 노력한다. 그러나 그러한 태도는 주객이 전도된 것이다. 당사자인 아동과의 놀이 의사소통을 통해 아동이 고통을 느끼는 것이 무엇이며 어떤 노력을 통해 그것이 해결 또는 완화될 수 있는지 이해할 수 있어야 한다. 아동의 관점을 정확히 이해하지 못하고 부모만을 통해 본질을 이해하는 것은 불가능하기 때문이다. 때로는 부모문제와 상관없이 아동에게 문제가 발생하기도 한다.

2) 치료자-부모 관계

놀이치료는 성인 심리치료와 달리 아동과 그 부모의 실제적 관계에 직접 개입한다. 그렇기 때문에 치료의 효과가 빠를 수도 있고 미묘하고 복잡할 수도 있다. 치료자와 부모의 관계를 무엇으로 볼 것인가에 대해서는 여러 가지 견해가 있지만 가장 중요한 것은 부모를 도와 아동이 건강하고 행복하게 부모와 가족 안에서 살아가게 하는 것이 가장 기본적인 목표다. 이 기본 목표를 달성하기 위해 때로는 부모가 갖고 있는 심리적, 정서적, 정신적 문제를 치료해야 하는 경우가 있다. 부모에게 자녀의 발달과정에 대한 이해, 역기능적 부모-자녀 의사소통 문제의 개선만으로 아동이 처해 있는 문제가 해결되지 않는 경우가 있다는 것이다. 물론 부모에게 심각한 심리, 정서, 정신 병리적 문제가 있을 때는 부모에게 자녀를 돕는 역할을 기대하기 어렵고 부모는 별도의 내담자가 된다. 그러나 그러한 경우라 하더라도 상담을 통해 부모문제가 개선된다면 부모는 치료자와 협력하고 아동을 돕는 부모 본연의 역할을 수행할 수 있게 된다.

(1) (무의식적) 부모-자녀 관계

이러한 관계는 치료자의 원부모 경험과 부모의 원부모 경험이 의식적, 무의식적으로 교차하고 혼합되는 미묘한 관계라고 할 수 있다. 치료자의 도움이 필요해서 놀이치료에 자녀를 데리고 오는 부모들은 치료자에게 여러 가지 감정과 태도를 투사한다. 공식적으로는 아동이 내담자이지만 자녀의 치료자에게 부모 역시 여러 가지 감정과 태도를 투사하는 것이다. 많은 부모들이 놀이치료자에게 의존하고 싶어하며 여러 가지 자녀양육과 삶의 어려움에 대해 놀이치료자가 조언과 지식을 주기 원하고 더 나아가 심리적인 위로와 지지를 기대하며 완벽한 문제 해결자이기를 기대하기도 한다. 이러한 부모의 기대는 비현실적이고 비합리적인 것이다. 그러나 이러한 측면을 치료자가 의식하지 못하면 마치 자녀가 부모의 기대를 충족시키려 노력하듯 그 모든 기대를 완벽하게 충족시키려 노력하게 되고 완벽하지 않음에 대한 좌절감, 실망을 치료자가 자신에게 경험한다. 이런 상황은 치료자를 소진시키는 상황일 수밖에 없으며 이런 관계패턴은 치료자와 치료자의 부모관계 경험에서 비롯된 것일 수 있다. 또한 부모의 그러한 기대와 투사도 부모의 부모와의 관계패턴에서 비롯된 것이라고 할 수 있다. 치료자는 어떤 전이-역전이적 관계에 놓여 있는지 의식하고 그러한 관계에 빠져 부정적이고 역기능적 관계를 지속하지 않도록 노력해야 한다. 또한 부모로 하여금 그러한 관계패턴을 깨닫게 하고 부모 자신의 부모로서의 감정뿐 아니라 한계를 받아들여 현실적으로 적절한 부모가 될 수 있도록 도와야 한다.

(2) 보호자-희생자 관계

부모에게 트라우마나 어려운 심리적 문제가 있는 경우 놀이치료자는 부모를 보호하려는 역할을 자신도 모르게 하려 한다. 부모에게 무의식적으로 희생자의 역할을 주고 보호하려 하는 것이다. 이러한 치료자의 태도는 부모가 상황을 객관적으로 보는 것을 방해하고 부모로서의 책임감을 유기하게 할 수도 있다.

(3) 적대적 관계

치료자의 과거경험 또는 성격에 따라 치료자가 부모와 무의식적 또는 의식적으로 적대적 감정패턴을 갖게 될 수 있다. 이런 치료자들은 부모와 아동에게 '부정적으로 반응한다, 부모가 아동을 이해하지 못한다, 아동을 괴롭힌다, 방임한다.' 등의 생각을 강하게 한다. 또한 치료자가 제시 또는 제안하는 자녀양육 방법, 자녀와의 의사소통 방식, 해결책 등을 부모가 신속하게 따르지 않는다고 생각하여 부지불식간에 화를 품거나 비난하는 마음을 품기도 한다. 그러다 보면 재촉하거나 반복적으로 제안, 제시를 하게 된다. 시간이 지나면서 부모들은 그러한 감정을 무의식적으로 깨닫게 되고 치료자에게 지지받지 못한다거나 늘 부족한 사람이라는 생각을 갖게 되기 쉽다.

(4) 경쟁적 관계

어떤 부모들은 자녀가 치료자에게 친밀감을 표현하는 것을 불편해하며 부모인 자기보다 놀이치료자를 더 좋아한다고 생각해 경쟁심을 느끼기도 한다. 부모로서의 유능감과 확신감을 느끼지 못하거나 경계성 인격장애나 자기애적 인격장애를 갖고 있는 부모일수록 이러한 관계패턴에 빠지는 경향이 있다. 따라서 치료자는 부모의 그런 가능성을 충분히 인식하고 부모의 특성에 적합한 대처를 하는 노력이 필요하다.

(5) 부모를 배제시키는 관계

어떤 놀이치료자들은 아동과 놀이는 쉬우나 부모상담이나 교육을 불편하고 복잡하고 어색하다고 생각해 회피하기도 한다. 어떤 문제는 부모의 협력과 도움이 없으면 제한적으로 밖에 해결되지 않을 수 있다. 이는 아동에게 도움이 될 수 있는 지지자원을 배제시키는 일이므로 치료자는 부모상담을 회피하는 자신의 이유를 정확히 파악하고 완화시키는 노력을 기울여야 한다.

2 치료자의 놀이에 대한 역전이적 태도

치료자는 내담자에 대한 역전이 감정처럼 놀이에 대해서도 역전이적 감정과 태도를 가질 수 있다. 많은 치료자들이 놀이의 치료적 효과를 잘 알고 그것을 잘 활용하지만 어떤 치료자들은 놀이의 언어표현에 더 가치를 두기도 하며 놀이는 친밀감 형성과 치료거부를 막는 정도의 수단으로만 생각하기도 한다. 그러나 놀이는 그 자체로 치유적이다. 한마디 말없이 놀고만 가도 아동은 문제행동의 개선을 보인다.

또한 놀이의 치료적 효과를 믿는 치료자라 하더라도 놀이의 의미를 어떻게 이해해야 하는지 모르는 치료자들이 있다. 물론 모든 놀이의 의미를 다 알 수는 없다. 그것은 성인상담에서 성인내담자가 하는 모든 말의 의미를 다 이해할 수 없는 것과 같은 이유다. 많은 아동들이 놀이치료실에 와서 처음에 치료자에게 등을 돌리고 말없이 놀지만 그럼에도 불구하고 놀이를 신중하고 세심하게 관찰하면 성인이 언어로 자신의 어려움을 상담자에게 설명하듯 놀이를 통해 자신이 겪은 일과 그것에 대한 감정을 표현하는 것을 알 수 있다.

14장 놀이치료 상황별 고려사항

1. 놀이내용의 기록
2. 시간규칙
3. 대기실
4. 아동이 자신의 놀잇감을 가져올 때
5. 선물을 가져올 때
6. 놀이치료 세션을 결석해야 할 때
7. 휴일
8. 놀이치료실에 오는 다른 아동에 대한 질문
9. 동일한 놀이주제가 오랫동안 반복될 때
10. 놀잇감을 몰래 가져가려는 행동
11. 학대 사실을 알게 되었을 때
12. 놀이치료 세션 도중 화장실을 가려고 할 때
13. 부모와 떨어지지 않으려 할 때
14. 놀이치료 시간이 끝났으나 나가지 않으려 할 때
15. 게임놀이만 하려고 할 때

놀이치료를 하면서 신중하게 고려해야 할 여러 가지 것들이 있으며 그 중 몇 가지에 대해 본 장에서 논의해 보고자 한다. 아래의 고려사항들은 구체적인 임상장면에서 부딪힐 수 있는 상황들이라고 할 수 있다.

1 놀이내용의 기록

놀이치료 내용의 기록은 치료자가 소속한 기관의 요구사항이면서 동시에 치료자 자신이 놀이치료를 진행시켜 나가는 데도 필요한 부분이다. 놀이치료 내용의 기록은 매 세션의 것을 모두 기록하는 것이 원칙이다. 놀이내용의 경과를 알기 위해서 일정 기간마다 요약하여 평가하는 과정이 필요하다. 평가를 위해 주 호소 문제의 해결, 놀이치료 의뢰를 권유한 사람들이 아동에 대해 평가한 내용 등을 첨부하여 놀이내용을 평가하게 된다. 첫 번째 세션에서 알게 된 정보들이 매우 중요하므로 가능한 한 많은 것들을 이해하고 있는 것이 중요하다.

어떤 경우에는 놀이치료 시간에 이루어지는 기록이 아동의 놀이를 방해하고 아동이 충분한 공감을 받지 못한다고 느끼게 만들기 때문에 기록을 찬성하지 않는 사람들도 있다(Cattanach, 1994; Landreth, 1991). 그런 사람들은 녹음을 권하지만 녹음 역시 치료자의 주의를 아동으로부터 녹음기로 향하게 하고 녹음에 지나치게 의존하게 만드는 경향이 있다고 비판하는 사람들도 있다. 가장 바람직한 방법은 놀이가 끝난 후 곧장 기록하는 것이다.

2 시간규칙

치료자 자신이 놀이치료 시간을 정확히 엄수하는 것은 아동에 대한 존중, 헌신을 보여 주는 것이며 아동이 안전과 신뢰를 느낄 수 있도록 도와주는 것이다. 때문에 놀이치료자가 놀이치료 시간에 늦거나 취소해야 하는 불가피한 상황이라면 그렇게 해야 하는 이유를 아동에게 사전에 충분히 설명해야 한다. 놀이치료는 정각에 시작되고 정각에 끝나야 한다. 끝나기 5분 전에 놀이치료 시간이 5분 후에 끝난다는 사실을 알려줌으로써 아동이 치료시간이 끝나는 것에 대하여 마음을 준비할 수 있도록 도와주어야 한다. 특히 치료자에게 놀이치료 세션이 연속적으로 있는 경우에 시간엄수는 더욱 중요한 문제가 된다. 때로는 치료자의 문제로 시간엄수를 하지 못하기도 하는데 이는 내담자에게 일관성 있고 보호적이며 경계 있는 환경을 주지 못하게 만들기 때문에 내담자에게 해로운 것이며 치료자 자신의 욕구충족이 우선되는 상황이 될 수도 있기 때문에 치료자 자신에 대한 이해가 무엇보다 중요하다. 시간을 엄수하는 것은 치료자로서의 치료적 능력을 필요로 하는 부문이기도 하다.

3 대기실

대기실은 놀이치료를 받으러 오는 아동들이 따뜻하고 친밀한 환영을 받는 곳으로 적당한 정도의 책, 잡지, 놀잇감 등이 있는 곳이다. 놀이치료실이 대기실에 바로 인접해 있는 것은 바람직하지 못하다. 인접해 있으면 안에서 활동하는 소리가 밖으로 들릴 수 있고, 밖에서의 소리가 안에서 이루어지는 활동을 방해할 수 있다. 대기실은 아동의 보호자가 기다리는 곳이라는 설명을 아동에게 하여 아동이 놀이치료실에 가 있는 동안 보호자가 없어질지도 모른다는 불안을 주지 않아야 한다. 보호자와의 분리를 어려워하는 아동일수록 놀이치료 도중에 대기실로 나와 부모의 존재 여부를 확인하기 때문에 대기실은 아동에게 매우 중요한 장소라고 할 수 있다.

4 아동이 자신의 놀잇감을 가져올 때

아동들이 종종 놀이치료 시간에 자신이 좋아하는 놀잇감들을 가져오는 경우가 있다. 아동들은 놀이치료 시간에 자신이 좋아하는 놀잇감을 가지고 놀고 싶다는 표현을 한다. 아동이 가져온 놀잇감을 허용할 것인가 그렇지 않을 것인가는 아동이 놀잇감을 가져온 행동의 의미에 따라 결정된다.

5 선물을 가져올 때

아동이 놀이치료자에게 선물을 가져올 경우 '그것을 받는 것이 좋은가 아니면 받지 않는 것이 좋은가.'라고 이분법적으로 판단할 수 없다. 여러 가지 상황을 고려하여 선물을 받을 것인지를 결정해야 한다. 일반적으로 지나치지 않은 선물은 받는 것이 좋다. 물건을 통해 다른 사람과 관계 맺는 것이 패턴화되어 있는 아동이 아니라면, 또는 선물을 받지 않으면 치료자가 아동을 거부할 것이라고 느끼는 불안 때문에 선물을 받는 것이 아니라면 선물은 아동에게 이롭다고 할 수 있다. 특히 선물의 수락이 아동에 대한 수용을 나타내는 중요한 사인이거나 치료자와의 관계에 대한 표현일 때는 더욱 그렇다(Adams, 1982; France, 1988).

6 놀이치료 세션을 결석해야 할 때

사전에 예고되고 계획된 결석도 아동이 놀이치료의 어떤 시점에 와 있는가에 따라 아동에게 다른 영향을 미칠 수 있지만 예상치 못한 결석은 아동에게 더 큰 영향을 준다고 할 수 있다. 치료자가 아프다든가 아동에게 어떤 일이 벌어지든가 하는 상황에서 예상치 못한 결석을 하게 된다. 그럴 때는 가능한 한 아동과 그 보호자에게 치료자가 어떤 사정으로 결석하게 되며 언제 다시 만나는지를 구체적으로 알려 주어야 한다. 특히 아동이 치료장면에서 억압된 부정적 감정들을 표현하거나 두려움 등에 대해 작업할 때의 결석은 아동에게 불안을 일으킬 수 있다.

7 휴일

어떤 경우에는 휴일도 종결만큼이나 신중하게 다루어야 한다(West, 2002). 아동이 부모와 함께 산과 바다로 휴가를 가는 즐거운 휴일에는 아동에게 심한 부정적 영향을 미치지는 않는 것으로 보이나 치료자 쪽에서 휴가를 가게 될 경우에는 다른 영향을 줄 수 있어 사전에 신중한 계획이 필요하다. 휴가를 시작하기 전에 얼마간 어떤 이유로 놀이를 쉴 것이며 언제 정확히 다시 시작하는지를 분명하게 알리는 것이 중요하며 세션 중에 분리에 대한 아동의 감정을 다루어야 한다. 아동과 치료자 사이에 끊어진 연속성을 보완해 줄 수 있는 방법을 찾아보는 것이 필요하다. 아동이 깊은 퇴행을 하고 있는 중에는 가능한 휴가를 가지 않는 것이 좋다. 놀이치료를 시작한 초기 세션에서도 휴가를 갖지 않는 것이 현명하다. 휴가로 인한 놀이치료의 결석을 상실로 받아들이는 아동들은 놀이치료에 오지 않겠다고 한다. 즉 이를 상실로 받아들이고 반응하는 경향이 있다(Horne, 1989).

휴가가 끝난 첫 세션에서 보통은 관계의 퇴보가 나타나지만 곧 만회하는 경향을 보인다. 퇴보가 오래 지속되는 경우에는 아동이 상실과 분리의 문제를 집중적으로 다루고 있기 때문이라고 할 수 있다.

8 놀이치료실에 오는 다른 아동에 대한 질문

많은 아동들이 다른 아동들도 놀이치료실에 들어오는지 궁금해한다. 대기실에 다른 아이들이 있는 모습을 보기도 하고 앞 시간에 치료자 선생님이 다른 아동과 함께 놀이치료실에서 나오는 모습을 목격하기도 한다. 이러한 질문을 하는 이유는 아동들마다 다양한데 호기심 때문일 수도 있고, 자신만이 치료자의 특별한 돌봄을 받고 있고, 관심을 독점하려는 질투심일 수도 있고, 형제간 경쟁심의 투사일 수도 있다. 이럴 때는 아동이 질문하는 이유를 이해한 다음 관찰한 바를 아동에게 진술해 주는 것이 필요하다.

9 동일한 놀이주제가 오랫동안 반복될 때

동일한 놀이주제가 반복되는 데에는 몇 가지 이유가 있다. 첫째, 아동이 숙달의 주제를 다루고 있기 때문일 수 있다. 아동이 특정한 주제나 감정을 충분히 숙달할 때까지 아동이 동일한 놀이를 반복하게 된다. 이때는 아동이 숙달할 만큼 충분한 시간을 주면 아동은 그 주제를 주저 없이 던져 버리게 된다.

둘째, 학대 등의 경험과 같은 외상 후 스트레스 장애로 인해 아동이 겪었던 사고 등의 외상장면을 반복적으로 놀이하는 경우이다. 아동이 충격을 받은 만큼 반복의 횟수도 증가하는 경향이 있다.

셋째, 같은 놀이가 반복되는 것으로 보이긴 하지만 놀이에서 나타나는 아동의 표현이 나선형적으로 점차 깊어지는 경우이다. 이런 경우에는 같은 주제가 반복되는 것으로 보이지만 반복될 때마다 아동이 외상을 극복한다거나 자신의 핵심문제에 점점 더 깊이 직면해 극복하는 통합의 과정을 거치는 것이라고 할 수 있다.

넷째, 사소해 보이는 것이라도 치료자가 아동의 표현을 이해하거나 공감하지 못하는 경우에는 동일한 놀이주제가 반복될 수 있다. 치료자가 아동의 무의식에서 나오는 주제들을 담아(containing) 주지 못할 때 놀이주제가 반복되는 경향이 있다.

이런 경우에 아동이 표현하고자 하는 것이 무엇인지 깊이 이해하고 기다리는 노력이 먼저 필요하다. 치료자가 이해하고·공감해 주는 경우에 반복에서 벗어날 수 있다. 또한 치료자나 아동에게 다른 역할을 주어 이야기 꾸미기나 놀이를 전개해 가게 하거나, 아동과 비슷한 상황에 처한 아동의 행동에 대한 이야기를 들려줌으로써 아동이 다른 각도에서 생각해 볼 수 있는 기회를 주는 것도 필요하다.

10 놀잇감을 몰래 가져가려는 행동

어떤 아동들은 절박하게 집에 가져갈 물건을 필요로 하며 허용하지 않을 경우 몰래 가져가기도 한다. 애정, 돌봄과 같은 중요한 어떤 것들이 상실된 아동들이 이런 행동을 하는 경향이 있다. 이런 경우 아동이 주머니에 물건을 넣었다는 것을 직접적으로 알리고 놀이치료실에서 허용되는 행동이 아니라는 것을 알려 준다. 대신 아동이 가져갈 수 있는 물건을 준비해 놓음으로써 아동의 상실감을 보충해 주는 것이 필요하다.

11 학대 사실을 알게 되었을 때

놀이치료를 하는 과정 중에 놀이장면을 통해 아동이 학대를 당한 사실을 알게 되는 경우가 있다. 우리나라 아동복지법에 학대를 발견한 아동 관련 전문가는 반드시 해당 관련 기관에 신고할 의무가 법에 규정되어 있기 때문에 반드시 신고해야 하며, 이로 인해 결과적으로 비밀보장의 약속을 지킬 수 없게 된다. 또한 놀이내용의 보존이라든가 아동의 진술 등 관련된 증거를 보관해 두어 아동에 대한 학대 사실을 규명할 때 증거자료가 되도록 하는 것도 필요하다. 특히 학대나 성학대를 발견하고 그것이 부모에 의한 학대로 의심될 때에는 치료자가 매우 난처한 상황에 처할 수 있는데 치료자 자신이 강하고 지혜롭게 대처하는 노력이 필요하다.

12 놀이치료 세션 도중 화장실을 가려고 할 때

놀이치료 도중 화장실을 가는 상황은 언제든지 발생할 수 있다. 그러나 초보 치료자들은 매우 당황하기도 하는데 그 이유는 예측할 수 없다. 어떤 구조에 의해 화장실을 가게 해야 하는지에 대한 불안 등 여러 가지다. 그러나 중요한 것은 생리적 현상이므로 자연스럽게 다녀올 수 있도록 해야 하며 어린 아동인 경우에는 따라가는 것도 필요하다. 부모가 대기실에 있다면 부모가 챙기도록 하는 것도 도움이 된다. 놀이시간이 줄어들까 봐 화장실을 안 가는 아동에게는 다녀온 시간만큼 놀이시간이 연장된다는 것을 알려 준다. 그러나 시간을 연장하기 위한 수단으로 자주 화장실을 가는 것은 제한설정이 필요한 상황이다.

13 부모와 떨어지지 않으려 할 때

아동에게 분리불안이 있거나 부모 자신에게 분리불안이 있을 때 놀이실에서 부모와 자녀가 분리하는 것이 어렵다. 그러한 경우에는 부모가 함께 놀이실에 들어갈 수 있도록 허용하고 매 세션마다 조금씩 부모가 아동과 먼 거리에 있도록 조절한다. 다음 시간에는 문 앞에 앉아 있게 하고 그다음 시간에는 문을 열어 놓고 바깥쪽 문 앞에 앉아 있게 하고 또 그다음 시간에는 문을 열어 놓고 조금 멀리 앉아 있게 할 수 있다. 이 과정에서 부모는 말없이 조용히 앉아 책을 읽게 하는 것이 바람직하며 놀이에 개입하거나 말을 걸지 않도록 사전에 교육을 시켜야 한다. 그리고 아동에게 부모와 떨어질 수 있는지 질문은 하지 않는다.

14 놀이치료 시간이 끝났으나 나가지 않으려 할 때

놀이시간이 끝나고 나가지 않으려 하는 것은 이미 놀이치료 또는 치료자와 애착이 형성되었다는 증거이다. 따라서 당황하지 말고 차분하게 놀이치료의 제한설정 단계를 여러 차례 반복한다. 이 시간이 길어질 것 같고 언제 끝날지 또 잘 끝낼 수 있을지에 대한 불안이 치료자에게 순간적으로 엄습하지만 대부분의 아동들은 5분 이내에 제한설정에 반응한다. 보통 이러한 세션을 거치면 그다음에 아동이 주호소 문제가 많이 개선되는 것을 발견할 수 있다.

15 게임놀이만 하려고 할 때

많은 놀이치료자들 특히 여성 치료자들은 아동이 여러 세션에 걸쳐 보드게임과 같은 게임놀이를 주로 할 때 이 시간과 놀이의 가치를 의심하는 경향이 있다. 또 많은 초보 놀이치료자들은 '의미있어' 보이는 놀이시간이 길게 지속되는 것이 정상이라고 생각하는 경향이 있다. 그런 의미에서 게임놀이의 반복은 시간낭비라고 생각하는 것이다. 그러나 게임놀이는 그 자체로서 치유적일뿐 아니라 치료자와의 상호작용을 연습하고 있는 것이라고 할 수 있다. 그렇게 오랫동안 놀이치료자와 게임을 하다 보면 어느 순간 아동이 치료실 밖의 삶에서 변화되었다는 보고를 부모로부터 듣게 된다. 또한 게임의 방식이나 게임에 지거나 마음대로 되지 않을 때의 좌절인내 정도, 게임을 하면서 치료자와 감정과 경험을 대화하는 것에 변화가 오는 것을 경험할 수 있다. 아동이 어떤 것을 반복한다면 그만한 이유가 있기 때문이다. 성인상담에서 성인들이 비슷한 주제를 몇 번이나 반복하는지 생각해 보면 알 수 있다.

15장 놀이치료의 치료윤리

1. 치료관계
2. 개인차에 대한 존중의 의무
3. 내담자의 권리
4. 치료자의 개인적 욕구
5. 이중관계
6. 신체적 접촉
7. 서로 아는 내담자들
8. 집단놀이치료
9. 비용
10. 놀이치료 중단과 타 기관 또는 서비스의 의뢰
11. 기록의 보관
12. 치료자의 훈련과 수련

놀이치료자라는 직업은 인간을 대상으로 하는 다른 모든 전문직과 마찬가지로 내담아동과 그 가족에게 최선의 정신건강 서비스를 제공하고 아동과 그 가족의 권리를 보장하기 위해 필요한 윤리규정을 준수할 의무를 갖는다. 또한 헌신적인 전문가로서의 놀이치료자는 놀이치료의 이론과 기법에 훈련되어 있어야 하며 놀이치료의 제공, 슈퍼비전, 교육 등에서 최선의 것을 제공해야 한다.

다음의 영역에서 놀이치료자는 전문직 종사자로서의 윤리규정 준수의 의무를 갖고 있다. 미국상담학회, 미국학교상담자협회, 미국심리학회, 미국임상사회사업학회, 미국 결혼 및 부부상담학회, 미국정신간호학회, 미국정신건강상담자협회 등에서 공통적으로 강조하고 있는 치료윤리를 놀이치료에 적용하면 다음과 같다.

1 치료관계

1) 내담자에 대한 헌신과 책임

치료자의 주요 책임은 아동의 존엄성을 인정하는 치료를 하며 아동에 최선의 이익과 복지를 도모할 수 있도록 하는 위치에 있음을 인식하는 것이다. 아동의 이익과 복지를 위해 아동과 치료를 하는 놀이치료자는 아동에게 중요한 성인들과 작업하는 것 역시 아동의 최선의 이익과 복지를 위한 것임을 인식하고 그들과 작업할 수 있는 능력을 갖추어야 한다.

또한 아동내담자가 부모의 이혼으로 인한 양육권자 및 친권자의 결정, 후견인의 결정, 범죄 연루, 학대피해 아동 및 가해자 관련 법적 과정에의 개입과 같은 법적인 것과 관련될 수밖에 없을 때에도 놀이치료자는 아동의 최선의 이익과 복지의 차원에서 전문적 의견 제시와 결정을 행해야 한다.

2) 최선의 성장과 발달

놀이치료자는 놀이치료를 통해 아동의 심리사회적 발달과 긍정적 정신건강의 진전이 이루어지도록 노력해야 한다. 놀이치료자는 내담자의 삶에서 돌봄적 관계가 공고해지고 지속될 수 있는 아동의 최선의 이익과 복지를 도모해야 한다.

3) 치료계획

놀이치료자는 아동과 보호자가 이해할 수 있는 방식으로 아동의 발달단계에 적합한 치료계획을 세울 의무가 있다. 또한 처음에 설정한 치료계획은 치료의 진전에 따라서 실행 가능성, 효과성, 내담자와 기타 관련된 사람들의 지지를 받을 수 있는지 등의 측면에서 여전히 유효한 것인지 지속적으로 평가하는 과정을 정기적으로 거쳐야 한다.

4) 놀이치료 과정 기록 의무

놀이치료자는 놀이치료 과정 및 내용을 상세하게 기록할 의무를 갖고 있다. 이러한 기록은 여러 가지 이유에서 필요하다. 법적으로 필요할 수 있고 상담비의 지원과 같은 재정적 지원을 받기 위해서 필요할 수 있다. 또한 치료자가 제공한 놀이치료가 내담자의 트라우마, 발달사, 가족관계 등의 측면에서 내담자가 필요로 하는 것인지를 치료자 스스로 결정하고 평가하기 위해서도 필요하다. 특히 접수상담 기록은 치료자의 치료목표와 개입기법이 적절한 것이었는지를 평가하는 데 있어 매우 중요하다. 이때 포함되어야 하는 요소들은 다음과 같다.

- 아동의 발달사
- 현재 아동의 발달적 기능수준, 놀이기술, 사회적 기술, 정서 및 행동조절, 의사소통 기술, 일상의 자조기술, 대·소근육협응기술

- 가족 기능수준과 환경평가
- 장단기 치료목표
- 종결결정의 기준, 평가 및 치료과정 평가
- 놀이치료 세션 중에 나타난 기능수준
- 놀이주제와 놀이주제 표현을 위해 사용된 놀잇감 및 재료
- 사고, 기분·정서, 놀이주제, 행동 등의 변화
- 부모, 가족, 중요한 기타 사람들의 관찰에 의한 평가
- 아동의 그림, 만들기, 사진, 비디오 녹화 기록 등의 보존
- 신체적 접촉이 필요했다면 그에 대한 기록 보존
- 자살 또는 타살 의도나 계획 또는 과거 자살이나 타살 시도, 자신이나 타인에 대한 공격적 행동 또는 위협
- 목표 진전 상황
- 치료의 진전을 방해하는 요소
- 부모, 가족, 중요 타인들에 대한 개입 유무 및 개입 방법의 유형(부모상담, 부부상담 등)

5) 기타 고려사항

이 외에도 놀이치료자는 아동의 최선의 이익과 복지를 위해 장애를 갖고 있는 아동에게 가장 적합한 특수학교나 특수학급에 대한 정보, 정신과 병원 의뢰, 바우처제도나 기초생활보장제도와 같이 내담자가 수혜를 입을 수 있는 사회서비스의 연결, 법적 조치가 필요한 아동을 위한 최소한의 법적 제도에 대한 정보 등을 갖고 있어야 한다.

2 개인차에 대한 존중의 의무

개인차는 여러 가지 원인에 의해서 발생한다. 타고난 유전적 기질, 살아온 환경과 문화 등이 원인에 해당한다. 따라서 치료자가 갖고 있는 보편적 기준에 맞추지 않고 개인차와 다양성이라는 관점에서 내담자와 내담자의 부모를 대해야 할 윤리적 의무를 갖는다. 중산계층 출신의 치료자가 빈곤계층 내담자의 태도, 가치, 행동을 비정상적인 것으로 간주하거나 차별적 태도를 갖고 있다면 그것은 치료윤리를 위반하는 것이다.

3 내담자의 권리

1) 내담자의 알 권리

내담자가 아동이라도 놀이시간에 일어난 일이나 이루어진 대화에 대해 비밀보장이 된다는 것을 알아야 할 권리를 갖고 있기 때문에 치료자는 알려야 할 의무를 갖는다. 비밀보장의 측면에서 치료자가 하고 있는 기록내용도 치료자와 아동만 볼 수 있다는 것을 알려야 한다. 물론 이 모든 것들은 아동의 연령과 지적 이해 정도를 고려한 언어를 사용해서 알려야 한다. 놀이치료 내용에 대해 학술발표를 하거나 출판을 할 경우에도 아동과 법적 보호자의 서면 동의를 구해야 한다.

2) 선택의 자유

아동일지라도 놀이치료에 참여할 것인지, 참여한다면 어떤 치료자와 할 것인지를 기본적으로 결정할 수 있는 자유를 갖고 있다는 것을 치료자는 인식할 필요가 있다. 특히 청소년의 경우 스스로 치료를 거부한다면 그것은 받아들여져야 하는 청소년의 선택이다. 소년법원에 의해 의뢰된 아동이나 청소년이어서 상담 여부를 선택할 수 있는 권리가 없다 하더라도 아동의 최선의 이익과 복지를 위해 놀이치료자는 어떤 치료와 접근이 최선인지를 아동을 대신해 판단하는 노력이 필요하다.

3) 다른 전문가와의 의사소통

내담자가 놀이치료뿐 아니라 다른 정신건강 전문가들에게도 치료를 받거나 도움을 받고 있어서 그들로부터 내담자에 대한 정보를 제공받거나 제공해야 하는 상황이라면 반드시 내담자와 법적 보호자의 동의를 받아야 한다. 즉 다른 전문가에 대해서도 비밀보장 준수 의무가 적용되는 것이다.

4 치료자의 개인적 욕구

치료관계에서 모든 의사결정과 행위는 내담자의 최선의 이익과 복지에 있는 것이므로 치료자의 개인적 또는 직업적 유익을 위해 내담자를 이용해서는 안 되는 의무가 있다. 예를 들어, 치료가 충분히 이루어져 종결이 필요한 시점에서 치료자의 유익을 위해 종결을 미룬다거나 개인적으로 내담자에 대한 친밀한 감정을 분리하지 못해 종결을 미룬다면 치료윤리 위반이다. 그러나 이 윤리적 의무사항이 치료자 개인의 가치를 버려야 한다는 의미는 아니다. 내담자와 있을 때 치료자는 잠시 자신의 가치와 욕구를 보류하는 상태이며 내담자로부터 자신의 고유한 가치와 태도를 지켜 경계를 유지하는 것이 내담자의 치유에도 도움이 된다.

5 이중관계

놀이치료자는 내담자 또는 내담자에게 중요한 사람들과 전문적 판단을 손상시킬 수 있는 사회적, 정치적, 종교적, 경제적인 부적절한 관계를 맺어서는 안 된다. 치료자가 부득이 이중관계를 피할 수 없는 경우 내담자와 법적 보호자에게 서면 동의, 슈퍼비전, 자기성찰 등을 통해 부득이한 상황이 치료관계에 미칠 수 있는 부정적 영향을 평가하고 최소화할 수 있는 노력을 해야 한다.

6 신체적 접촉

신체적 접촉은 이론적 배경과 근거에 따라 놀이치료에서 사용된다. 그러나 문화적으로 허용되는 범위 외에 적절한 지식, 훈련, 슈퍼비전, 문화적 차이, 유익성 등에 대한 구체적 근거 없이는 어떠한 신체적 접촉도 해서는 안 된다.

또한 성학대 피해 아동 중에는 성적 접촉이 어른들이 원하는 것이라 생각해 성적인 접촉을 시도하기도 한다. 그러한 경우에도 접촉을 피해야 하며 어떤 것이 적절하고 허용되는 접촉인지를 아동에게 가르쳐 주어야 한다. 또한 이 문제를 법적 보호자와 논의하여야 한다.

7 서로 아는 내담자들

한 명의 놀이치료자가 서로 알고 있는 내담자들을 상담할 때 시작 당시 내담자와 보호자들에게 그러한 관계에서의 치료가 갖고 있는 단점과 장점을 알려서 보호자가 상담의 지속 여부를 결정할 수 있도록 해야 한다. 이러한 조치 없이 강행한다면 내담자들 또는 보호자들 사이에 갈등이 일어날 수도 있고 치료의 비밀보장이 이루어지지 않을 수도 있어 치료에 방해가 될 수 있다.

또한 부모가 부모상담이 아닌 개별상담을 같은 치료자에게 받는 경우에도 유사한 문제가 발생할 수 있기 때문에 이때에도 경계를 분명히 하는 노력이 필요하며 더 바람직한 것은 서로 다른 치료자가 아동과 부모를 상담하는 것이다.

8 집단놀이치료

집단으로 놀이치료를 하는 경우에는 무작위로 참여 아동을 정하는 것이 아니라 집단치료로 유익을 얻을 수 있는 아동, 다른 아동에게 피해를 주지 않는 아동 등 아동의 복지적 관점에서 참여 아동을 선별하는 스크리닝이 반드시 필요하다.

집단이 형성되면 집단상담의 원칙에 따라 집단구성원들이 비밀보장의 원칙을 지키도록 안내할 의무가 치료자에게 있다. 이러한 노력은 집단놀이치료가 서로 잘 아는 학교나 기관에서 이루어질 때 더욱 중요하다. 집단의 규칙과 규칙을 어겼을 때 뒤따르는 책임이 무엇인지 분명히 안내해야 한다.

9 비용

놀이치료의 비용은 기관이나 국가가 정하고 있는 금액을 청구하도록 되어 있다. 또한 사설기관에서 일하는 놀이치료자들은 대략적으로 용인되는 범위 내에서 금액을 정할 수 있다. 놀이치료자가 무료로 일을 해야 하는 경우가 발생할 수 있지만 무료상담이 치료효과에 미칠 수 있는 영향을 고려한 후 놀이치료 여부를 결정하는 것이 필요하다.

10 놀이치료 중단과 타 기관 또는 서비스의 의뢰

충분히 처리되지 않은 치료과정의 갑작스러운 중단은 내담자에게 버림받음으로 경험될 수 있으므로 치료자의 사유로 갑작스럽게 중단이 발생하지 않도록 해야 한다. 부득이 치료자의 질병이나 사고 등으로 중단해야 할 경우에는 내담자와 보호자에게 상황을 구체적으로 설명하고 다른 치료자와 연결될 수 있도록 안내해야 한다. 또한 그 외의 여러 가지 사유로 놀이치료를 종결해야 하는 경우에도 적절한 종결과정을 내담자가 거치도록 보호자나 재정지원 기관과 협의하는데 최선을 다해야 한다. 갑작스러운 종결은 내담자의 최선의 이익과 복지에 위배되기 때문이다.

11 기록의 보관

놀이치료자는 놀이내용의 기록, 접수상담 기록, 의뢰 기록, 심리검사 결과 등에 대해서도 비밀보장과 안전한 보관에 대한 책임을 갖고 있다. 서면 기록뿐 아니라 녹음, 녹화, 사진, 그림 등 모든 형태의 기록에 대해 똑같은 규정이 적용된다. 아동이 그린 그림 같은 경우에도 내담자의 동의 없이 타인에게 보여 주거나 전시한다면 이 역시 비밀보장의 원칙을 위반하는 것이다. 부모나 법적 보호자라도 내담자의 언급에 대한 기록이나 그림 등을 보여줄 수 없다. 또한 내담자가 원하면 언제든지 보여줄 의무가 있다. 또한 기관에서 내담자의 기록을 보관할 때에도 신분이 노출되지 않도록 해야 하고 법적으로 허락된 사람만 접근하도록 해야 한다.

12 치료자의 훈련과 수련

놀이치료자가 준수해야 하는 치료윤리에는 치료자가 적절하고 충분한 이론적 훈련과 임상 수련을 받는 것이 포함된다. 즉 치료자는 적절한 이론적 지식, 규정, 윤리강령, 최선의 놀이치료가 무엇인지 이해하고 이와 관련된 서적을 읽을 의무가 있다. 수련과정에는 슈퍼비전, 자기분석 등이 포함된다. 슈퍼비전 없이 놀이치료를 시작한다면 철저한 치료윤리 위반이다.

또한 놀이치료자는 자신이 알고 있는 지식과 수련 받은 내용의 범위 안에서 내담자 및 가족과 작업해야 한다. 여기서 범위란 훈련, 슈퍼비전 경험, 취득 자격, 전문적 경험 등을 의미한다. 자신의 훈련 및 수련 범위를 벗어나는 개입은 치료자의 치료윤리 위반에 해당한다. 따라서 치료자는 보수교육 등 자신의 치료 범위를 확장할 수 있는 노력을 꾸준히 수행해야 한다.

참고문헌

도현심 (1985). 어머니의 수유방식 및 자녀접촉 정도가 대물애착 발생에 미치는 영향. 이화여자대학교 대학원 석사학위논문.

성영혜·장미경 공역 (1977). 발달놀이치료. 서울: 상조사.

유미숙·이영미·장미경 공역 (1999). 놀이치료–아동중심적 접근. 서울: 상조사.

이재훈·장미경·권혜경 역 (2001). 자폐아동을 위한 심리치료. 한국심리치료연구소.

이숙재 (2004). 유아를 위한 놀이지도의 이론과 실제. 서울: 창지사.

이재연·서영숙·이명조 공역 (1999). 아동상담과 치료. 서울: 양서원.

장미경 (1998). 아동중심 놀이치료 기법을 이용한 부모–자녀관계증진 훈련 프로그램의 효과. 숙명여자대학교 대학원 박사학위논문.

_____ (2000). 유아교사의 민감성 증진과 아동의 행동문제 개선을 위한 Kinder Therapy의 효과, 놀이치료연구 제3권 2호, 63–73.

_____ (2004). 부모놀이치료를 이용한 대학생 예비부모교육 프로그램의 효과, 한국생활과학학회지 제13권 2호, 213–223.

_____ (2017). 분석심리학적 모래놀이치료. 학지사.

정유임 (2017). 신체접촉 발달놀이치료가 네팔 지진피해자 집단 텐트촌 거주 부모–자녀의 상호작용과 공감능력에 미치는 효과 및 관계변화 과정. 남서울대학교 대학원 석사학위논문.

최영민 (2002). 분리와 개별화-대상관계의 발달, 정신분석 제13권 2호, 131- 142.

홍강의·이영석 (1998). 인간발달의 통합적 이해. 이화여자대학교 출판부.

Abrams, S. (1988). *The Psychoanalytic process in adults and children. Psychoanalytic Study of the Child, 43,* 245-261.

Adams, P. L. (1982). *A primer of child psychotherapy.* Boston, MA: Little, Browm & Co.

Adler, J. (1981). *Who is the witness?* Unpublished paper.

Ainsworth, M. D. S., Blehar, M. C., Waters, E., & Walls, S. (1978). *Patterns of attachment: A psychological study of the Strange Situation.* Hillsdale, NJ: Erlbaum.

Ainsworth, M. D. S. & Bell, S. M. (1969). Some contemporary patterns in the feeding situation. In A. Amborse (Ed.), *Stimulation in early infancy* (pp. 133-170). London: Academic Prss.

Altman, N. (1992). Relational perspectives on child psychoanalytic psychotherapy. In N. J. Skolnick & S. C. Warshaw (Eds.), *Relational perspectives in psychoanalysis* (pp. 175-194). Hillsdale, NJ: Analytic Press.

Anda, R. F., Felitti, V. J., Bremner, D. J., Walker, J., Whitfield, C., Perry, B. D., Giles, W. G. (2006). The enduring effects of abuse and related adverse experiences in childhood. *European Archives of Psychiatric and Clinical Neuroscience, 256*(3), 174-186.

Ammann, R. (1991). *Healing and transformation in sandplay*: Creative processes become visible. Chicago: Open Court.

Authier, J., Gustafson, K., Guerney Jr, B. G., Kasdorf, J. (1975). The psychological practitioner as teacher: A theoretical-historical and practical review. *Counseling Psychologist, 5*(2), 31-50.

Axline, V. M. (1947). *Play therapy.* Cambridge, MA: Houghton Mifflin company.

__________ (1969). *Play therapy.* New York: Ballantine Books.

Barlow, K., Strother, J., & Landreth, G. (1985). Child-centered play therapy: Nancy from baldness to curls, *School Counselor, 32*(5), 347-56.

Barnard, K. E. & Brazelton, T. B. (1990). *Touch: The foundation of experience.* Madison, CT: International Universities Press Inc.

Baron, J., Gruen, R., & Asnis, L. (1985). Familial transmission of schizotypal and borderline personality disorders. *American Journal of Psychiatry, 142,* 927-934.

Baruch, D. W. (1949). *New ways in discipline.* New York: McGraw-Hill.

Belsky, J., Rovine, M., & Taylor, D. G. (1984). The Pennsylvania infant and family development project: Ⅲ. The origins of individual differences in mother-infant attachment: Maternal and infant contributions. *Child Development, 55,* 718-728

Benedict, H. E. & Mongoven, L. B. (1997). Thematic play therapy: An approach to treatment of attachment disorders in young children. In H. Kaduson, D. Cangelosi, & C. E. Schaefer (Eds.), *The playing cure: Individualized play therapy for specific childhood problems* (pp. 277-315). New York: Aronson.

Benedict, H. (2003). Object relations/thematic play therapy. In C. E. Schaefer(Eds.), *Foundation of play therapy.* Hoboken, NJ: John Wiley & Sons, Inc.

Bettelheim (1987). The importance of play. *Atlantic Monthly, March,* 35-46.

Bion, W. R. (1959). Attacks on linking. *International Journal of Psychoanalysis, 40,* 308-315.

Bixler, R. H. (1949). Limits are therapy. *Journal of Consult Psychology, 13*(1), 1-11

Blinder (Eds.). *Emotional disorder in children and adolescents* (pp. 17-23). New York: Spectrum.

Boik, B. L. & Goodwin, E. A. (2000). *Sandplay therapy: a step-by-step manual for psychotherapists of diverse orientations.* New York: W.W. Norton & Company.

Bollas, C. (1982). On the relation to the self as an object. *International Journal of Psychoanalysis, 63,* 347-359.

Bower, T. R. (1989). *The rational infant: Learning in infancy.* New York: Freeman.

Bowlby, J. (1969). *Attachment and loss. Vol. 1: Attachment.* London: Hogarth Press and the Institute of Psycho-Analysis.

Bowlby, J. (1973). *Attachment and loss. Vol. 2: Separation: Anxiety and anger.* London: Hogarth Press and Institute: of Psycho-Analysis.

Bowlby, J. (1973). *Attachment and loss. Vol. 3: Loss: Sadness and depression.* London: Hogarth Press and Institute of Psycho-Analysis.

Bradway, K. & McCoard, B. (1997). *Sandplay-silent workshop of the psyche.* New York, NY: Routledge.

Brady, C. A. & Friendrich, W. N. (1982). Levels of intervention: A model for training in play therapy, *Journal of Clinical Child Psychology, 11*(1), 39-43.

Bratton, S. & Landreth, G. L. (1995). Filial therapy with single parents: Effects on parental acceptance, empathy, and stress. *International Journal of Play Therapy, 4,* 81-80.

Brenner, C. (1982). *The mind in conflict.* New York: International Universities Press.

Breuer, J. & Freud, S. (1985). Studies on hysteria. In J. Stachey (Ed.), *The standard edition of the complete psychological works of Sigmund Freud* (Vol. 2, pp. 1-305). London: Hogarth Press.

Brody, V. A. (1963). Treatment of a prepubertal twin girl with psychogenic megacolon. *The American Journal of Orthopsychiatry, 33,* 569-573.

__________ (1978). *Developmental play: A Relationship-Focused program for children.* Child Welfare: Journal of Police, Pructia, and Program, 57(9), 591-599.

__________ (1993). *The dialogue of touch: Developmental play therapy.* Treasure Island, FL: Developmental Play Training Associates.

Brody, V. A., Fenderson, C., & Stephenson, S. (1976). *Sourcebook for developmental play.* Treasure Island, FL: Developmental Play Training Associates.

Brown S. (1998). Play as an organizing principle: clinical evidence and personal observations. In Bekoff, M., & Beyer J. A, (ed.). *Animal play: Evolutionary, comparative, and ecological perspectives* (pp. 242–251). Cambridge: Cambridge University Press.

Brown, S. & Christopher, V. (2010). *Play: How it shapes the brain, opens the imagination, and invigorates the soul.* New York: AVERY.

Buber, M. (1958). *I and thou.* New York: Charles Scribner.

Burt, M. A. & Myrick, R. D. (1980). Developmental play: What's it all about? *Elementary School Guidance & Counseling, 15*(1), 14-21.

Bus, A. G. & van IJzendoorn, M. H. (1992). Patterns of attachment in frequently and infrequently reading mother-child dyad. *Journal of Genetic Psychology, 153,* 395-403.

Byers, J. A. (1998). The biology of human Play. *Child Development, 69*(3), 599-600.

Cattanach, A. (1994). Play therapy. Where the sky meets the underworld, London: Jessica Kingsley.

Chau, I. Y. F. & Landreth, G. L. (1997). Filial therapy with Chinese parents: Effects on parental emphatic interactions, parental acceptance o9f child and parental stress. *International Journal of Play Therapy, 6,* 75-92.

Chethik, M. (1989). *Techniques of child therapy: Psychodynamic strategies.* New York: Guilford Press.

Chethik, M. (2000). *Techniques of child therapy.* New York: Guilford Press. Ciccheti, D. (1990). The organization and coherence of socioemotional, cognitive, and representational development: Illustrations through a developmental psychopathology perspective on Down syndrome and child maltreatment. In R.Thompson (Ed.), *Socioemotional development: Nebraska symposium on motivation* (pp. 259-279). Lincoln: University of Nebraska Press.

Cooper, J. (1978). *An illustrated encyclopaedia of traditional symbols.* London: Thames and Hudson Ltd. (Trans. into Korean 1996).

Cummings, E. M. & Davies, P. T. (1994). Maternal depression and child development. *Journal of Child Psychology and Psychiatry, 35*(1), 73-122.

Davis, C. M. (1990). 'What is empathy, and can empathy be taught?', *Physical Therapy, 70*(11), 707-711.

DeFolch, T. E. (1988). Guilt bearable or unbearable: A problem for the child in analysis: Psychoanalysis of children [Special issue]. *International Review of Psychoanalysis, 15,* 13-24.

Des Lauriers, A. (1962). *The experience of reality in childhood Schizophrenia.* Connecticut: International Universities Press.

Egan, G. (1982). *The skilled helper.* Monterey: Brooks/Cole.

Emde, R. N. (1988a). Development terminable and interminable: Ⅰ. Innate and motivational factors from infancy. *International Journal of Psychoanalysis, 69,* 23-42.

Enzer, N. B. (1988). Overview of play therapy. Paper presented at the annual meeting of the American Academy of Child and Adolescent Psychiatry, Seattle. WA.

Sutton- Smith, B. & Kelly-Byrne, D. (1984). The phenomenon of bipolarity in play theories. In T. D. Yawkey and A. D. Pellegrini(Eds.), *Child's play: developmental and applied* (pp. 29-47). Hillsdale, NJ: Lwrence Erlbaum Associates, Publishers.

Erikson, E. H. (1940). Studies in the interpretation of play: Clinical observation of play disruption in young children. *Genetic Psychology Monographs, 22,* 557-67.

___________ (1963). *Childhood and society.* New York: Norton.

___________ (1968). *Identity, youth, and crisis.* New York: W.W. Norton & Norton.Escalona, S. (1968). *The roots of individuality*. Chacago, IL: Aldine.

Esman, A. H. (1983). Psychoanalytic play therapy. In C. Schaefer & K. O' Conner (Eds.), *Handbook of play therapy* (pp. 11-20), New York: Wiley.

Eberle, S. (2015). *Study of play.* Lanham, ML: Rowman & Littlefield.

Fairbairn, W. R. D. (1941). *An object relations theory of personality.* New York: Basic Books.

______________ (1952). *An object-relations theory of the personality.* New York: Basic Books.

Feinman, S. (1991). *Social referencing and the social construction of reality in infancy.* New York: Plenum Press.

Fonagy, P., Gergely, G., Jurist, E., & Target, M. (2002). *Affect regulation, mentalization, and the development of the self.* New York: Other Press.

Fonagy, P. & Target, M. (1996a). Psychodynamic developmental therapy for children: A contemporary application of child psychoanalysis. In E. D. Hibbs & P. S. Jensen (Eds.), *Psychosocial treatment research with children and adolescent.* Washington, DC: American Psychological Association and the National Institutes of Health.

____________________ (1996b). Predictors of outcome in child psychoanalysis: A retrospective study of 763 cases at the Anna Freud Centre. *Journal of the American Psychoanalystic Association, 44,* 27-77.

Fordham, M. (1969). *Children as individuals.* London: Hodder & Stoughton.

France, A. (1988). *Consuming psychotherapy.* London: Free Association Books.

Freud, A. (1928). *Introduction to the technique of child analysis.* New York: Disease Publishing.

_______ (1965). *Normality and pathology in childhood.* London: Penguin Books.

Freud, S. (1900). *The interpretation of dreams.* Standard Edition. V.4 and 5.

______ (1923). The ego and the id. In J. Strachey (Ed.), *The standard edition of the complete psychological works of Sigmund Freud* (Vol. 19, pp. 1-59). London: Hogarth Press.

Frost, J. & Klein, B. L. (1979). *Children's play and playgrounds.* Boston : Allyn & Bacon.

Fuchs, N. R. (1957). Play therapy at home. *Merrill-Palmer Quarterly. 3,* 89-95.

Gaskill, R. L. & Perry, B. D. (2012). Child sexual abuse, traumatic experiences, and their impact on the developing brain. In P. Goodyear-Brown (Ed.), *Handbook of child sexual abuse: Identification, assesment, and treatment* (pp. 30-47). Hoboken, NJ: Wiley.

Gardener, H. (1980). *Artful scribbles: The significance of children's drawings.* London: Norman.

Gardner, R. A. (1979). Mutual storytelling technique, *In The therapeutic use of child's play,* C. Schaefer(ed.), pp. 313-21. New York: Jason Aronson.

Garvey, C. (1977). *Play.* Cambridge. MA: Harvard University Press.

Gergely, G. (1991). Developmental reconstructions: Infancy from the point of view of psychoanalysis and developmental psychology. *Psychoanalysis and Contemporary Thought, 14,* 3-55.

Gil, E. (1991). *The healing power of play.* New York: Guildford Press.

Ginott, H. G. (1961). *Theory and practice of play therapy.* New York: McGraw-Hill.

Glazer-Waldman, H. (1991). Filial therapy: CPR training for families with chronically ill children. Unpublished doctoral dissertation. University of North Texas. Denton, Texas.

Clickauf-Hughes, C. & Wells, M. (1997). *Object relation theory: An individualized and interactive approach to diagnosis and treatment.* London: Jason Aronson Book.

Goleman, D. P., Kaufman P., & Ray, M. L. (1992). *The creative spirit.* New York: Penguin Books.

Goleman, D. (1988). *Experience of touch research points to key role in Growth.* New York Times, Feb.2.

Golinkoff, R. M., Hardig, C. B., Carlson, V., & Sexton, M. E. (1984). The infant' s perception of causal events: The distinction between animate and inanimate objects. In L. P. Lipsitt & C. Rovee Collier (Eds.), *Advances in infancy research* (pp. 125-165). Norwood, NJ: Ablex.

Greenspan, S. I. & Greenspan, N. T. (2003). *The clinical interview of the child* (3rd ed.). Washington DC: American Psychiatric Pulishing Inc.

Grostein, J. S. (1983). Some perspectives on self psychology. In A. Goldberg (Eds.), *The future of psychoanalysis* (pp. 165-202). New York: International Universities Press.

Guerney Jr, B. G. (1964). Filial therapy: Descripti8on and rationale. *Journal of Counseling Psychology, 28*(4), 303-310.

Guerney Jr, B. G., Stollak, G., & Guerneny, L. (1970). A format for a new mode of psychological practice3: Or, how to escape a zombie. *Counseling Psychologist, 2*(2), 97-105.

Guerney, L. (1983). Play therapy with learning disabled children, In C. Schaefer & K. O'Connor(Eds.), *Handbook of play therapy* (pp. 419-435). New York: John Wiley & Sons.

Guerney, L. F. (1980). Client-centered (nondirective) play therapy, In C. Schaefer & O'Conner (Eds.), *Handbook of play therapy* (pp. 21-64). New York: Wiley.

Guerney, L. F. & Stover, L. (1971). *Filial therapy: Final report on MH 1826401.* Mimeograph. State College, PA: National Institute of Mental Health.

Hambidge, G. (1955). Structured play therapy. *American Journal of Orthopsychiatry, 25,* 601-617.

Harris, Z. & Landreth, G. L. (1997). Filial therapy with incarcerated mothers: A five week model. *International Journal of Play Therapy, 6*(2), 53-73.

Hartmann, H. (1939). *Ego psychology and the problem of adaptation.* New York: International Universities Press.

____________ (1955). Notes on the theory of sublimation. *In Essays on ego psychology* (pp. 215-240). New York: International University Press.

Hesse, P. & Cicchetti, D. (1982). Perspectives on an integrated theory of emotional development. *New Directions for Child Development, 16,* 3-48.

Hobara, M. (2003). Prevalence of transitional object in young children in Tokyo and New York. *Infant Mental Health Journal, 24*(2), 174-191.

Hodapp, R. M. & Goldfield, E. C. (1983). The use of mother-infant games as therapy with delayed children. *Early Child Development and Care, 13*(1), 17-32.

Horne, A. (1989). Sally: A middle group approach to early trauma in a latency child, *Journal of Child Psychotherapy, 15*(1), 79-98.

Hornik, R. & Gunnar, M. R. (1988). A descriptive analysis of infant social referencing. *Child Development, 59,* 626-634.

Iacoboni, M. (2009). *Mirroring people: The Science of Empathy and How We Connect with Others.* Gordonsville, VA: Picador.

Iwaniuk, A. N., Dean, K. M., & Nelson, J. E. (2005). Interspecific allometry of the brain and brain regions in parrots (Psittaciformes): comparison with other birds and primates. Brain and Behavior Evdution, 65, 40-59.

Jacoby. J. (1973). *The psychology of C. G.* Jung. Michigan: Yale University Press.

J. E. (2003). Interspecific allometry of the brain and brain regions in parrots (Psittaciformes): Comparisons with other birds and primates. *Brain, Behavior and Evolution, 65,* 40-59.

Jang, M. K. (2002). The Effectiveness of filial therapy of Korean parent. In L. VanFle(Ed.), *Filial therapy case book.* Pennsylvenia: Play Therapy Press.

Jernberg, A. (1979). *Theraplay: A new treatment using structured play for problem children and their families.* San Francisco: Jossey-Bass.

Jocobi, J. (1959). *The psychology of C. G.* Jung. London: Routledge & Kegan Paul.

Johnson, J. E., Christie, J. F., & Yawkey, T. D. (1987). *Play and early childhood development. Glenview,* IL: Scott, Foresman and Company.

Johnson, J. H., Rasbury, W. C., & Siegel, L. J. (1986). *Approaches to child treatment.* New York: Pergamon Press.

Jongsma, A. E., Peterson, L. M., & Mclnnis, W. P. (1996). *The child and asolescence psychotherapy treatment planner.* New York: John Wiley & Sons.

Jung, C. G. (1954:1993). The aims of psychotherapy. In C. G. Jung, *Practice of psychotherapy: Essays on the psychology of the transference and other subjects* (2nd ed.). CW 16. London: Routledge.

_________ (1956). *Symbols of transformation,* CW 5. London: Routledge & Kegan Paul.

_________ (1959:1990a). The psychology of the child archetype. *In The archetypes and the collective unconscious* (2nd ed.). CW 9i. Bollingen Series XX. Princeton, NJ: Princeton University Press.

_________ (1959:1990b). *The psychological aspect of mother archetype.* In The archetypes and the collective unconsious (2nd ed.). CW 9i. Bollingen Series XX. Princeton, NJ: Princeton University Press.

_________ (1960:1981a). On the nature of psyche. In C. G. Jung, *The structure and dynamics of the psyche* (2nd ed.). CW 8, Bollingen Series XX. Princeton, NJ: Princeton University Press.

_________ (1960:1981b). The structure of the psyche, In C. G. Jung, *The structure and dynamics of the psyche* (2nd ed.). CW 8, Bollingen Series XX. Princeton, NJ: Princeton University

Press.

_______ (1960:1981c). The structure of the psyche, In C. G. Jung, *The structure and dynamics of the psyche* (2nd ed.). CW 8, Bollingen Series XX. Princeton, NJ: Princeton University Press.

_______ (1970). *Four archetypes: Mother/Rebirth/Spirit/Trickster.* Princeton, NJ: Princeton University Press/Bollingen.

_______ (1978:1990). Psychology theory of types. In C. G. Jung, *psychology of types.* CW6. Princeton, NJ: Princeton University Press.

_______ (1983:1967). *Alchemical studies,* CW 13. (R. F. C Hull Trans.) Bollingen Series XX. Princeton, N.J.: Princeton University Press.

_______ (1984:2004). 인격과 전이. 한국융연구원 C. G. 융 저작 번역서 3권. 솔출판사.

_______ (1984:2002). 원형과 무의식. 한국융연구원 C. G. 융 저작 번역서 2권. 솔출판사.

_______ (1985:1943). *Erlosungsvorstellungen in dez Alchermic: Grundwerk C. G.* Jung Bd. 6. Walter-Verlag AG. (Trans. by Korea Jung Institute).

_______ (1985:1943). *Erosungsvorstellungen in der Alchemie: Grundwerk C. G.* Jung Bd. 6. Walter-Verlag AG. (Trans. by Korea Jung Institute)

_______ (1985:2004). 연금술에서 본 구원의 관념. 한국융연구원 C. G. 융 저작 번역서 6권. 솔출판사.

_______ (2009a). *The Red Book: Liber Novus* (hamdasani, S. ed.). London & New York: W. W. Norton & Company.

_______ (2009b). *The Red Book: Liber Novus, A Reader's Edition* (Shamdasani, S. ed.). London & New York: W. W. Norton & Company.

Kalff, D. (1980). *Sandplay.* Santa Monica, CA: Sigo.

Karen, V. & Sandgrund, A. (1991). *Play diagnosis and assessment.* New York: John Wiley & Sons, Inc.

Kazdin, A. E., Bass, D., Siegel, T., & Thomas, C. (1990). Cognitive behavioral treatment and relationship therapy in the treatment of children referred for antisocial behavior. *Journal of Consulting and Clinical Psychology, 58,* 76-85.

Kernberg, O. F. (1976). *Object relations theory and clinical psychoanalysis.* New York: Aronson.

__________ (1982). Self, ego, affects and drives. *Journal of the American Psychoanalytic Association, 30,* 893-917.

__________ (1987). An ego psychology-object relations theory approach to the transference. *Psychoanalytic Quarterly, 51,* 197-221.

__________ (1995). Child Psychiatry: Individual psychotherapy. In H. I. Kaplan & B. J. Sadock (Eds.), *Comprehensive textbook of psychiatry* (6 ed., pp. 2399-2412). Baltimore: Williams & Wilkins.

Klein, M. (1946). Notes on some schizoid mechanisms. In M. Klein, P. Heimann, S. Isaacs, & J. Riviere (Eds.), *Developments in psychoanalysis* (pp. 292-320). London: Hogarth Press.

______ (1952). The origins of transference. *In The writings of Melanie Klein* (pp. 48-56). London: Hogarth Press.

______ (1955). *'The psychoanalytic play technique', American Journal of Orthopsychiatry, 25, pp. 233-37, reprinted in the Therapeutic Use of Child's Play,* C. Schaefer(ed.) (1979), 125-40. New York: Jason Aronson.

______ (1959). *Our adult world and its roots in infancy.* New Jersey: Jason Aronson.

______ (1975:1932). *The psychoanalysis of children.* Hogarth Press & Institute of Psycho-analysis.

Kohut, H. (1977). *The restoration of the self.* New York: International Universities Press.

Kottman, T. & Ashby, J. (1999). Using Adlerian personality priorities to custom-design consultation with parents of play therapy clients. *International Journal of Play Therapy, 8*(2), 77-92.

Kraft, I. A. (1980). Group therapy with children and adolescents. In G. P. Sholevar, R. M. Benon,& B. J. Blinder(Eds.), *Emotional disorders in children and Adolescence* (pp. 9-133). New York: Spectrum.

Krall, V. (1989). *A play therapy primer.* New York: Human Science Press.

Landreth, G. L. (1991). *Play therapy: The art of relationship.* Bristol, PA: Accelerated Development.

Landreth, G. L. & Lobaugh, A. f. (1998). Filial therapy with incarcerated fathers: Effects on parental acceptance of child, parental stress, and child adjustment. *Journal of Counseling and Development, 76*(2), 157-165.

Landreth, G. L. & Sweeny, D. (1997). Child-centered play therapy. In K. V. O'Conner, Mages, L.

(Eds.). *Play therapy practice: A comprehensive presentation* (pp. 17-43). New York: John Wiley.

________________________ (2003). Child-centered play therapy. In C. Schaefer (Ed.), *Foundation of play therapy* (pp. 76-88). Hoboken, NJ: John Wiley & Sons.

Levin, D. M. (1987). *The Body's recollection of being.* London: Routledge & Kegan Paul.

Levy, D. (1939). Release therapy. *American Journal of Orthopsychiatry, 9,* 713-736.

Levy, J. (1978). *Play behavior.* Malabar, FL: R. E. Krieger Publishing Company.

Links, P. S., Steiner, M., & Huxley, G. (1988). The occurrence of Borderline Personality Disorder in the families of borderline patients. *Journal of the Personality Disorders, 2,* 14-20.

Lowenfeld, M. (1939). The world pictures of children. *British Journal of Medical Psychology, 18,* 65-101.

Macdonald, A. M. (1973). *Chambers twentieth century dictionary.* Edinburgh: Constable.

Magid, K. & McKelvey, C. (1988). *High risk children without a conscience.* New York: Bantam Books.

Mahler, M. (1968). *On human symbiosis and the vicisstudes of individuation.* New York: International Universities Press.

Mahler, M. S. (1972). On the first three subphases of the separation- individuation process: In M. S. Mahler (1994), *Separation-individuation: The selected papers of Margaret S. Mahler,* V.2. Northvale, NJ: Jason Aronson Inc.

Mahler, M. S., Pine, F., & Bergman, A. (1975). *The psychological birth of the human infant.* New York: Basic Books.

Masterson, J. F. (1972). *Treatment of the borderline adolescent: A developmental approach.* New York: Wiley.

Mayes, S. D. (1991). Play assessment of preschool hyperactivity. In C. Schaefer, Gitlin, K. & Sandgrund, A. (Eds.), *Play diagnosis & assessment.* New York: John Wiley & Sons.

McGuire, D. K. & McGuire, D. E. (2001). *Linking parents to play therapy: A Practical guide with applications, interventions, and case studies.* Philadelphia, PA: Brunner-Routledge.

Merleau-Ponty, M. (1962). *Phenomenolgy of Perception.* London: Routledge & Kegan Paul.

Merleau-Ponty, M. & Dreyfus, P. A. (1992). *Sense and Non-Sense.* Studies in Phenomenology and Existential Philosophy. Evanston, IL: Northwestern University Press.

Mitchell R. R. & Friedman, H. S. (1994). *Sandplay: past, present, and future.* Routledge: New York.

Mitchum, N. T. (1987). Developmental play therapy: A treatment approach for child victims of sexual molestation. *Journal of Counseling and Development, 65*(6), 320-321.

Montagu, A. (1986). Touching: *The human significance of the skin* (3re). New York: Harper & Row.

Morgen, G. A., Harmon, R. J., Christine A., & Maslin-Cole, C. A. (2010). *Mastery motivation: Definition and measurement. Early Childhood Development, 1*(5), 318-339.

Morgan, G. A. & Maslin-Cole, C. A. (1991). Play assessment of mastery motivation in infants and young children. In C. Schaefer, Gitlin,, K. & Sandgrund, A. (Eds.), *Play diagnosis & assessment.* New York: John Wiley & Sons.

Moustakas, C. (1955a). Emotional adjustment and the play therapy process. *Journal of Genetic Psychology, 86,* 79-99.

___________ (1955b). The frequency and intensity of negative attitudes expressed in play therapy: In comparison of well-adjusted and disturbed young children. *Journal of Genetic Psychology, 86,* 309-325.

___________ (1964). The therapeutic process, M.R. haworth(ed.), *In Child psychotherapy: Practice and theory* (pp. 417-419). Basic Books:New York.

___________ (1966). The Child's discovery of himself. New York: Ballantine.

Nachmanovitch, S. (1991). *Free play: Improvisation in life and art.* New York: Jeremy P. Tarch/ Putnam.

Nancy, B. W. (1991). Play therapy crisis intervention with children. In Nancy, B. W.(Eds.), *Play therapy with children in crisis* (pp. 26-44). New York: Guilford Press.

Neumann, E. (1955). *The Great Mother.* London: Routledge & Kegan Plaul.

___________ (1973). *The child.* Boston, MA: Shambhala.

Nickerson, E, T. (1973). Psychology and play therapy in classroom activities. *Educating Children,* Spring, 1-6.

Norton, C. C. & Norton, B. E. (2002). *Reading children through play therapy: an experiential approach* (2nd ed.). Denver, CO: White Apple Press.

O'Conner, K. J. (1991). *The play therapy primer: An integration of theories and techniques.* New York:

John Wiley & Sons Inc.

O'Shaughnessy, E. (1988). W. R. Bion's theory of thinking and new techniques in child analysis. In E. B. Spillius (Ed.), *Melanie Klein today: Developments in theory and practice. Vol. 2: Mainly practice* (pp. 177-190). London: Routledge.

Panksepp J. (1998). *Affective neuroscience: The foundations of human and animal emotions.* New York: Oxford University Press.

_________ (2007). Can PLAY diminish ADHD and facilitate the construction of the social brain? *Journal of Canadian Academy Child and Adolescent Psychiatry, 16*(2), 57-66.

Parten, M. B. (1932). Social participation among preschool children. *Journal of Abnormal and Social Psychology, 27,* 243-269.

Pellis, S. M. & Iwaniuk, A. N. (2000). Adult–Adult Play in Primates: Comparative Analyses of its Origin, Distribution and Evolution. *International Journal of Behavioural Biology, 106,* 1083-1104.

Perry, B. D. (2001). The neuroarcheology of childhood treatment: The neurodevelopmental coats of adverse childhood events. In K. Franey, R. Geffner, & R. Falconer (Eds.), *The cost of maltreatment: Who pats? We all do* (pp. 15-37). San Diego, CA: Family Violence and Sexual Assault Institute.

Perry, B. P., Pollard, R. A., Baker, W. L., & Vigilante, D. (1995). Childhood trauma, the neurobiology of adaptation , and "use-dependent" development of brain: How "states" become "trait." *Infant Mental Health Journal, 16*(4), 271-290.

Piaget, J. (1962). *Play, dreams and imitation in childhood.* New York Norton.

Pine, F. (1985). *Developmental theory and clinical process.* New Haven, CT: Yale University Press.

Power, T. J. & Radcliffe, J. (1989). The relationship of play behavior to cognitive ability in developmentally disabled preschoolers. *Journal of Autism and Developmental Disorders, 19,* 97-107.

Richard, J. M. & Thomas, R. K. (1998). *The practice of child therapy* (3rd ed.). Boston, MA: Allyn and Bacon.

Rinsley, D. B. (1977). An object relations view of borderline personality. In P. Hartocollis (Ed.), *Borderline personality disorders: The concept, the syndrome, the patient* (pp. 47-70). New York:

International Universities Press.

Rogers, C. (1989). *On becoming a person: a therapist's view of psychotherapy.* New York: Houghton Mifflin.

Roloff, L. (2014). *Reflections on the spirit of story in sadnplay.* STA Website.

Rosenberg, L. & Schaffer, M. (1966). The therapeutic play group: A case study. *Excepional Children, 32,* 483-486.

Ruff, H. A. (1988). The measurement of attention in high risk infants. In P. Vietze & H. G. Vaughan (Eds.), *Early identification of infants with developmental disabilities* (pp. 282-296). Philadelphia, PA: Grune & Stratton.

Ryce-Menuhin, J. (1992). Jung*ian sandplay: The wonderful therapy.* London: Routledge.

Sera, S. J. & Bouret, S. (2012). Orienting and reorienting : The locus coeruleus mediates cognition through arousal. *Neuron, 76,* 130-141.

Sandler, J. (1987). *From safety to the superego: Selected papers of Joseph Sandler.* New York: Guilford Press.

Sandler, J. & Rosenblatt, B. (1962). The concept of the representational world. *Psychoanalytic Study of the Child, 17,* 128-145.

Sarnoff, C. A. (1987). *Psychotherapeutic strategies in late latency through early adolescence.* Northvale, NJ: Jason Aronson.

Schaefer, C. E. & Reid. (1986). *Game play: therapeutic use of childhood games.* John Wiley & Sons: New York.

Schaefer, C. E. (1980). Play therapy. In G. P. Sholevar, R. M. Benson, & B. J. Blinder (Eds.), *Emotional disorders in children and adolescents.* New York: Spectrum.

Schaefer, C. E. (1983). Play therapy. In C. Schaefer & O' Conner (Eds.), *Handbook of play therapy* (pp. 95-106). New York: Wiley.

Schore, A. N. (1994). *Affect regulation and the origin of the self: the neurobiology of emotional development.* Hillsdale, NJ: Lawrence Erlbaum Association, Inc.

Sharp, D. (1991). *C. G.* Jung *lexicon: a primer of terms & concepts.* Tronto: Inner City Books.

Siegel, B. (1991). Play diagnosis of autism: The ETHOS play session. In C. Schaefer, G. Karen,

& A. Sandgrund(1991)(Ed.), *Play diagnosis and assessment.* New York: John Wiley & Sons, Inc.

Solomon, J. (1938). Active play therapy. *American Journal Orthopsychiatry, 8,* 479-498

Sours, J. A. (1980). Preschoolm-age children. In G. P. Sholevar, R. M. Benson, & B. J. Blinder (Eds.), *Emotional disorders in children and adolescents* (271-282). New York: Spectrum.

Spitz, R. A. (1965). *The first year of life: A psychoanalytic study of normal and deviant development of object relations.* New York: International Universities Press.

Square, L. R. (2009). Memory and brain systems 1969-2009. *Journal of Neuroscience, 29,* 12711-12716.

Squire, L. R. (2009). *The History of Neuroscience in Autobiography Volume 6.* London: Oxford University Press.

Sroufe, L. A. (1990). An organizational perspective on the self. In D. Cicchetti & M. Beeghly (Eds.), *The self in transition: Infancy to childhood* (pp. 281-307). Chicago: University of Chicago Press.

Steinhardt, L. (2000). *Foundation and form in* Jung*ian sandplay.* London/Philadelphia: Jessica Kingsley Publications.

Stern, D. N. (1985). *The interpersonal world of the infant: A view from psychoanalysis and developmental psychology.* New York: Basic Books.

Stevens, A. (1982). *Archetypes: a natural history of the self.* London: Routledge & Kegan Paul.

Stiles, W. B. & Shapiro, D. A. (1995). Verba; exchange structure of brief psychodynamic-interpersonal and cognitive-behavioral psychology. *Journal of Consulting and Clinical Psychology, 59*(6), 766-776.

Strachey, J. (1999). the nature of the therapeutic action of psycho-analysis. *Journal of Psychotherapy Practice Research, 8*(1), 66-82.

Sutton-Smith, B. & Rosenberg, B. G. (1971). Sixty years of historical change in the game preferences of American children. In R. E. Herron & B. Sutton-Smith (Eds.), *Child's play* (pp. 18-50). New York: John Wiley & Sons.

Szasz, T. A. (1952). Psychoanalysis and the autonomic nervous system. *Psychoanalytic Review, 39,* 115-151.

Taft, J. (1933). The time element in therapy. *American Journal of Orthopsychiatry, 3*(1), 65-79.

Tausk, V. (1933). On the origin of the Influencing machine in schizophrenia. *Psychoanalytic Quarterly, 2,* 519-556.

Terr, L. C. (1983). Chowchilla revisited: The effects of psychic trauma four years after a school-bus kidnapping. *American Journal of Psychiatry, 140,* 1543-1550.

________ (1989). Treating Psychic trauma in children: A preliminary report. *Journal of Traumatic Stress. 2,* 3-20

Thompson, C. L. & Rudolph, L. B. (1988). *Counseling children.* Pacific Grove, CA: Brooks/Cole.

Turner, B. (2005). *The handbook of sandplay therapy.* LA: Temenos Press.

Turner, B. A. (2005). *The handbook of sandplay therapy.* Palm Desert, CA: Temenos Press.

Tustin 저, 이재훈 역 (1997). 놀이와 현실. 한국심리치료연구소.

Tyson, P. (1992, December). *Neurosis in childhood and in psychoanalysis.* Paper Presented at the annual meeting of the American Psychoanalytic Association, Washington, DC.

Tyson, R. L. & Tyson, P. (1986). The concept of transference in child psychoanalysis. *Journal of the American Academy of Child Psychiatry, 25,* 30-39.

Valery, P. (1956). *Euplinos, or the architect.* In P. Valery, Dialogues. New York: Pantheon Book.

van den Berg, C. L., Hol, T., Van Ree, J. M., Spruijt, B. M., Everts, H., & Koolhaas, J. M. (1999). Play is indispensable for an adequate development of coping with social challenges in the rats. *Developmental Psychobiology, 34,* 129–138.

Van Fleet, R. (1994). *Filial therapy: Strengthening parent-child relationships through play.* Sarasota, FL: Professional Resource Press.

Vondra, J. & Belsky, J. (1991). Infant play as a window on competence and motivation. In C. Schaefer, G. Karen, & A. Sandgrund(1991)(Ed.), *Play diagnosis and assessment.* New York: John Wiley & Sons Inc.

Warshaw, S. C. (1992). Mutative factors in child psychoanalysis: A comparison of diverse relational perspectives. In N. J. Skolnick & S. C. Warshaw (Eds.), *Relational perspectives in psychoanalysis* (pp.141-173). Hillsdale, NJ: Analytic Press.

Weinberg, B. (2014). 한국임상모래놀이치료학회 2014 하계 국제워크숍 자료집.

Weinrib, E. (1983). *Images of the Self: The sandplay therapy process.* Boston, MA: Sigo.

_________ (1991). Model of psyche. *Journal of Sandplay, 1*(1), 49-53.

Welch, M. G. (1988). *Holding time.* New York: Simon and Schuster.

West, J. (2002). *Child-centred play therapy* (2nd Ed.). Arnold: London.

Winnicott, D. (1971). *Playing and reality.* New York: Basic Books.

__________ (1991). Model of psyche. *Journal of Sandplay, 1*(1), 49-53.

(1971). *Therapeutic consultation in child psychiatry.* London: Hogarth Press and the Institute of Psycho-analysis.

Winnicott, D. W. (1965). *The maturational process and the facilitating environment.* London: Hogarth Press.

______________ (1965:2006). *Family and individual development.* New York, Routledge.

______________ (1968). *The maturational processes and the facilitating environment: studies in the theory emotional development.* Madison, CT: International University Press (Trans. into Korean 2000).

Wolfberg, P. (2009). *Play and imagination in Children with autism.* New York: Autism Asperger Publishing Company.

Zero-to-Three (1994). *Diagnostic classification of mental health and developmental disorders of infancy and early childhood.* National Center for Infants, Toddlers and Families.

찾아보기

ㅈ

ㅊ

저자소개

장미경

- 숙명여자대학교 대학원 석사, 박사(아동복지 전공)
- 서울여자대학교 아동학과 졸업
- 스위스 C. G. Jung Institute 융분석가 과정 졸업(융분석가)
- 캐나다모래놀이치료학회·국제모래놀이치료학회 공인 슈퍼바이저 및 티칭멤버
- 한국아동학회 아동상담전문가
- 한국임상모래놀이치료학회장
- 대한아동복지학회 부회장, 한국아동심리치료학회 부회장
- 한국융분석가협회(KAJA) 정회원, 국제분석심리학회(IAAP) 정회원
- 대전법원 천안지원 가사재판 조정위원 및 이혼가정·아동 상담위원
- 전 남서울대학교부설 아동가족상담센터장
- 전 한국놀이치료협의회 공동대표
- 현) 남서울대학교 아동복지학과 및 동대학원 아동상담심리치료전공 교수

저서

- 『Case Book of Filial Therapy』(2003). 미국 Play Therapy Press.
- 『융의 분석심리학과 신화』(2012). 시그마프레스.
- 『자아발달과 원형』(2016). 학지사.
- 『아동심리치료학개론』(2016). 학지사.
- 『분석심리학적 모래놀이치료』(2017). 학지사. 외

논문

- The effectiveness of filial therapy for Korean parents (International Journal of Play Therapy)
- Rocks : Symbol of individuation (미국 Journal of Sandplay Therapy)
- The effect of group sandplay therapy on the social anxiety, loneliness and self-esteem (Arts in Psychotherapy)
- mplications of the sacred rope in analytical psychology and sandplay therapy (미국 Journal of Sandplay Therapy)
- The Hindu gods, snakes, and fairies images in the sandplay therapy process of the Nepalese earthquake survivors (상징과 모래놀이치료)
- Comparison of sandplay and play therapy (아동교육)
- 아동기 부모와의 정서적 거리감으로 인해 손상된 관계성 및 남성성의 회복과정에서 나타나는 상징 (아시아아동복지연구)
- 0~3세 영유아의 정신건강 및 발달장애 조기진단을 위한 척도제작 연구 (한국아동학회지)
- 부모놀이치료를 활용한 예비부모교육프로그램이 청소년의 자아존중감, 의사소통 능력 및 공감 · 수용 반응에 미치는 효과 (아동복지연구) 외

놀이치료

초판 1쇄 발행 2018년 3월 19일
초판 3쇄 발행 2023년 2월 23일

지 은 이 | 장미경
펴 낸 이 | 김기섭
편 집 인 | 이윤희
펴 낸 곳 | 창지사 www.changjisa.com
08589 서울시 금천구 가산디지털 1로 83 파트너스타워 1차 9층
전화 (02)719-2211~3
팩스 (02)701-9386
등　　록 | 1977년 4월 28일 · 제1-421호

ISBN 978-89-426-0993-2 (93370)

값 19,000원